군신軍神의
다양한 얼굴

대우학술총서

619

군신軍神의
다양한 얼굴

제1차 세계대전과 영국

이내주 지음

아카넷

책머리에

전쟁사—군신(軍神)의 다양한 얼굴을 엿보는 창

 이 책은 총력전이라는 20세기 현대전쟁의 다양한 모습을 영국의 제1차 세계대전 수행을 사례로 조명코자 한 시도이다. 그러한 맥락에서 책의 제목도 『군신(軍神)의 다양한 얼굴』로 정했다. 다시 말해 제1차 세계대전이 영국사회에 미친 영향을 다각도로 분석하여 제1차 세계대전이 진정한 의미의 총력전(total war)이었으며, 더 나아가 이제 20세기의 전쟁에서는 사회구성원들 중 어느 누구도 전쟁의 영향으로부터 자유롭지 못하다는 점을 밝히려는 것이다. 20세기에 일어난 대사건들 중 제1차 세계대전만큼 이후의 유럽사 및 세계사에 심대한 영향을 끼친 전쟁도 없다. 유럽의 열강들은 자기 파멸적인 이 집단충돌로 말미암아 세계를 선도하는 위치에서 밀려났고, 새로운 거인으로 미국과 소련이 역사의 전면으로 대두하게 됐다. 하지만 이 전쟁이 끼친 영향은 국제정치적 역학관계의 변화라는 거대담론에만 국한된 것은 아니었다. 해당 국가의 시스템은 물론이고 구성원 모두의 미세한 일상생활에도 심대한 영향을 주었다. 이제 전쟁은 더 이상 저 멀리 이국(異國)의 전장에서 수행되는 군인들만의 과업으로 머물 수만은 없게 됐다.

지금부터 거의 한 세기 전인 1914년 8월 첫째 주에 유럽의 열강들은 삼국동맹과 삼국협상이라는 양대 진영으로 갈라져서 전쟁에 돌입했다. 이후 아시아에서 일본 및 영국의 식민지배 아래에 있던 지역들, 그리고 나중에는 미국까지 가세하면서 전쟁은 전 세계로 확대됐다. 이른바 진정한 의미의 '세계대전'으로 비화한 것이었다. 세계대전이라는 용어에 걸맞게 약 4년 4개월 동안 지속된 전쟁은 당사국들에 엄청난 인력적, 물질적, 그리고 정신적 상흔을 남겨놓았다. 대략 전사자 1000만 명, 부상자 2000만 명의 인적 손실 및 2000억 달러라는 천문학적 액수의 경제적 피해를 초래했다. 설상가상으로 종전 이후에도 세계는 대공황과 전체주의의 대두, 그리고 또 다른 총력전인 제2차 세계대전을 겪게 됐다.

그렇다면 이토록 엄청난 전쟁은 왜 일어났고, 해당 국가들의 사회 내부에 어떠한 영향을 주었을까. 솔직히 전쟁의 실상을 밝히는 문제는 간단하지가 않다. 예컨대, '전쟁의 원인은 무엇인가?'라는 단일 질문에 대한 대답을 구하는 일도 결코 만만치가 않다. 심리학적 측면에서 전쟁은 인간의 죽음에 대한 본능으로 인해 발생하는 것으로 이해된다. 사회경제적으로는 재화와 영토를 확보하기 위해서 일어나며, 정치적으로는 헤게모니를 장악할 목적으로 사생결단식으로 추구된다. 국제정치적으로는 세력균형이 무너지면서 일어나는 것으로 설명이 되며, 좀 더 근원적 차원에서 전쟁은 인류문명을 발전시키기 위한 자연의 본능 때문에 끊임없이 발생한다는 주장도 있다. 이처럼 전쟁의 원인이라는 한 측면만 놓고 보더라도 그 해답을 찾는 과정이 매우 다원적이며 복합적임을 엿볼 수 있다.

어느새 세월이 흘러서 제1차 세계대전이 발발한 지도 한 세기를 넘어섰다. 지난 2014년에 제1차 세계대전 발발 100주년을 계기로 서구학계에서는 이 엄청난 전쟁에 대해 부쩍 많은 관심을 기울였고 실제적인 성과들도 있었다. 이와 대조적으로 전쟁이 발발한 지 한 세기가 지났건만 제1차 세계대전에 대한 국내 학계의 연구현황은 여전히 미흡한 형편이다. 물론 제1차 세계대전에 대한 학술논문이 간헐적으로 발간되고 전투수행 과정과 대전 중 사용된 무기 등을 다룬 번역서들은 꾸준히 선을 보이고 있다. 그러나 총력전이라는 관점에서 제1차 세계대전을 깊이 있게 고찰한 연구서는 아직까지 접하기가 쉽지만은 않다. 전쟁이 단순히 최전선에서 벌어지는 교전 당사국 군인들 사이의 혈투 차원이 아니라 후방에서 영위(營爲)되는 민간사회의 일상사와도 긴밀하게 연결되어 있음을 드러내는 작업은 전략전술의 탐구에만 관심을 집중해온 기존의 연구풍토에서는 접근하기 힘든 과제일 수도 있다.

비록 제1차 세계대전 당시의 주요 국가들 중 영국에 초점을 두고 있다는 공간적 한계는 있으나 아직까지 국내에서 연구가 미진한 형편인 이 분야를 정리하는 작업도 나름대로 의미가 있다고 생각한다.[1] 궁극적으로 이 책은 전쟁에 대한 탐구가 단순히 전략전술과 무기 등의 차원에만 머무는 것이 아니라 해당 사회와 그 구성원들의 개별 삶과 밀접한 관련성을 염두에 두고서 폭넓게 이뤄져야 함을 재확인하려는 시론적 시도이다.[2]

---

[1] 왜 그동안 국내의 민간분야에서 전쟁사 연구를 기피해왔을까? 물론 민간 연구자의 접근을 어렵게 하는 학문 자체의 특성이 있을 수 있으나, 이외에 우리나라의 전통적인 무(武) 경시 풍조, 고대 이래 한반도에 가해진 수많은 외침들과 이에 대항하는 과정에서 각인된 패배의 회한과 고통의 기억, 그리고 한국 현대사에서 한 시대를 풍미했던 군부독재에 대한 거부감 등을 그 요인으로 꼽을 수 있지 않을까 생각한다.

[2] 전쟁사란 기본적으로 군대 및 전쟁—군사제도, 군사전략 및 전술, 군사사상과 리더십, 교육훈련, 무기체계와 장비 등—에 관한 이야기로 정의할 수 있다. 하지만 엄밀한 의미에서 이는 연구범위를 어느 선까지로 할 것인가와 밀접하게 연결되어 있다. 여전히 전쟁사를 실제 전쟁의 역사로만 인식하는 사람들이 있는데, 이는 너무 편협한 정의이

좀 더 구체적으로 이 책은 전쟁이라는 '역사적 사건'이 해당 사회에 미친 영향을 다각적으로 조명하고 있다. 전쟁을 적대적인 두 진영 간의 무력충돌로만 파악할 경우 전장의 폭력성만 부각될 소지가 농후하기 때문이다. 전쟁을, 특히 전형적인 총력전 성격을 담고 있는 제1차 세계대전을 전장이나 군인들의 활동에만 국한할 경우 그 진면목을 그려내는 작업은 한계를 가질 수밖에 없다. 따라서 전쟁을 인간의 합리적인 정치행위로만 이해하는 이념적 토대에 입각하여 그 원인을 고찰하고 더불어 전략과 전술, 그리고 무기체계를 주목하는 전통적인 연구방법에서 벗어나서 전쟁이 해당 인간사회 전반에 끼친 영향에 주목할 필요가 있다. 전쟁 상황에 대한 사회구성원 전체의 대응과 변화라는 측면에서 접근해야 전쟁의 실상에 좀 더 근접할 수 있기 때문이다. 더구나 이러한 접근법은 새로운 것이 아니라 서양에서는 이미 1980년대 이래 중요한 연구경향으로 이어져왔다.

이처럼 전쟁사(military history or war history) 연구는 전쟁이 사회에 미친 영향이라는 포괄적인 관점에서 접근할 필요가 있다. 그래야 전쟁이라는 상황 속에서 승리를 위해, 아니 생존을 위해 몸부림쳤던 인간 군상(群像)들의 실제 모습에 좀 더 선명하게 다가갈 수 있다고 보기 때문이다. 특히 20세기의 전쟁은 그 이전의 전쟁처럼 군인들만의 과업에 국한되지 않고 해당 국가의 구성원 전체가 참여하고 그 영향으로부터 자유로울 수 없기에 더욱 그러하다. 이른바 '총력전' 성격의 전쟁은 해당 사회 속에

다. 오늘날 전쟁사는 단순히 전쟁 자체뿐 아니라 군대와 사회의 관계, 전쟁과 평화의 관계, 그리고 군대와 문화의 관계 등 한마디로 전쟁을 종합적인 사회현상으로서 인식하고 각 분야와의 상호작용을 고찰하는 데까지 나아갔다. 그래서 요즘에는 전쟁사(war history)와 더불어 보다 포괄적인 의미를 담고 있는 군사사(military history)라는 용어가 혼용되고 있다.

뿌리를 내린 채 부단히 그 사회와 상호작용할 수밖에 없다. 이 책을 통해 전쟁사는 단순히 군인들만의 과업이 아니라 해당 사회구성원 모두가 관심을 갖고 도전해야만 하는 분야임을 분명하게 인식할 수 있으리라 기대한다. 20세기의 전쟁에서는 남녀노소, 빈부귀천을 막론하고 누구든지 전쟁승리를 위해 무엇이든지 한 가지 이상의 역할 수행을 감내해야만 했다.

　이러한 필요성을 수용하여 오늘날 전쟁사 연구는 전통적 주제인 전략 및 작전술과 연계된 전투행위에 대한 분석을 넘어서서 이를 둘러싸고 있는 외연(外延)—특히 사회 및 문화—과의 관계에도 주목한다. 전쟁이 사회변화의 동인(動因)이라는 전제 아래 전쟁 연구자는 전쟁이나 전투와 더불어 그것이 사회제도나 정책 등의 변화에 끼친 영향에도 관심을 기울인다. 이러한 새로운 접근법 덕분에 서양의 경우 민간인 역사학자들도 전쟁사에 적극 관심을 기울이게 되면서 역사학 내 다른 분야와의 소통도 원활해졌다. 특히 군대 조직, 무기, 전투 등 특수한 분야에 머물렀던 전형적인 연구경향에서 벗어나 거시적 차원에서 근대국가의 성장과 유럽의 팽창을 설명하는 데 중요한 실마리를 제공할 수 있었다. 일반역사와 전쟁사가 긴밀하게 교감함으로써 각자의 연구 지평이 더욱 넓고 깊어지는 상호보완 효과가 향후에도 지속되길 기대해본다.

　이러한 맥락에서 이 책에서는 전체 8개 장에 걸쳐서 총력전의 대명사인 제1차 세계대전의 다양한 측면을 집중적으로 고찰한다. 다시 말해 전쟁 자체는 물론이고 이것이 당대 영국사회에 끼친 영향에 대해서도 살펴볼 것이다. 총력전 아래에서 전쟁은 해당 국가의 국방(제3장 전쟁전략, 제5장 전쟁수행)에만 국한된 것이 아니라 정치(제4장 민군관계), 경제(제6장 산업정치), 사회(제7장 교육개혁), 그리고 문화(제8장 전략문화) 등과 긴밀한 관련을 맺고 영향을 끼쳤음을 알 수 있다. 그만큼 이제 전쟁은 전선의 군인들에게만 맡겨둘 성격의 과업이 아니라 교전 당사국 전체 국민의 삶이 직간접적으로 관련된 최상의 국가적 중대사였던 것이다.

우선 제1장에서는 제1차 세계대전에서 그토록 엄청난 인명손실이 발생한 근본 요인을 '살육전'이라는 전쟁의 성격에서 찾고자 했다. 19세기 후반기에 화약무기의 빠른 발전과 화약의 폭발력 향상으로 말미암아 대량살상의 가능성이 점차 현실화됐다. 더구나 산업혁명의 성숙에 힘입어 고성능의 공작기계는 무기를 대량생산했고, 유럽 대륙 전역을 뒤덮은 철도는 병력의 대량운송을 가능하게 만들었다. 대전은 초기에 반짝 기동전 양상을 보인 후 곧바로 참호전으로 고착됐다. 이를 증명이라도 하듯이 복잡하게 구축된 참호를 따라 철조망과 기관총으로 방어망을 구축한 음울한 모습의 전선이 출현했다. 방어 진영에 유리한 전쟁양상이 도래한 것이었다. 이러한 전장환경의 변화를 분명하게 인식하지 못한 채 각국의 군 수뇌들은 대병력을 투입하여 우직할 정도로 끊임없이 상대방 방어선을 향해 정면돌파를 시도했다. 그러다 보니 물자 소모는 물론이고 수많은 인명손실은 접전 이전에 이미 예고된 것이나 다를 바 없었다.

이어서 제2장에서는 영국은 왜 세계대전에 참전하게 됐을까 하는 의문점을 갖고서 제1차 세계대전의 발발 원인과 이를 둘러싸고 지속된 논쟁을 1960년대 초반에 제기된 이른바 '피셔 테제(Fischer Theses)'를 기준점으로 삼아서 분석하고 있다. 대전의 원인 문제에 대한 일반적인 설명과 관련 논쟁을 살펴본 다음에 말미의 두 절들에서는 세계대전 초반 영국의 참전결정 과정을 심층적으로 고찰하여 원인 논쟁에서 영국의 책임소재 여부를 검토하고 있다. 종합적 관점에서 정리할 경우 대전의 원인에 대한 각각의 주장들은 대전 발발의 책임이 전적으로 독일과 그 동맹진영에 있다는 이른바 '베르사유 테제'와 이와는 반대로 그 책임이 교전 당사국 전체 또는 당대의 상황에 있는 것으로 해석하는 '집단책임론' 사이의 어딘가에 위치한다. 이러한 측면에서 영국은 대전 발발에 전혀 책임이 없다고 주장하는 것도 역사적 사실에 어울리지 않는다.

제3장에서는 영국군의 전쟁전략에 대해 살펴본다. 원래 영국은 해군력에 의존하여 국가방위와 해외 팽창을 추구해왔다. 도서(島嶼)라는 천연장애물 덕분에 대규모 지상군을 유지할 필요가 덜 절실했던 것이다. 그러한 까닭에 유럽 대륙에서 전쟁이 발발한 이후에도 영국은 소규모 병력만을 전장에 파병하고 나머지는 해군을 활용한 해안봉쇄로 독일을 굴복시키려고 했다. 그러나 이는 곧 오판(誤判)으로 드러났다. 전쟁의 규모가 상상을 초월할 정도로 커졌고 우방국 프랑스가 영국의 도움을 절실하게 필요로 했기 때문이다. 1915년 봄부터 영국은 대병력을 유럽 대륙으로 보내어 적극적인 공세작전을 전개했다. 전쟁이 점차 물량전으로 발전하면서 인적 및 물적 자원의 동원이 엄청나게 늘어났다. 이제는 영국도 전쟁에서 발을 빼거나 머뭇거릴 수 없게 됐다. 어찌 됐든 주 병력이 투입된 서부전선에서 전쟁의 승패를 결정해야만 했다.

제4장에서는 전쟁으로 인해 초래된 민간정치가들과 군 수뇌부 사이의 갈등과 협력관계를 고찰한다. 원래 영국에서 군대는 특히 지상군의 경우 17세기 영국혁명 이래 민간인 위주의 의회정치 세계와는 거의 분리되다시피 한 채 군 본연의 임무만을 수행했다. 그런데 1914년 8월에 벌어진 제1차 세계대전은 이러한 전통적 관계를 극적으로 변화시켰다. 전쟁이 총력전으로 전개되면서 불가피하게 민간정치가와 군 수뇌부 사이의 접촉이 빈번해졌던 것이다. 특히 당대의 대표적인 정치가 중 한 명이었던 로이드 조지(David Lloyd George)는 각료 및 수상 재임 중에 끊임없이 군 수뇌부와 마찰을 일으켰다. 전쟁이 대규모 소모전으로 바뀌면서 국내에서 전쟁물자를 생산하여 이를 전선으로 운송 및 보급하는 문제가

결코 수월하지 않았기 때문이다. 민간인 정치가들의 통제와 간섭에 전쟁의 직접 수행자인 군 수뇌부가 반발하면서 민군관계가 원활하지 못했다. 이에 로이드 조지는 프랑스군 수뇌부와의 직접적인 교섭을 통해 영국원정군 수뇌부에 압박을 가하는 우회적 방법을 시도하기도 했다.

제5장에서는 보다 실제적 차원에서 영국군의 전쟁수행에 대해 살펴보고 있다. 대전 이전 영국군은 총력전에 대한 대비에서 거의 무방비 상태에 있었다. 20세기 초입에 벌어진 보어전쟁을 통해 지상군의 문제점을 자각하고 전후 이를 개혁하려는 시도가 있었으나 별다른 성과를 얻지 못했다. 그나마 신임 육군장관 홀데인(Richard Burdon Haldane)의 군제개혁으로 유사시 유럽 대륙에 파병할 수 있는 병력 10만 명을 확보한 것이 최고의 성과였다. 1914년 8월 대전 발발 직후에 영국은 우선 이들 병력을 파병하여 벨기에 국경에 인접한 프랑스 전선지대를 따라 배치했다. 하지만 1914년 말이 되면서 전쟁양상은 점차 참호전으로 바뀌었다. 이러한 상황에서 독일군 방어선을 돌파하기 위해서는 엄청난 규모의 인적 및 물적 자원의 동원이 불가피해졌다. 1915년 봄이 되면서 서부전선의 영국군은 거의 100만 명에 달할 정도로 엄청나게 늘어났고, 그 규모는 지속적으로 확대됐다. 이러한 전투력을 바탕으로 영국군은 프랑스군과 연합(이프르 전투, 솜 전투)으로, 어느 경우에는 단독(파스샹달 전투)으로 공격작전을 시도했다. 그러나 엄청난 물자 소모와 인명손실만을 초래했을 뿐 내세울 만한 성과를 얻지 못했다. 이러한 서부전선에서의 교착상태에서 벗어나 다른 방향에서 전쟁의 돌파구를 마련코자 시도한 것이 바로 1915년 동부 지중해에서 단행한 갈리폴리 상륙작전이었다. 이것마저 오스만튀르크군의 완강한 저항에 부딪혀 완패(完敗)로 끝나고 말았다. 전쟁 전반기에 범한 작전 실패로부터 점차 교훈을 얻은 영국군은 후반기에 접어들면서 점차 승기(勝機)를 잡기 시작해 마침내 1918년 11월

서부전선에서 전쟁을 승리로 마무리할 수 있었다.

　제6장에서는 재차 시선을 영국 국내로 돌려서 전시에 전개된 정부, 자본, 그리고 노동 사이의 관계를 고찰한다. 전쟁 초기에 허버트 애스퀴스(Herbert Asquith) 수상이 이끈 자유당 정부는 정부운용의 기본 시스템을 그대로 유지한 채 전쟁을 수행한다는 이른바 '평시대로' 정책을 내세웠다. 그러나 전쟁이 총력전으로 바뀌면서 국내에서 대규모 전쟁물자의 공급이 필요하게 됐다. 이에 따라 노동자들의 협조가 절실해졌고, 자연스럽게 노동계의 목소리가 커지게 됐다. 그러자 당시 군수물자부 책임자로 국내에서 전쟁물자 생산을 총지휘하고 있던 로이드 조지는 정부정책결정에 노동 진영을 참여시키기 시작했다. 이러한 정부의 태도는 그동안 개별적으로 행동해온 자본 측의 경각심을 일깨웠다. 곧 자본 진영을 대표하는 전국규모의 조직(FBI)이 등장하고 이를 매개로 자본 측도 정부에 자신들의 입장을 개진하기 시작했다. 한마디로 정부-자본-노동이 정책결정에 참여하는 산업정치의 '삼자구조(三者構造)'가 미흡하나마 형성되기 시작한 것이었다. 물론 이러한 구조는 기본적으로 취약한 토대 위에 세워졌기에 전후 국가의 역할이 축소되면서 곧 한계를 드러냈다. 그럼에도 불구하고 제1차 세계대전 중에 등장한 새로운 모습의 산업정치는 영국사에서 제2차 세계대전 이후에 본격적으로 대두하는 이른바 '합의정치(politics of consensus)'의 맹아(萌芽)에 해당하는 것으로 평가할 수 있다.

　제7장에서는 1918년에 제정된 일명 '피셔교육법(Fisher Education Act)'의 핵심 사안으로 꼽힌 '정시제(定時制) 학급' 설치 논의를 중심으로 전쟁이 사회개혁에 미친 영향을 살펴본다. 19세기 말 이래 영국사회의 중요한 골칫거리 중 하나는 청소년 문제였다. 당시 독일과 같은 대륙국가들에 비해 영국에서 청소년들의 중등학교 진학률은 극히 저조했다. 초등교육

과정을 마친 청소년들은 거의 대부분 별다른 기술조차 습득하지 못한 채 사회로 배출됐다. 그러다 보니 일거리를 찾기가 어려웠고 다행히 취업을 했다고 하더라도 허드렛일을 하거나 성인 숙련공 밑에서 단순 보조 일을 하는 것이 다반사였다. 설상가상으로 대전이 발발하면서 청소년 문제가 더욱 심각해졌다. 그래서 정부는 교육전문가인 피셔(Herbert A. L. Fisher)를 교육부 책임자로 임명하여 이 문제를 해결코자 했다. 고민 끝에 피셔가 내놓은 처방이 바로 사회에 진출한 청소년들을 주간에 일정 시간씩 직장 인근의 학교에 출석시켜서 기술교육과 도덕교육 등을 이수케 한다는 것이었다. 일반적으로 이는 '정시제 학급'이라는 명칭으로 불렸다. 그러나 피셔의 야심적인 시도는 종전이 되면서 흐지부지됐다. 핵심은 주간에 청소년들이 정시제 학급에 참석하기 위해 일주일에 일정 시간씩 자리를 비울 경우, 그로 인해 발생하는 금전 손실을 누가 감당할 것인가의 문제였다. 정부는 이를 고용주에게 부담시키려고 했으나 산업계의 거센 반발로 결국 별다른 성과를 얻지 못하고 말았다.

마지막으로 제8장에서는 영국의 유럽 대륙에 대한 군사정책 형성에 지속적으로 영향을 미친 문화적 요인, 일명 '전략문화'에 대해 고찰하고 있다. 근본적으로 영국은 도버 해협으로 대륙과 분리된 섬나라이다. 이러한 지리적 특징이 전통적으로 영국의 대륙에 대한 전략문화 형성에 중요한 영향을 끼쳐왔다. 명색이 섬나라이다 보니 전통적으로 영국은 육군보다 해군에 높은 비중을 두어왔다. 그래서 유럽 대륙과의 관계에서도 대륙에서 분쟁이 발생할 경우 가능한 한 지상군 파병은 피하고 해군력과 외교력을 동원하여 문제를 해결하면서 자국의 이익을 취하려고 했다. 이러한 영국의 입장을 그런대로 체계화한 인물은 바로 20세기 영국의 대표적 전략사상가로 손꼽히는 리델 하트(Liddell Hart)였다. 그는 이른바 '간접접근전략'이라는 개념을 창안하여 유럽 대륙에 대한 영국의 군사전략을 분석했다. 이 장에서는 여기서 한 걸음 더 나아가서 이러한 간접접근전략 형성의 토대가 되는 영국 전략문화의 특질도 고찰하고 있다.

나는 오래전부터 20세기 전쟁의 다양한 모습에 관심을 갖고서 그동안 나의 전공분야인 영국사에서 영국이 최초로 대규모 지상군을 파병한 전쟁인 제1차 세계대전에 대해 연구해왔다. 그러는 와중에 어느새 관련 논문들이 여러 편 쌓이게 됐다.[3] 이를 잘 다듬어서 책으로 엮어야겠다는 생각을 하던 참에 감사하게도 대우재단 학술서 발간지원 사업에 선정되어 실현의 기회를 얻게 됐다. 그동안 이런저런 이유로 시간만 흘려보내다가 미흡하나마 이제야 선을 보이게 됐다. 무엇보다 나의 연구를 지원해주고, 더 나아가서 이 책이 완결되기까지 긴 세월을 묵묵히 기다려준 대우재단에 깊은 감사를 드린다.

이 책의 연구대상은 제1차 세계대전이다. 하지만 실용적 측면에서 전쟁사 연구는 우리의 현재적인 문제이기도 하다. 남북으로 분단된 것도 모자라서 세계의 강대국들 틈바구니에 놓여 있는 한반도의 특별한 지정학적 현실을 감안할 때, '전쟁'에 대한 연구는 결코 소홀히 할 수 없는 문제이다. 더구나 오늘날에도 전쟁은 우리의 의식과 가치관을 변화시키고 현실적인 삶의 방향을 좌우하고 있다. 인터넷을 비롯한 대중매체의 발

---

3) 각 장 내용의 기본 바탕이 된 글들의 출처는 다음과 같다: 「제1차 대전과 영국 산업정치구조의 형성, 1914-22」, 《서양사론》 제53호(1997); 「제1차 대전시 영국의 군사전략수행과 민군관계」, 《군사》 제36호(1998); 「제1차 대전과 영국의 1918년 교육법」, 《역사학보》 제169집(2001); 「제1차 세계대전은 왜 대량 살육전이 되었는가?」, 《서양사연구》 제36집(2007); 「영국 갈리폴리 원정작전의 패인 고찰」, 《군사》 제88호(2013); 「근대 영국의 전쟁방식과 전략문화」, 《영국연구》 제30호(2013); 「제1차 세계대전 원인 논쟁: 피셔논쟁 이후 어디까지 왔는가?」, 《영국연구》 제32호(2014).

달 덕분에 현대인은 지구촌 도처에서 벌어지는 크고 작은 전쟁의 실상(實狀)을 아무런 여과 과정도 없이 거의 실시간으로 접하고 있기에 더욱 그러하다. 이러한 전쟁의 일상화로 인해 우리의 자아는 은연중에 긴장감과 폭력성에 잠식되고 있음은 물론, 동시에 처참한 전장에서 발생하는 수많은 윤리적인 문제들에 둔감해져 가고 있다.

따라서 전쟁에 대한 포괄적인 이해는 우리의 분단현실에서 실질적인 도움과 함께 역사적 성찰의 기회를 제공할 수 있다. 전쟁의 원인과 본질, 그리고 그 영향을 심층적으로 분석하고 포괄적으로 조망할 때에만 인류가 평화를 위해 준비해야 할 상생의 조건이 무엇인지를 보다 정확하게 도출할 수 있다. 그러기에 전쟁사 연구 자체의 활성화는 물론이고 연구주제의 외연 확대는 더 이상 간과할 수 없는 필수요건이 아닐까 생각한다. 이러한 측면에서 이 책이 다소나마 도움이 되길 기대해본다.

태릉골 화랑대에서 이내주 씀

차례

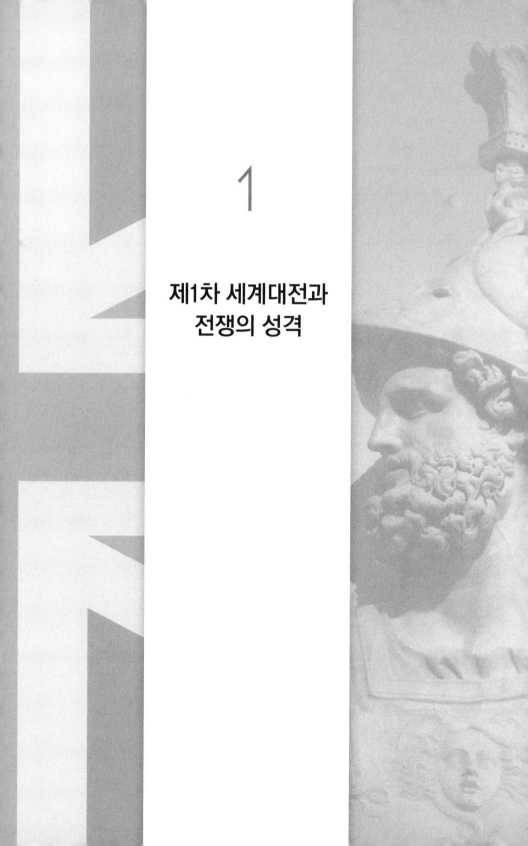

1

제1차 세계대전과
전쟁의 성격

1. 대전은 왜 살육전화했을까

우리는 흔히 제1차 세계대전에 관한 강의나 글을 접할 때마다 서두에 제시되곤 하는 전상자(戰傷者) 숫자에 깜짝 놀라곤 한다. 대충 어림잡더라도 전쟁터에서 죽은 자가 1000만 명, 부상당한 자가 2000만 명으로 집계되기 때문이다. 특히 대전 중 격전이 벌어졌던 베르덩 및 솜 전투에서는 175만 명 이상이 죽었고, 그것도 개전 첫 2주일 안에만 무려 30만 명에 달하는 전상자가 발생했다. 특히 요즘처럼 인명손실에 대한 관심이 높아져 분쟁지역에서 한 명의 군인이라도 사상자가 발생하면 국가 전체적으로 여론이 들끓는 상황에서 이는 가히 천문학적인 숫자임에 분명하다. 그래서 대전에 관한 책이나 시청각 자료 등 관련 자료를 접하는 독자들은 자연스럽게, 그렇다면 제1차 세계대전에서는 왜 그토록 많은 인명피해가 발생했는가 하는 의문을 떠올리게 된다. 이 장은 바로 이에 대한 해답을 찾으려는 시도이다.

제1차 세계대전 발발 이전 시기에 유럽인들은 심성적(心性的)으로 투쟁이나 폭력성에 상당한 정도로 길들여져 있었다. 19세기 중엽에 소개된 찰스 다윈(Charles Darwin)의 진화론은 19세기 말경 인간사회에도 적용되어 '사회다윈주의(Social Darwinism)'라는 명칭으로 유행했다. 이로 인해 식자층은 물론이고 심지어 일반대중도 다윈이 내세운 진화의 동인(動因)인 '자연선택(natural selection)'이나 '적자생존(survival of the fittest)'과 같은 음울한 원리에 부지불식간에 물들게 됐다. 이러한 영향 아래 유럽인들은 주변에서 접하는 낙오자나 희생자 등에 대해 동료로서 동정심을 보이기보다는 진화의 경쟁원리에서 패배한 자로 인식하려는 냉혹한 사회적 분위기에 젖어들었다. 특히 주요 교전국들의 경우 1910년경부터 국내에서 산업분규가 격화되어 평소에도 거리상에서 폭력사태가 빈번하게 일어나고 있었다. 결과적으로 이는 인명경시의 풍조를 낳게 됐고, 대전 중 일어난 대량살상에 대해 전후방을 망라하여 당대인들의 양심을 둔감하게 만들었다.

　　이러한 이념적 분위기 속에서 성장한 수많은 유럽의 젊은이들은 산업혁명의 향유자이자 궁극적으로는 피해자였다. 어느 면에서 제1차 세계대전은 서구 열강들이 19세기 초반 이래 경쟁적으로 추구해온 산업화의 결정판이라고 볼 수 있다. 19세기 말에 이르면 산업화가 심화되어 그 영향으로 인해 인력과 물자의 대량동원 및 대량파괴가 가능하게 됐다. 철도의 발달은 동원된 수많은 인력을 단시간 안에 전선으로 운송할 수 있었고, 대량생산된 소총은 이들을 단시간 안에 무장시킬 수 있었다. 또한 대포, 기관총 등과 같은 중화기의 발달과 철조망과 같은 간접성 무기의 활용은 제1차 세계대전을 기동전이 아니라 참호전화하여 전반적으로 방어 측에 유리한 전장 특성을 형성했다. 이제 대규모 살육전의 가능성이 우려가 아니라 현실로 성큼 다가온 것이었다.

이렇게 동원된 대규모 병력을 최전방의 군 고위 지휘관들은 변화된 전장 특성을 고려하지 않은 채 고집스럽게 정면돌파 공격에 투입하여 대량살상을 자초했다. 이러한 시대착오적인 작전개념은 제1차 세계대전 이전까지, 물론 영국군에만 국한된 것은 아니었지만, 군 리더들이 일명 '공격제일주의(cult of offensive)'라는 19세기적인 전투방식에 집착한 데서 그 실마리를 찾을 수 있다. 이들은 무기발달보다는 군대의 엄정한 사기와 군기에 기초한 연속적인 돌격전이야말로 전투의 승패를 가르는 결정적 요인이라고 믿고 있었다. 따라서 서부전선에서 영국군의 공격이 별다른 전과를 올리지 못하고 있을 때조차 이들은 대규모 병력이 투입되는 정면돌파에 집착, 결과적으로 수많은 인명피해를 초래했다.[1] 한마디로 당시에 군 수뇌부는 산업화된 전장의 성격을 제대로 이해하지 못하고 19세기적인 전쟁 패러다임 안에서 군사작전을 계획하고 수행했던 것이다.

이러한 맥락에서 이 장에서는 제1차 세계대전이 가져온 대량 인명살상의 요인을 다음과 같은 질문들을 중심으로 살펴보고 있다. 무수한 인명살상에 대해 왜 당시 유럽 사회는 별다른 반대를 표명하지 않았을까? 어떠한 무기들이 동원됐기에 이러한 대량 인명피해가 발생했을까? 그리고 당시 무기체계가 방어 측에 유리했음에도 불구하고 전쟁수행의 최선봉에 있던 군 고위 지휘관들은 왜 고집스럽게 '공격 우선'에 집착했을까? 후방지역에 있던 민간정치가들의 반응은 어떠했을까? 이를 위해 우선

---

1) 물론 1916년 솜 전투 이후인 대전 후반기에 영국군은 이전 전투에서 범한 실수들을 교훈으로 삼아 전장에 적합한 전술을 지속적으로 개발 및 적용하여 끝내는 전쟁을 승리로 이끌었다는 긍정적인 평가도 있다. 물론 이러한 주장을 인정한다고 하더라도 무수한 인명피해는 부인할 수 없는 현실로 남아 있다.(P. Griffith, ed., *British Fighting Methods in the Great War*(London: Frank Cass, 1996)를 볼 것)

대전 이전에 유럽 사회에 형성된 인명경시 풍조 분위기를 '사회다윈주의'를 중심으로 고찰하고, 이어서 좀 더 실제적인 측면에서 전장에서 대량살상을 초래한 신무기의 발달을 살펴본다. 끝으로 당시 영국군 수뇌부의 전쟁방식을 지배하고 있던 공격 만능주의에 대해 분석할 것이다. 궁극적으로 이 장에서는 전쟁이 살육전으로 전개된 요인이 좁게는 군 내부에, 그리고 넓게는 당시 유럽 사회에 내재되어 있었음을 밝히려 한다.[2]

2. 대전 이전 유럽의 지적 환경

서유럽에서 19세기 말까지 정치적 및 사회적으로 모든 계층을 망라하여 일반대중의 담론과 태도에 깊숙이 스며든 요소는 바로 사회다윈주

---

2) 그동안 연구자들은 서부전선에서 벌어진 대량살상전의 요인을 크게 두 방향에서 설명하고자 했다. 하나는 전쟁의 공포와 당시 부대를 지휘한 장군 및 참모들의 실수 및 무능력, 그리고 새로운 변화 요구에 대한 무반응 등 내부적인 요인을 강조하는 것이었다. 이에 비해 다른 하나는 신무기의 등장과 이의 활용, 적군의 강한 전투의지, 그리고 군사작전에 대한 민간정치가들의 간섭 등 외부적인 요인에 주목하는 경향이었다. G. Sassoon, *Memoirs of a Fox Hunting Man*(1928); Liddell Hart, *The Real War 1914-1918*(1930); Alan Clark, *The Donkeys*(1961); John Ellis, *Eye-Deep in Hell: Life in the Trenches, 1914-1918*(1976); Denis Winter, *Death's Men*(1978) 등이 내부적 요인을 강조한 반면에, 영국정부의 공식 역사서(*History of the Great War: Military Operations, France and Belgium*, 1922-1948년에 총 14권으로 발간)를 비롯한 Lord Blake(ed.), *The Private Papers of Douglas Haig 1914-1919*(1952); John Terraine, *Douglas Haig: The Educated Soldier*(1963) 및 *The Road to Passchendaele: The Flanders Offensive of 1917*(1977) 등은 외부적 요인에 비중을 두고 있다. 그러나 어느 쪽도 만족할 만한 답변을 주지 못하면서 S. Bidwell & D. Graham, *Fire-Power: British Army Weapons and Theories of War, 1904-1945*(1982)가 보여주듯이 1980년대 초반부터는 두 요인을 배합한 절충주의적 설명이 대두했다. 내부적 요인을 강조하고는 있지만, 근본적으로 필자도 절충주의적 입장을 지향하고 있다.

의의 원리였다.[3] 19세기 말에 지성계를 풍미한 프리드리히 니체(Friedrich W. Nietzsche)의 권력에의 의지, 지크문트 프로이트(Sigmund Freud)의 무의식의 세계, 그리고 앙리 베르그송(Henri Bergson)의 생의 철학 등은 일반대중에게 낯설고 이해하기 어려운 담론이었고, 알베르트 아인슈타인(Albert Einstein)과 베르너 하이젠베르크(Werner K. Heisenberg)가 제기한 불확실성에 대한 가설(假說)들은 여전히 개념적 차원에 머물러 있었다. 1859년에 모습을 드러낸 다윈의『종의 기원(The Origins of Species)』에서 제기된 '자연선택' 및 '적자생존'의 원리는 원래 자연계에만 적용코자 했던 그의 의도와 달리 그 이후 허버트 스펜서(Herbert Spencer)나 칼 피어슨(Karl Pearson)과 같은 지식인들에 의해 인간사회에도 적용됐다. 자연계에서 진화의 원리는 적자생존에 기반을 둔 자연선택에 있다는 다윈의 가정을 원용하여 사회다윈주의자들은 개인, 조직, 그리고 심지어 민족도 동일한 원리에 따라 작동한다고 주장했다.

다윈의 저서가 발간된 이래로 서구 세계에서 등장한 사회다윈주의의 여러 분파들을 분명하게 구분하기는 어렵다. 이들은 다양하고 복잡하며 간혹 서로 모순되기조차 했기 때문이다. 예를 들면 보수주의자들에게 이는 엘리트의 사회적 지위를 정당화해주는 원리로 보였고, 고전적 자유주의자들에게 이는 사회 안에서의 무한경쟁을 지지해주는 사상으로 인식됐다. 또한 민족주의자나 사회제국주의자(social imperialist)에게 이는 서구의 제국주의 진출에 합리성을 부여하는 과학적 증거로 받아들여졌다. 심지어 사회주의자들조차 이를 역사적 유물론을 정당화하는 설명도구로 끌어다가 활용할 정도였다.

---

3) H. Tooley, *The Western Front: Battle Ground and Home Front in the First World War*(Basingstoke: Palgrave, 2003), p. 15.

무엇보다 지식인 세계에서 사회다원주의는 행동과학적 연구를 자극하는 추동력으로 작용했다. 실제로 이 개념은 19세기 말 이래로 거세게 등장한 우생학, 산아제한, 그리고 과학적 인종주의와 같은 다소 억지스러운 지적 운동에 동력을 제공하기도 했다. 엄밀한 의미에서 사회다원주의는 체계적인 사상이라기보다 제반 원리들을 혼합해놓은 비합리적이고 엉성한 지적 흐름에 불과했다. 하지만 이는 핵심적인 몇 개의 개념만을 갖고서도 평생토록 다윈의 저작에 접해본 경험도 없고, 스펜서에 대해서 들어본 적도 없는 수백만 명에 달하는 일반대중의 삶과 태도에 영향을 미쳤다.[4]

당시 시대적 상황 역시 유럽의 지성계가 이러한 이질적 모습으로 전개되는 데 힘을 실어주는 방향으로 작용했다. 1860년경부터 서구 열강들이 경쟁적으로 추구한 제국주의 진출은 세계대전이 발발하기 수 세대 전부터 사회다원주의를 유럽인들의 심성과 의식 속에 뿌리내리게 하는 데 기여했다. 유럽인들에 의한 아시아 및 특히 아프리카 지역에 대한 식민활동은 의도적이든 아니든 간에 사회다원주의의 원리를 동원하여 정당화됐다. 유럽 열강들은 자국 국민인 백인들은 적자생존 경쟁에서 열등한 존재로 드러난 아시아 및 아프리카 원주민들을 정복할 당연한 권리를 갖고 있다는 지적인 자기 최면으로 빠져들었다. 더 나아가서 미개한 다른 인종들을 선진된 서구문명으로 이끌어 개화시킬 '숭고한 책임'마저 갖고 있다는 식의 논리를 내세우며 유럽인들의 식민지 획득 및 지배에 지적 합리성을 부여했다.

서구 열강들에 의한 제국주의 진출은 곧 유럽 내에서 갈등과 대립으

---

4) H. W. Koch, "Social Darwinism as a Factor in the 'New Imperialism'," in Koch(ed.), *The Origins of the First World War: Great Power Rivalry and German War Aims*(Basingstoke: Macmillan, 1972), pp. 319~342를 참고할 것.

로 나타났다. 일명 '비옥한 식민지'를 둘러싸고 벌어진 치열한 경쟁 과정에서 열강들 간에 갈등이 표면화되기 시작한 것이다. 물론 제국주의 진출로 초래된 경쟁관계가 직접적으로 제1차 세계대전으로 이어졌다고 단정할 수는 없다. 하지만 군사적 대립을 고조시켜서 각국이 대규모 군대를 유지하는 빌미를 제공하고 급기야 이들을 전쟁으로 몰아가는 데 중요한 영향을 끼쳤음은 부인하기 어렵다. 특히 지속적으로 긴장상태를 조성하고 고조시킴으로써 각국의 태도를 공격적이며 전투적인 비정상적 상태로 악화시켰다. 이러한 일련의 과정에서 사회다원주의는 군사정책을 고려하는 측면에도 암암리에 반영됐다.[5] 적자생존의 원리를 강조하는 사회다원주의의 영향 아래 유럽 열강들은 이미 대전 이전부터 '생존경쟁'과 '공격 중시' 이념에 심각하게 물들어 있었던 것이다.

19세기 말에 이르게 되면 사회적으로도 서구의 전통적 유산인 합리주의보다 폭력과 공격성에 대한 관심이 높아졌다. 비록 니체 자신은 1889년까지 정신병동에 수용되어 있다가 1900년에 사망했으나 그가 설파한 철학은 이류급의 사상가들에 의해서 서서히 유럽 각국 내 일반대중들의 심성으로 파고들었다. 이들은 니체의 폭력성을 찬양하고 무엇보다 자아에 대한 확신과 의지력의 중요성을 세기말에 방황하는 일반대중의 가슴 속에 불어넣었다. 1890년대에 접어들어서야 주목을 받은 프로이트는 어떠한 측면에서도 폭력을 예찬한 바가 없었으나 그 역시 개인의 성격을 형성하는 중요한 요소로서 폭력성 및 공격성에 관심을 기울였다. 프랑스 철학자였던 베르그송은 '창조적 진화'의 과정을 결정하는 요인으로 '생의 활력(elan vital)'을 주장했다. 그와 동시대인인 조르주 소렐(Georges Sorel)은 노동계급의 파업 과정에서 사회적 폭력을 부추기는 다소 신비적

---

5) Tooley, op. cit., p. 18.

성향의 생디칼리슴을 설파했다.[6]

그러나 제1차 세계대전에 참전했던 수백만 명의 일반병사 중 대다수는 아마도 프로이트나 소렐의 저술을 접해본 것은 고사하고 이들에 대해 전혀 들어본 경험도 없었을 것이다. 또한 이들은 당대에 벌어진 중요 전쟁들의 원인이나 전개 과정, 특징 등을 이해하기 위해 신뢰할 만한 정보를 갖고 있지도 못했다. 대전 이전에 일반대중은 자국 정부당국이 제공하는 공식 정보보다는 오히려 싸구려 대중잡지나 빗나간 선동가들이 조장한 진위(眞僞)를 알 수 없는 뜬소문에 무차별적으로 노출됐으리라 보는 것이 더욱 타당하다. 19세기 말에 유럽의 지성계를 풍미한 비합리성과 폭력성을 옹호한 다양한 주의(主義)들은 사상가 자신보다 일반인들의 호기심에 민감한 대중작가들의 저술활동을 통해서 유럽인들에게 널리 퍼졌다.

이러한 분위기 아래에서 대전 이전 유럽의 일반대중은 애국주의와 손쉽게 결합될 수 있는 폭력성에 은연중에 물들게 됐다. 설상가상으로 19세기 중반 이래 각국에서 초등의무교육이 확대된 덕분에 가독성을 획득한 수백만 명에 달하는 유럽의 하층계급도 폭력에 관한 내용으로 도배를 한 값싼 대중잡지들을 구매하여 읽을 수 있었다. 전체적으로 볼 때 세기의 전환기에 유럽인들은 영웅주의와 국가를 위한 희생을 강조하는 분위기에 물들어 있었다. 이러한 정화(淨化)되지 않은 내용의 출판물들을 접하면서 성장한 아이들이야말로 전쟁이 발발했을 때 소총을 둘러멘 채 전선으로 배치되어 적진으로 돌진한 바로 그 젊은이들이었다.[7]

다른 한편으로 대전 이전부터 유럽인들은 산업현장에서 수시로 일어

---

6) Ibid., p. 21.

7) Robert Wohl, *The Generation of 1914*(Cambridge, M. A.: Harvard Univ. Press, 1979)를 볼 것.

난 각종 산업분규와 이를 진압하려는 정부당국의 강압적 행동을 통해 평소에도 폭력적 분위기에 젖어 있었음을 기억할 필요가 있다. 파업과 같은 노동계급의 저항은 걸핏하면 대규모 폭력으로 이어졌고, 그러기에 이는 거의 매일 접하는 일상사로 정착했다. 이러한 사회적 분위기 아래에서 일반대중들은 부지불식간에 폭력행위에 대해 둔감해져 갔다. 특히 영국의 경우 대전 직전까지 격렬하게 전개됐던 여성참정권론자들의 시위 및 폭력적 행동,[8] 그리고 분리독립을 열망한 아일랜드 민족주의자들의 폭력적 항거 등이 거의 절정에 달해 있었다. 한마디로 필요하다면 언제든지 폭력을 수용하고 행사할 심정적 상태가 무르익어 있었다.[9]

사회다원주의는 빅토리아 말기와 에드워드 시대에 영국군 장교들 사이에서도 널리 수용됐다. 이러한 비합리적인 사조는 당시 군 내부에 널리 퍼져 있던 반(反)지성주의적인 경향, 그리고 도시에서 성장한 노동계급 출신 병사들은 상대적으로 능력이 뒤지고 애국심도 희박할 것이라는 선입견 등과 잘 맞아 떨어졌다. 당시 영국군의 로버트 바덴 포웰(Robert Baden-Powell) 장군은 보이스카우트를 창설하여 소년들에게 운동을 통한 심신 단련, 남성다움, 극기력, 국가에 대한 의무 등을 강조했다. 이와 반대로 흡연, 음주, 도박 등을 비난하면서 진정한 적은 외부가 아니라 자신의 내부에 있기에 항상 인격과 심신을 단련해야만 한다고 역설했다. 또한 이 시기에 영국군 원수였던 울즐리(Field Marshal Frederick Wolseley)는 젊은 장교들이 책상머리에 앉아서 교범이나 읽기보다는 야외로 나가서 체력과 호연지기를 함양하는 편이 오히려 바람직하다고 말했다. 그는

---

8) 여성참정권 운동에 대해서는 Lisa Tickner, *The Spectacle of Women: Imagery of the Suffrage Campaign, 1907-1914*(Chicago: Univ. of Chicago Press, 1988)를 참고할 것.

9) 제1차 세계대전이 발발하기 1개월 전에 영국정부는 아일랜드 민족주의자들을 상대로 한 내전을 목전에 두고 있었다.

스파르타식 군사훈련을 통해서 강자(强者)만이 살아남는 정신을 길러야 한다는 일종의 사회다원주의적인 이념을 공공연하게 설파했다.[10]

사회다원주의가 유럽 각국의 군사정책 수립에 미친 영향을 실증적으로 입증하기는 어렵다. 일반적으로 사상이 미친 영향은 그 성격상 단기간 안에 직접적으로 표면화되는 경우가 드물기에 더욱 그러하다. 하지만 대전 전에 유럽 사회에 '적자생존'과 '자연선택'이라는 자연계의 진화원리를 인간사회에도 적용한 사회다원주의가 풍미했고, 이것이 암암리에 당대 유럽인들의 사고에 인명경시의 풍조를 전염시켰음은 부인하기 어렵다. 또한 대전 직전까지 유럽의 산업화된 국가들에서 줄기차게 발생한 노사분규와 이것이 수반한 폭력적 행동 역시 유럽인들의 전투적 성향을 고무한 측면이 크다고 볼 수 있다. 세계대전 발발 직후 유럽 각국에서 불타올랐던 호전적 분위기의 이면에는 전쟁 이전부터 축적되어 온 바로 이러한 사상적 측면의 영향이 잠재되어 있었다.

3. 대량살상전의 무기와 대응

제1차 세계대전은 최초의 본격적인 '총력전(total war)'이었다. 이는 전쟁승리를 위해서는 정치, 경제, 사회, 그리고 심지어 문화까지 한 국가의 전체 역량이 동원되어야만 함을 의미한다. 따라서 전쟁의 범위와 지속기간, 그리고 투입된 병력의 규모 면에서 제1차 세계대전은 이전의 전쟁들과 근본적으로 달랐다. 또한 대량 포격으로 인한 자연환경 훼손과 인

---

10) Sir Frederick Wolseley, *The Story of a Soldier's Life*, 2 Vols.(London, 1903), vol. 1, p. 20.(T. Travers, *The Killing Ground*(London, 1987), p. 39에서 재인용)

명살상은 이전의 충돌들과 질적으로 다른 강렬한 공포심을 자아냈다.[11] 근본적으로 19세기 초반 이래로 유럽의 열강들이 경쟁적으로 추구해온 산업화가 이러한 충돌과 파괴를 가능케 했다. 이제 전쟁의 승패는 각개 병사의 영웅적 행동보다 운송체계의 효율성 및 무기와 포탄과 같은 전쟁물자 생산능력에 의해 판가름 날 공산(公算)이 컸다. 대규모 병력의 전선 투입과 화기의 발달은 대량살상의 가능성을 더욱 고조시켰다. 이제 철도, 증기선, 전신, 그리고 전화 등은 서구 열강들이 전쟁계획을 수립하는 책상 위에서 반드시 고려해야 할 요소로 떠올랐다.[12]

전쟁에서 산업화의 위력은 이미 1870년에 일어난 프로이센과 프랑스 사이의 전쟁에서 분명하게 드러났다. 크루프(Krupp) 사(社)에서 개발한 대포를 비롯해 신형 장비로 무장한 프로이센군의 공격에 프랑스 군대는 채 두 달도 버티지 못하고 항복하고 말았다. 이 전쟁을 통해 유럽 각국은 대규모 병력을 동원하고 이를 신속하게 전장으로 운송하는 과업이 무엇보다 중요하다는 군사적 교훈을 얻게 됐다. 이후 각국이 경쟁적으로 전략철도 부설에 매진하게 됐음은 당연지사였다.[13] 그 자체로는 군사무기가 아니지만 철도수송의 군사적 활용은 시간 단축을 가능케 하여

---

11) D. Todman, *Great War: Myth and Memory*(London: Hambledon and London, 2005), p. 7. 이러한 전장 공포는 자신들이 목격하고 경험한 사항을 남길 수 있던 수많은 참전군인들의 기록을 통해 생생하게 묘사되고 있다.

12) R. Chickering and S. Forster(eds.), *Great War, Total War*(Cambridge Univ. Press, 2000), pp. 73-74.

13) 특히 대전 전에 독일과 프랑스 사이에 철도부설 경쟁이 심했다. 1870~1914년에 프랑스는 동쪽으로 향하는 철도노선을 기존 3개에서 10개로 늘렸다. 이에 뒤질세라 독일도 서부전선으로 이어지는 철도노선을 9개에서 16개로 증설했다. 또 다른 육군국가였던 러시아도 이에 뒤지지 않았다. 상대적으로 늦게 철도부설 경쟁에 뛰어든 러시아는 프랑스 차관을 활용하여 1891~1898년 사이에 시베리아 횡단철도와 같은 전략철도를 부설했다. 결과적으로 1870년에 총 6만 5000마일에 불과하던 유럽 내 철도의 길이는 1914년에 무려 18만 마일에 달할 정도로 급신장했다.

전쟁수행에 근본적 변화를 초래했다. 산업화 이후의 현대전에서는 무엇보다 병력과 물자의 빠른 이동이 전쟁승리의 중요한 변수로 자리 잡았다. 대량 수송수단으로서 철도가 발전하고 운용방식이 개선됨에 따라 대규모 병력의 유지 및 투입이 가능해졌기 때문이다.[14] 이러한 시대적 변화에 부응하여 유럽 각국은 발 빠르게 소규모 직업군인제 중심에서 탈피하여 대규모 병력동원이 가능한 징병제로 전환했다.[15]

1914년 8월 초 전쟁이 발발하자 독일은 속전속결의 작전계획인 슐리펜 계획[16]에 입각해 벨기에를 통과하여 프랑스 영토로 밀고 들어갔다. 파죽지세로 전개되던 독일군의 진격은 9월 초에 센강의 지류인 마른강에서 프랑스군의 완강한 저항에 부딪치면서 멈춰서고 말았다. 이때부터 전쟁이 종반전에 접어드는 1917년 말까지 서부전선에서는 참호전과 이를 돌파하기 위한 돌격전 및 포격전이 지루하게 이어졌다. 결국에는 수많은 전상자들이 속출하는 살육전과 엄청난 분량의 물자를 무분별하게 투입하는 소모전만 반복될 뿐이었다. 대전 전에 각국이 부설한 철도가 필요한 인원과 물자를 밤낮없이 실어 나르면서 결과적으로 서부전선의 희생자 수는 기하급수적으로 늘어났다.

---

14) 철도부설과 병행하여 각국은 군대 내부에 철도관리를 전담하는 분견대를 설치하고 군민합동위원회를 조직하여 군사용 철도관리의 효율성을 도모했다. 특히 1860년대에 프로이센이 개발한 '지방별 분산 동원방식'이 주목을 받았다. 이는 지방에 주둔하고 있는 각 군(corps)이 평시 주둔지역의 병력소집에서부터 무장 및 집결지로의 이동까지 동원업무 일체를 책임지고 수행하는 체계였다.(박상섭, 『근대국가와 전쟁: 근대국가의 군사적 기초, 1500-1900』(나남, 1996), pp. 268-269)

15) 19세기 말에 이르면 영국을 제외한 유럽 열강 대부분이 징병제를 채택한 상태였다.

16) 1894년 프랑스와 러시아가 손을 잡자 서부 및 동부의 양 전선에서 적에 대응해야만 했던 독일에서 1891~1905년까지 육군참모총장을 역임한 알프레트 폰 슐리펜(Alfred von Schlieffen) 장군의 주도로 작성된 작전계획을 말한다. 단기간 이내에 먼저 서부전선에서 프랑스군을 격파하고 이어서 병력을 동부전선으로 이동시켜서 막 전선에 도달해 다급하게 배치된 러시아군에 대응한다는 것이 골자였다.

따라서 제1차 세계대전 중 등장한 무기들은 주로 이러한 교착상태를 고수 및 타파하려는 방향으로 발전했다. 전쟁양상이 참호전으로 전개된 이면에는 과학기술의 진보로 인한 고성능 방어용 무기의 개발이 놓여 있었다. 1914년 말경부터 서부전선에는 가시철조망과 기관총이 전장을 압도했다.[17] 양측은 일단 참호를 구축하고 전방에 철조망을 가설하여 상대방의 진격을 원천봉쇄했다. 철조망을 통과하려는 적군의 어떠한 시도도 참호 속에 웅크리고 있던 상대방 기관총 사수의 연속사격에 의해 여지없이 좌절됐다. 물론 제1차 세계대전 동안에 먼저 독일군에 의해 조직적으로 운용되기 시작한 저격병제도도 상대방에게 두려움의 대상이었으나[18] 참호전에서 최고의 위력을 발휘한 무기는 바로 기관총이었다.

기관총의 출현은 구축된 진지에서 임무를 수행하는 방어 진영을 결정적으로 유리하게 만들어줬다. 대전 동안에 실시된 수백만 발의 포격으로 수많은 사상자가 발생했음은 부인할 수 없으나 실제적으로 적군 진영으

---

17) 15세기 이래 연속으로 발사되는 화기를 개발하려는 시도가 있었으나 19세기에 와서 야 성과를 얻게 됐다. 1862년 미국 남북전쟁에서 리처드 개틀링(Richard J. Gatling)이 개발한 기관총이 최초로 전장에 모습을 드러내었다. 이는 여러 개의 총열을 함께 뭉쳐 놓은 형태로 반(半)자동식이었다. 그러다 보니 발사속도가 느렸고, 장시간 사격할 경우 고장이 빈번하여 사수가 애로사항이 많았다. 1880년대 중반에 하이럼 맥심(Hiram Maxim)은 탄환 발사 시 발생하는 총의 반동 에너지를 이용하여 탄환이 자동으로 장전되는 기관총 제작에 성공했다. 이후 기술개발이 지속되면서 기관총의 성능은 크게 향상됐다. 기관총은 러일전쟁(1904~1905)을 거쳐서 무엇보다 제1차 세계대전 동안에 가공할 위력을 발휘했다. 분당 600여 발의 발사속도로 돌진하는 보병들에게 치명상을 입혔다.

18) 참호전이 시작되면서 독일군은 조직적으로 저격병을 운용했다. 통상 저격병은 위장 망토를 걸치고 조준경이 장착된 라이플총을 소지했다. 이들은 자신의 담당 구역 내 모든 지형지물을 철저하게 숙지하고 있었기에 적군의 모습이 조금이라도 눈에 띌 경우 그에게 치명상을 입힐 수 있었다.(존 엘리스, 정병선 역, 『참호에서 보낸 1460일』(마티, 2005), 109-110쪽)

로 돌진할 때 병사들을 거꾸러뜨린 무기는 바로 기관총이었다. 이를 '집약된 보병의 정수(精髓)'로 묘사한 존 프레더릭 풀러(John Frederick Fuller) 장군의 관찰처럼 과거에 40명의 병사가 발휘하던 화력을 기관총 한 정으로 대체할 수 있었다.[19] 무엇보다 기관총은 조작방법이 상대적으로 단순하여 누구든지 단기간의 훈련만으로도 쉽게 작동할 수 있었다.[20]

　제1차 세계대전을 참호전으로 몰고 간 주범이 바로 기관총이라고 해도 과언이 아닐 것이다. 적당한 엄폐물이 없는 상태에서 한 병사가 빗발치는 기관총의 화망(火網)을 뚫고서 전진한다는 것은 거의 불가능했기 때문이다. 한 영국군 초급장교는 기관총의 치명적인 위력에 대해 "용감한 병사 세 명이 운용하는 이 작은 악마가 아군 병사들을 거꾸러뜨리는 모습을 본다면 대규모 돌격전은 감히 꿈도 꾸지 못할 것이다."라고 평가했다.[21] 기관총으로 인한 병력 피해는 전쟁 초반부터 이어졌다. 이는 각국의 군 최고지휘관들이 공세작전에 집착하는 한 지속될 것이었다. 한 예로 1915년 4월에 벌어진 이프르(Ypres) 전투에서 영국군 제149여단은 독일군의 기관총 공격에 노출된 탓에 단시간에 전체 병력의 4분의 3에 해당하는 장교 42명, 사병 1912명을 잃었다.[22] 이러한 참상은 1916년 여

---

19) 존 키건, 정병선 역, 『전쟁의 얼굴』(지호, 2005), p. 275. 숙달된 라이플 사수가 분당 최대 15발을 사격할 수 있던 데 비해, 기관총 사수는 분당 약 600발 이상을 사격할 수 있었다.

20) 사전에 사격받침대에 기관총을 설치하고 총구 각도를 조정해놓은 다음에 적군의 접근을 기다리고만 있으면 됐다. 기관총 사수가 행하는 동작은 접전 시에 전방을 향해 총열을 지그재그로 움직이면서 사격하는 것과 과도한 사격으로 총열이 과열됐을 경우 냉각기에 물을 주입하는 것이 대표적인 동작이었다.

21) 존 엘리스, 앞의 책, p. 145에서 재인용.

22) 당시 영국군에 대항하여 방어전을 실시하였던 독일군 제57연대의 부대 일지 내용이 이를 단적으로 입증하고 있다: "새까맣게 몰려오는 황갈색 군복의 병사들보다 더 완벽한 표적은 없었다. 이때 가능한 명령은 '총신이 터져버릴 때까지 사격하라.'는 단 한마디였다."(같은 책, p. 149에서 재인용)

름에 시작된 솜 전투에서도 반복됐다. 한마디로 서부전선의 참호진지는
제1차 세계대전의 '멸절 수용소'였던 것이다. 결과적으로 서부전선은 철
조망과 기관총에 의지한 채 전선에서 일진일퇴의 공방전을 지속하는 장
기간의 소모전 상태로 빠지게 됐다.

　다른 측면에서, 그렇다면 서부전선에서 교착상태를 타파하려는 시
도는 없었을까? 물론 있었다. 이는 크게 두 가지 방향에서 이뤄졌다. 하
나는 탱크와 같은 신무기의 개발을 통해서였고, 다른 하나는 전략전술
의 변화라는 소프트웨어적인 접근을 적용해서였다. 양 진영 사이에 대
치상태가 지속되면서 무엇보다 적군이 가설해놓은 철조망을 파괴하고
기관총 진지를 제압한 직후 연이어 적의 방어선을 돌파할 수 있는 새로
운 장비가 절실하게 요구됐다. 이를 위해 영국과 프랑스가 합동으로 극
비리에 신무기 개발에 착수했고, 이러한 시도를 통해 전장에 모습을 드
러낸 것이 바로 탱크(Tank)였다.[23] 처음에 정작 육군 수뇌부 내에서 묵살
된 탱크 개발계획을 밀어붙인 인물은 당시 30대 중반의 젊은 나이로 애
스퀴스 내각의 해군장관에 오른 윈스턴 처칠(Winston Churchill)이었다. 그
는 탱크를 육지에서 떠다니는 일종의 '지상군함'으로 인식했다. 군 내외
부의 반대와 예산 부족이라는 난제를 극복하고 마침내 영국군은 1916년
초에 150대의 탱크를 발주하는 데 성공했다.[24]

　영국군은 솜에서 전투가 한창 진행 중이던 1916년 9월 처음으로 탱크
를 전장에 투입했다. 생전 처음 탱크를 목격한 독일군은 빗발치는 사격

---

23) 탱크에 관한 종합적 연구서로 P. Wright, *Tank: The Progress of a Monstrous
　　Machine*(London: Faber, 2000)을 꼽을 수 있다. 이 책은 특히 문화적 관점에서 일반인들
　　의 탱크에 대한 인식을 흥미롭게 고찰하고 있다.
24) MK1로 명명된 이 탱크는 8명의 승무원에 최대속도 시속 6km, 무게 28톤, 길이 9미터,
　　폭 4미터의 제원에 57밀리미터 포 2문과 기관총 3정을 장착하고 있었다.

에도 아랑곳없이 다가오는 이 육중한 신형무기에 상당한 충격을 받았다. 하지만 가공할 첫 인상에 비해 탱크의 위력이 우려할 만한 수준이 아니라는 사실들이 점차 알려지면서 이에 대한 독일군의 공포심도 빠르게 수그러들었다. 무겁고 둔중한 데다가 기계적 결함도 잦았던 탱크는 처음 기대와 달리 교착된 전선을 돌파하는 데 기대만큼 기여하지 못했다. 오히려 철조망 파괴, 적 기관총 제압, 돌격보병 선도나 엄호 등과 같은 상대적으로 중요도가 낮은 임무에서만 그런대로 성과를 냈다.

이처럼 신무기의 투입에도 불구하고 서부전선에서 전황의 변화 없이 인명손실만 급증하자 대전 중반기부터 영국 내각에서는 전략적 변화를 통해 이에 대처하려는 움직임이 일어났다. 즉 공격의 주방향을 기존의 서부전선에서 동부전선으로 옮기고 이를 위해 지중해를 통해 흑해 방향에서 러시아와 직접 연결할 수 있는 방안을 찾아야 한다는 논리였다. 하지만 이러한 전략상의 변화는 서부전선에서 전쟁을 수행 중이던 영국군 수뇌부와 본국 정치가들 사이에 갈등을 불러일으켰다. 대표적으로 1916년 말 수상으로 취임한 로이드 조지(David Lloyd George)와 1915년 말 데이비드 프렌치(David French) 장군 후임으로 영국원정군 사령관으로 임명된 더글러스 헤이그(Sir Douglas Haig) 장군[25] 사이에 일어난 알력을 실례로 꼽을 수 있다. 그동안 전쟁 발발 이래 소모전이 지속되면서 수면 아래에 잠복해 있던 불편한 민군관계가 표출됐던 것이다.

로이드 조지는 수상이 되기 전부터 군사전략 분야에 대한 군부의 독점을 달갑지 않게 여겨온 대표적인 민간정치가였다.[26] 그는 영국군 최

---

25) R. Blake(ed.), *The Private Papers of Douglas Haig 1914-1919*(London: Eyre & Spottiswoode, 1952), p. 106.
26) 전쟁 발발 전에 로이드 조지는 상무부장관 및 재무부장관을 역임하면서 자유주의 정치가이자 사회개혁가로서 전국적인 명성을 얻었다. 그는 전쟁 발발 직전에 평화주의

고지휘부가 확실한 승전 계획을 갖고 있지 않다고 의심했다. 무엇보다 철조망과 기관총으로 방어선이 구축된 서부전선에서 장기간에 걸쳐 대규모 공격을 감행하는 시도는 무의미한 살인행위에 불과하다고 판단했다. 따라서 엄청난 인명희생을 수반하는 서부전선 작전에만 집착할 것이 아니라 전체 전선의 상황을 종합적으로 분석하여 적군의 가장 취약한 부분에 병력을 집중 투입하는 것이 바람직할 거라는 의견을 제시했다. 구체적으로 그는 상대적으로 진지구축이 허술하고 민족구성도 다양한 발칸 지역을 주목했다.[27]

군 수뇌부의 전략수행 방식에 대한 수상 로이드 조지의 관심과 간섭은 무엇보다 국내의 전시경제 상황과 긴밀하게 연계되어 있었다. 대량 살상과 소모전으로 인해 엄청난 규모로 인원과 물자가 투입됨에 따라 이를 조달하는 국내 생산현장에서의 어려움이 가중됐다. 특히 정부당국은 군수물자 증산을 위해 공장을 최대한 가동시키는 데 머물지 않고 동시에 전선의 병력충원 요구에 부응하기 위해 산업현장에서 인력을 차출해야만 했다. 이는 곧 노동계급 및 기업가의 불만과 반발을 초래했고, 이러한 난제 해결의 최선봉에 서 있던 인물이 바로 로이드 조지였던 것이다. 그는 문제를 근본적으로 해결하기 위해서는 산업 분야에 대한 정부의 적극적 개입이 필요하다는 점을 기회 있을 때마다 역설해왔다.[28]

를 표방한 탓에 일시적으로 정치생명에 곤란을 겪었다. 1914년 8월 초 독일이 중립국 벨기에를 침공하자 이의 지원을 주장하며 참전 지지자로 선회했다. 이후 그는 군수물자부장관(1915), 전쟁부장관(1916), 그리고 수상(1916. 12) 등의 직책을 역임하며 전쟁 승리의 주역으로 자리잡았다.

27) David Lloyd George, *War Memoirs of David Lloyd George*, 2 Vols.(London: Oldhams Press, 1938), p. 218.

28) 한 예로 초과시간 노동금지 문제를 둘러싸고 1915년 2월에 스트라이크가 일어났을 때, 그는 정부가 모든 산업분규에 개입하여 중재해야만 하고 정부조치에 반발하는 노동자들은 처벌해야만 한다고 주장했다.(E. David, ed., *Inside Asquith's Cabinet*, 1977, p. 224)

그동안 국내에서 전시경제 운용을 주관해온 로이드 조지는 곧 인원과 물자의 엄청난 투입을 필요로 하는 서부전선에서의 대공세에 의구심을 갖게 됐다. 그는 서부전선에서의 공세 지속을 고수하려는 군 수뇌부와 달리 동부전선으로의 주공(主攻) 전환이라는 새로운 전략방향을 적극적으로 제기하기 시작했다. 이로 인해 그는 서부전선 고수를 강조하는 장군들과 불가피하게 갈등을 겪게 됐다.[29] '동부전선파(Easterners)'와 '서부전선파(Westerners)'로 불린 양 진영은 대전 중반부터 치열한 논쟁을 전개했다.

한동안 "동부전선을 우선하자."는 분위기가 고조된 적이 있었으나 갈리폴리 작전(1915) 실패의 여파로 인해 궁극적으로는 실현되지 못했다. 서부전선에서의 살육전을 피하기 위해 지속적으로 모색됐던 대안의 길은 끝내 별다른 결실을 맺지 못했다.[30] 각국은 오로지 서부전선에서만 전쟁의 승패가 결판날 수 있다는 판단을 내린 채 계속하여 대규모 병력을 투입했다. 물론 영국군도 예외가 아니었다. 그렇다면 최전방에서 실제로 병력을 지휘한 군 수뇌부는 계속되는 작전 실패와 급증하는 전상자 수에도 불구하고 왜 줄기차게 공격을 통한 전선 돌파에 매달렸을까?

4. 공격제일주의와 그 배경

제1차 세계대전이 발발하기 이전 수 세대 동안 이른바 '공격제일주의'

---

29) 자세한 내용은 David R. Woodward, *Lloyd George and the Generals*(Newark: Univ. of Delaware Press, 1983)를 참고할 것.

30) A. R. Millett and W. Murray(eds.), *Military Effectiveness Vol. I: The First World War*(London: Routledge, 1988), p. 48.

라는 일종의 낭만적 현상이 유럽 대륙에서 유행했다. 당시 유럽 열강들의 군 수뇌부 대부분이 이러한 분위기에 물들어 있었다.[31] 각국 군사전문가들은 공격행동을 높이 칭송했고, 공세작전을 위한 군사원리를 개발하고 적용하는 데 심혈을 기울였다. 심지어 민간 정치지도자들조차 공격 우선이야말로 안보문제해결의 가장 효과적인 방안이라고 인식할 정도였다.[32] 대전 이전에 벌어진 일련의 전쟁에서 연발 강선총, 기관총, 철조망, 그리고 철도의 발달 등과 같은 군사기술의 진전으로 인해 전장에서 방어 진영이 공격 진영보다 매우 유리하다는 점이 드러났다. 그럼에도 불구하고 유럽인들은 장차 전쟁은 대규모 집중 공세를 통한 단기전으로 결판날 것으로 믿고 있었다. 유럽 각국의 군사전문가들마저 새로운 방어용 기술의 위력이 발휘된 미국 남북전쟁(1861~1864), 보어전쟁(1899~1902), 그리고 러일전쟁(1904~1905) 등이 남겨준 유용한 군사적 교훈을 제대로 인식하지 못하고 있었다.[33]

대전 이전에 특히 강조된 전투원칙은 강화된 적의 화력에 직면하여 기동력을 신장시키는 것이었다. 각종 군사교범은 물론이고 군 지휘부에서 발행된 출판물들은 거의 대부분 공격 우선을 전제조건으로 설정하

---

31) M. Howard, "Chapter 6 Men against Fire: The Doctrine of the Offensive in 1914," *The Lessons of History*(Oxford: Oxford Univ. Press, 1994), pp. 97-111을 볼 것. 심리적 측면의 논의가 가장 활발하게 전개된 곳은 프랑스였다. 프랑스에서는 군사훈련의 전 분야에 걸쳐서 기술적 진전보다 장병들의 '사기'를 강조했다. 당시 이러한 분위기의 영향을 받은 대표적인 인물로 제1차 세계대전 중 연합군 총사령관을 역임한 페르디낭 포흐(Ferdinand Foch) 장군을 꼽을 수 있다.

32) S. Van Evera, "The Cult of the Offensive and the Origins of the First World War," in S. E. Miller, S. M. Lynn-Jones and S. Van Evera(eds.), *Military Strategy and the Origins of the First World War*(Princeton: Princeton Univ. Press, 1991), p. 59.

33) 유럽인들이 1860~1914년 사이에 일어난 전쟁들로부터 방어의 유효성에 대한 역사적 교훈을 얻는 데 실패한 점에 관해서는 Jay Luvaas, *The Military Legacy of the Civil War: The European Inheritance*(Chicago: Univ. of Chicago Press, 1959)를 볼 것.

고 있었다. 화력의 중요성을 인정하기는 했으나 이는 여전히 '돌격 앞으로'라는 개념에 종속되어 있었다. 끊임없이 제기된 군사원리는 공격자의 도덕적 이점을 극대화하는 것이었다. 이러한 공격 위주의 사고는 전통적 군사원리로의 단순한 복귀도 아니고 대전 이전 영국군 병사들의 문제점으로 지적된 도덕적 사명감의 결여를 보완하려는 것도 아니었다. 이는 대전 이전에 벌어진 전쟁들에서 유럽의 군사전문가들이 나름대로 도출한 교훈을 적용한 조치였다.[34] 대전이 발발했을 때 영국군 고위 지휘관들도 '공격제일주의'에 집착한 탓에 서부전선에서 엄청난 인명손실을 초래하는 실책을 범하고 말았던 것이다.

그렇다면 왜 군대의 고위 지휘관들은 상대적으로 수월하고 덜 위험한 방어보다 공격을 선호했을까? 공격 중심으로 나아갈 경우 군인 자신은 '승리를 낚는 전문가'로 부각될 수 있으나 방어 중심이 강조될 시에는 단순한 '물자동원의 전문가'라는 이미지만을 줄 수 있다는 배리 포젠(Barry Posen)의 언급처럼, 공격은 방어에 비해 군 장교들의 위상을 높여주고 일반대중에게 보다 애국적인 이미지를 각인시킬 수 있었다. 하지만 보다 근본적으로 당시 영국군 장교들은 만일 공격 측 병사들의 사기가 충만한 상태에 있다면 방어 측의 우월한 화력조차 극복할 수 있다고 믿고 있었다. 당시 영국군 보병수칙(守則)은 "성공의 근본적 요소는 어떠한 희생을 감수하고서라도 적과 접전을 벌이는 것이며, 단호하고 줄기차게 돌격할 경우 적의 전의(戰意)는 와해될 것이다."와 같이 공격에 내포된 미덕과 궁극적 승리를 향한 불굴의 신념에 대한 상투적 찬사로 가득 차 있었다. 관련 교범에도 "불가능해 보이는 상황에서 가장 군인다운 해결책

---

34) Edward M. Spiers, "Chapter 1 Between the South African War and the First World War, 1902-14," H. Strachan(ed.), *Big Wars and Small Wars: the British Army and the Lessons of War in the Twentieth Century*(London: Routledge, 2006), pp. 30-31.

은 바로 공격이다."라고 기술되어 있었다.[35] 한마디로 정신이 물질보다 우월하기에 사기만 충만하다면, 심지어 기관총의 화력조차 극복할 수 있다고 믿었던 것이다.

영국군 고위장교들이, 과학기술 전쟁의 시대임에도 불구하고, 이처럼 정신적 요소에 집착한 이유는 무엇일까? 대전 전에 추진됐던 제반 개혁에도 불구하고 왜 이들은 곧 다가올 전쟁에서 분명하게 드러날 새로운 경향을 감지하지 못했을까? 보어전쟁에서 제1차 세계대전에 이르는 기간 중에 영국군은 나름대로 변화를 모색해왔다. 이 기간 중 여러 위원회들이 설치되어 연구보고서를 발간했고,[36] 이들은 이구동성으로 영국군의 구조적 변환을 제기했다. 넓은 의미에서 이는 당대의 사조였던 '효율성 향상운동(national efficiency movement)'에 부응하여 영국군을 합리적으로 재조직하려던 움직임이었다. 물론 많은 장교들은 군대 안에서 자신의 역할을 전문화하려고 부단히 노력했고, 새로운 무기 및 전략전술에 관해서도 다양한 아이디어들이 제기됐다. 군 복무규정도 새롭게 제정됐고, 신식 야전교범도 선을 보였다. 총신이 보다 짧아진 엔필드 라이플, 발사속도가 향상된 중포, 그리고 비커스(Vickers) 사의 기관총 등 무기 분야에서 달성된 기술혁신도 변화의 당위성에 무게를 더해줬다.

그러나 대전 발발 당시에도 영국군은 여전히 전통 군대의 모습에서 크게 탈피하지 못하고 있었다. 변화를 지연시킨 근본적인 요인 중 하나로 당시 대부분 엘리트 장교들이 공유하고 있던 퍼블릭 스쿨(Public School)에서의 교육경험이 거론되곤 했다.[37] 빅토리아 시대에 주로 중상

---

35) 존 엘리스, 앞의 책, p. 138.
36) 보어전쟁에 관한 왕립조사위원회(1904), 에서 위원회(1904), 그리고 홀데인이 주도한 육군개혁작업(1906~1907) 등을 사례로 꼽을 수 있다.
37) S. Robbins, *British Generalship on the Western Front 1914-1918: Defeat into*

류층 자제들의 교육을 책임지고 있던 퍼블릭 스쿨에서는 궁극적으로 영 제국의 지도자가 될 인재양성을 교육목표로 삼고 있었다. 따라서 교육 과정을 통해 기존 체제에 대한 충성심, 상관에 대한 존경 및 복종심과 같은 덕목과 개인 차원에서는 자신감과 인성(人性)을 강조했다.[38] 기숙 사에서의 단체생활을 중심으로 운영된 퍼블릭 스쿨에서는 상·하급생 들 간의 엄격한 위계와 의식화된 생활방식, 그리고 무엇보다 규율과 질 서가 지배하고 있었다.

이러한 특징이 퍼블릭 스쿨 출신들이 주류를 형성한 장교단으로 이 어져 새로운 변화 흐름의 포착을 둔감하게 만들었다. 전통의 영향 아래 대전 전에 영국군은 전장에서의 승리는 사기와 군율에 기초한 결정적 공격을 통해서만 달성할 수 있다는 방향으로 훈련받아왔다. 그러다 보 니 암암리에 새로운 전술개발에 소홀하게 됐고, 무엇보다 전술적으로, 심지어 전략적으로 목표를 분명하게 설정하지 못하고 있었다. 물론 일 부 장교들은 전문 직업주의를 함양하고 실력 위주의 기풍을 진작시키려 고 노력했다. 하지만 전반적으로 군사교리 및 이론에 대한 탐구를 등한 시하는 분위기가 여전히 팽배했다. 이에 더해 연공서열에 의한 진급제 도, 지원병 위주의 군대지휘에 어울리는 리더십, 식민지 전쟁과 같은 '소 규모 전투'에서의 승리 경험 등은 빅토리아 말기 및 에드워드 시대에 영

Victory(London: Routledge, 2005), pp. 10-15.

38) G. F. Best, "Militarism and the Victorian Public School," in B. Simon and Bradley(eds.), The Victorian Public School(Dublin, 1975), pp. 139-143을 볼 것. 1861년에 클래런던 위 원회는 공식적으로 다음 9개 학교를 퍼블릭 스쿨로 규정했다: 이튼(Eaton), 윈체스터 (Winchester), 웨스트민스터(Westminster), 차터하우스(Charterhouse), 세인트폴스(St. Paul's), 머천트 테일러스(Merchant Taylor's), 해로(Harrow), 럭비(Rugby), 슈루즈버리(Shrewsbury). 이른바 그레이트(Great) 퍼블릭 스쿨이라고 불린 이들 이외에 19세기 중반 이후 잉글 랜드의 이곳저곳에 수많은 퍼블릭 스쿨들이 설립됐다.

국군을 변화보다는 전통을 고수하려는 수구적(守舊的) 집단으로 만들었다.[39] 결과적으로 전통적인 '신사적 이상(gentlemanly ideal)'과 새롭게 부각된 전문가로서의 이상은 서로 충돌했고, 새로운 변혁의 시너지를 만들어내는 데 제한 요인으로 작용했다. 새로운 기술발전에 주목하기도 했으나 여전히 군의 사기나 기병대의 돌격과 같은 19세기적인 전통적 전투 방식의 틀에서 탈피하지 못하고 있었던 것이다.[40]

제1차 세계대전이 발발하기 이전에 다수의 군사 관련 저술들이 발간됐다. 하지만 대부분 물질적 힘이 지닌 잠재력은 무시한 채 고집스럽게 일종의 군사적 '정신주의'만을 강조하고 있었다. 영국군 수뇌부는 보병 화력의 가공할 위력과 참호 구축작업의 필요성을 보여준 보어전쟁의 경험에도 불구하고 방어적 전략을 과소평가했다. 예컨대 제1차 세계대전 직전에 녹스(W. G. Knox) 장군은 "방어란 개념은 영국군에는 결코 수용될 수 없는 것이기에 굳이 이에 대해 연구나 관심을 기울일 필요가 없다."라고까지 말했다. 해킹(R. C. B. Haking) 장군은 "공격이야말로 천국에 태양이 있듯이 우리에게 승리를 확신시켜줄 것이다."고 장담했다.[41] 또한 윌리엄 로버트슨(William Robertson) 장군은 "방어전투라는 개념은 비난받을 행위로 여겨졌기에 이를 경원시하는 것이 현명한 자세로 보일 정도"였다고 술회했다.[42] 무기의 성능이나 기술력보다 병력 규모나 장병들의 사기에 집착하는 군 고위 지휘관들의 이러한 경향은 심지어 전

---

39) E. M. Spiers, *Army and Society, 1815-1914*(London: Longman, 1980), pp. 229-230.

40) T. Travers, *The Killing Ground: The British Army, the Western Front and Emergence of Modern Warfare 1900-1918*(London: Allen & Unwin, 1987), p. 5.

41) T. Travers, "Technology, Tactics, and Morale: Jean de Bloch, the Boer War, and British Military Theory, 1900-1914," *Journal of Modern History*, Vol. 51(June 1979), p. 275에서 재인용.

42) 존 엘리스, 앞의 책, p. 138.

쟁 기간에도 지속됐다.

영국군 고위장교들이 이처럼 정신 우위의 공격제일주의에 집착한 직접적 이유로 이들이 초급 및 중급장교 시절에 군사학교에서 받은 교육 커리큘럼을 지적할 수 있다. 1915년 말 이래 영국원정군 사령관으로서 대량살상전의 대명사로 꼽히는 솜 및 파스샹달 전투(Battle of Passchendale) 등을 지휘한 헤이그 장군의 경력을 살펴볼 경우에 이러한 지적은 나름 타당성을 갖고 있다. 그는 1896~1897년에 참모대학(Staff College)에서 군사교육을 받았다. 이때 그가 학습한 전쟁에 관한 핵심적 교훈들은 제1차 세계대전 시기는 물론이고 그의 군대생활 전반을 통해서 영향을 끼쳤다.[43] 당시 참모대학의 교과목 중에는 나폴레옹 전쟁, 보불전쟁, 그리고 미국 남북전쟁에 관한 내용이 포함되어 있었다.

이러한 과목들에 대한 학습을 통해서 헤이그는 이후 자신의 군 지휘 방식에 영향을 미친 군사적 개념들을 습득했다. 우선적으로 적군의 주력부대를 중심 목표로 공격을 가해야 하고, 이때 적군의 결정적 지점에 우세한 병력을 집중시켜야만 최종승리를 거둘 수 있다는 교훈을 꼽을 수 있다. 이 경우 무엇보다 전투승리에 결정적 역할을 하는 요인은 부대원의 사기와 지휘관의 자질이었다. 참모대학 시절 그에게 영향을 미친 또 다른 중요한 교훈은 승리의 요건으로 인간의 도덕성과 사기, 그리고 결단력 등을 강조한 카를 폰 클라우제비츠(Carl von Clausewitz)의 군사사상이었다. 물론 무기의 기술적 발전에 기반을 둔 현대전의 속성을 간파하지 못한 것은 아니었으나, 헤이그는 근본적으로 결단력 있는 공격을 통해서만 결정적인 승리를 얻을 수 있다는 전통적인 군사교훈을 보다 신뢰했다.

---

43) Travers, op. cit., p. 85.

헤이그는 19세기 말에 참모대학에서 습득한 전략전술 개념을 그로부터 거의 한 세대가 지난 제1차 세계대전 시에 적용했다. 즉 전투는 예측 가능한 기동, 공격준비, 공격, 섬멸 등의 단계로 진행될 것이고, 이때 승리는 고도의 사기 및 군기, 그리고 공격정신을 끝까지 유지하고 있는 진영에 돌아갈 것이라는 점이었다. 세부적으로는 일부 변경됐을지 모르지만, 그리고 혹자는 당시 통신수단의 낙후로 인해 헤이그에게 정확한 정보들이 제때에 제공되지 못한 점을 지적하기도 하지만[44] 이러한 개념들의 본질은 1916~1917년에 솜 및 파스샹달 전투를 위한 작전계획 작성 및 실행 과정에 상당한 정도로 반영됐다고 볼 수 있다. 대규모 병력 투입에 기초한 19세기 방식의 전쟁개념을 크게 향상된 과학기술과 화력에 바탕을 둔 20세기의 현대전에 적용한 것이었다. 이러한 맥락에서 대규모 인명손실은 실제적으로 전투가 시작되기 이전에 이미 예고되어 있었다고 보는 것이 좀 더 타당한 평가일지 모르겠다.

5. 무기발달과 인간의 무능이 빚은 참사

제1차 세계대전은 왜 살육전이 됐을까? 이에 대해 이 장에서는 크게 세 가지 요인들을 중심으로 살펴보았다. 먼저 고찰한 대전 이전 유행한 사회다윈주의가 유럽인들의 정신세계에 미친 영향이 포괄적인 성격의 요인이라면, 무기발달이 전장에 미친 영향과 이를 제대로 인식하지 못하고 정면돌파 공격에만 의존한 군 지휘관들의 태도는 서로 밀접하게

---

44) P. Griffith, "Chap. 1. The Extent of Tactical Reform in the British Army," in P. Griffith(ed.), *British Fighting Methods in the Great War*(London: Frank Cass, 1996), p. 1.

연계된 좀 더 구체적인 요소라고 볼 수 있다.

19세기 중반 전장에 도입된 후장식 강선총 덕분에 병사들은 이전 시대에 비해 보다 멀리, 그리고 보다 정확하게 총탄을 날려 보낼 수 있었다. 이제 보병병사는 전장에서 진격하기에 보다 충분한 화력을 구비할 수 있었다. 예전처럼 일어선 채 사격하는 자세를 취했다가는 적의 총탄에 사망할 확률이 훨씬 높아졌다. 1860년대에 일어난 미국의 남북전쟁에서 이러한 신형무기들이 본격적으로 선보이기 시작하면서 전투형태에 근본적인 변화가 일어났다. 이제 병사들은 전투 중 적진을 향해 전진하기보다 가능한 한 지면에 엎드리거나 엄폐물에 자신의 몸을 숨긴 채 일단 목숨을 부지해야만 했다.

무엇보다 공격작전으로 얻을 수 있는 이점은 줄어든 반면에 효과적인 방어를 통해 전투에서 승리할 수 있는 확률이 높아졌다. 빠른 발사속도를 자랑한 신형 강선총의 사용은 이러한 전투방식 변화의 전초전에 불과했다. 19세기 말에 이르게 되면 모든 유럽 열강의 군대는 발사속도가 크게 향상된 기관총으로 무장을 하게 됐고, 이로 인해 전장에서 부대의 진격은 더욱 어려움에 처하게 됐다. 현대전의 대량살상 가능성은 이미 동아시아의 만주 전선에서 벌어진 러일전쟁(1904~1905)에서 예고된 바 있었다. 전투는 새로운 군사기술과 결합되어 격렬하게 전개됐고, 매번 전투 시마다 쌍방 간에 긴 전상자 명단을 산출해냈다. 참호를 파고 전방을 철조망으로 보강한 다음에 기관총으로 엄호망을 구축하는 전투방식은 이제 전장의 일반적인 모습이 되었다.

영국군의 경우 러일전쟁에 앞서서 벌어진 보어전쟁의 충격과 국제관계의 본질적 변화로 인해 강력한 군 개혁의 필요성에 직면하고 있었다.[45]

---

45) 이 시기에 제기된 군사 문제는 피셔(J. A. Fisher)의 해군개혁, 홀데인(Lord Haldane)의 육

실제로 1900~1914년에 영국 육군은 특별한 전환기에 놓여 있었다. 영국 군은 제국을 방어하고 식민지 전쟁을 수행하는 것이 주 임무였던 전통적인 소규모 지원병 군대로부터 유럽 대륙에서 전쟁을 수행하고 현대무기로 무장한 대규모 군대로 발전해가는 단계에 있었다. 하지만 전통적인 군대로부터 전문화된 군대로의 전환은 수월하지 않았다. 변화에 저항하는 전통의 힘은 강했고, 변혁에 필요한 시간은 제한되어 있었다. 결과적으로 영국군은 전통의 틀을 유지한 채 제1차 세계대전에 돌입하게 되었다. 즉 산업혁명 이후 거의 1세기 이상이 지난 20세기 초반에도 전장에서 승패를 결정짓는 요인으로 기술발전보다 병사들의 사기(morale)와 애국심이 여전히 강조되고 있었다.[46]

1914년 9월 마른 전투 이래로 서부전선에서 참호전의 낌새가 나타났으나 초기에 영국군 수뇌부는 이러한 교착상태를 일시적인 현상으로 인식했다. 대전 이전에 벌어진 전쟁에서 자신들이 경험한 일종의 '정상적인' 상태에서 잠시 이탈한 것으로 판단했다. 따라서 이들은 승리를 위해 여전히 가장 유효한 군사기술은 공격이고, 가장 유용한 무기는 부대원들의 사기 및 결의에 찬 돌격이라고 믿었다. 당시 대부분의 군대가 비슷한 규모와 성능의 장비로 무장하고 있었기에 전투는 접전 양상으로 전개될 것이었다. 이러한 경우 승리는 확고한 전투의지를 보유한 진영에 돌아갈 것으로 당대 영국의 군사전문가들은 판단하고 있었다. 퍼블릭

군개혁, 그리고 로버츠 경(Lord Roberts)의 국민개병제연맹(National Service League)에 의한 징병제 채택운동 등 세 가지로 요약될 수 있다. 피셔의 강력한 리더십 아래에서 해군은 드레드노트(Dreadnaught) 전함을 주축으로 한 군비확장에 심혈을 기울였으나 이는 불가피하게 육군과의 갈등을 초래했다. 각 군은 서로 복잡하게 엉켜 있었을 뿐만 아니라 각 이슈마다 배후에 민간 지지층과 연결되어 있었다. 이에 따라 대중매체를 통한 선전과 목적을 관철하기 위한 정치적 로비가 활발하게 전개됐다.

46) H. Tooley, op. cit., p. 20.

스쿨의 교육경험에서 벗어나지 못하고 있던 고위 지휘관들은 정면돌격으로 수행되는 19세기식의 전투방식에 의존했다. 기관총과 같은 현대무기의 위력을 경시하다가 엄청난 인명손실을 감수해야만 했다.

대전 후반기에 접어들어서야 영국군 지휘관들은 현대전의 전장 특성을 분명하게 인식하기에 이르렀다. 이후 가능한 한 인명손실을 줄이는 방향으로 작전을 전개하여 마침내 1918년 11월 최종 승자가 될 수 있었다. 하지만 전쟁으로 인한 엄청난 인명피해는 이미 피할 수 없는 현실이 되어 있었다. 승리를 위해 너무 비싼 대가를 지불했던 것이다. 특히 1916년과 1917년 솜과 파스샹달에서 벌어진 살육전은 제1차 세계대전에 대해 전적으로 무익(無益)한 전쟁이었다는 지울 수 없는 이미지를 남겨놓았다. 더불어 이때 영국원정군을 지휘한 헤이그를 비롯한 군 수뇌부에게는 서부전선에서 아무런 득도 없이 병사들을 살육한 장본인이라는 업보가 끊임없이 달라붙게 됐다.

그렇다면 과연 이들은 모두 비난받아 마땅한 무능한 지휘관이었을까? 아니면 당시 상황 속에서 이들도 어찌할 수 없었던 불가항력적인 현상이었을까? 이 장에서는 제1차 세계대전 중에 벌어진 대량살상은 특정한 한 가지 요인에 국한되어 초래된 것이 아니라 제반 요인들이 뒤엉킨 채로 벌어진 '복합적' 성격의 참극임을 보여주고 있다.

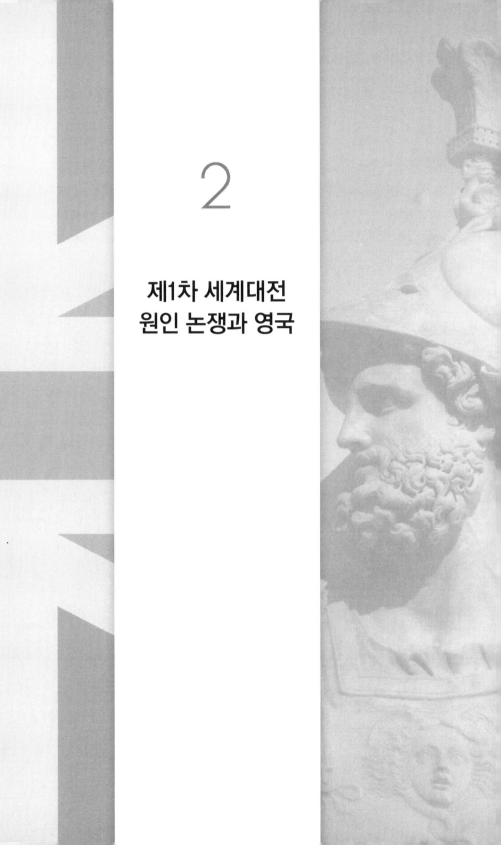

2

제1차 세계대전
원인 논쟁과 영국

1. 대(大)전쟁은 왜 발발했을까

지금부터 한 세기 전인 1914년 8월 초 유럽 열강들은 삼국동맹(Triple Alliance)과 삼국협상(Triple Entente)이라는 두 진영으로 나뉘어 인류역사상 가장 처절한 대결이랄 수 있는 제1차 세계대전에 돌입했다. 세계대전이라는 말에 어울리게 일본, 인도, 미국 등 다른 대륙의 국가들까지 가세하면서 약 4년 4개월 동안 지속된 전쟁은 전사자 1000만 명, 부상자 2000만 명이라는 엄청난 인적 손실과 더불어 2000억 달러라는 천문학적 액수의 물적 손실을 초래했다. 이처럼 입은 피해가 크다 보니 전후 패전국 독일에 대한 처리도 증오심을 떨쳐버리지 못한 채 과도한 응징과 보복으로 귀착됐다. 그 대가는 부메랑이 되어 20년 후 또 다른 살육전으로 재현됐다.

이처럼 20세기 초반을 피로 물들인 일명 '모든 전쟁을 끝내기 위한 전쟁'은 왜 일어났을까? 1918년 11월 전쟁이 끝나고 이듬해 1월 프랑스 파리에서 전후처리회담이 열리면서부터 전쟁의 원인에 대한 논의가 활발하게 전개됐다. 전쟁 발발의 원인이 무엇인가라는 질문은 전쟁의 책임이 누구에게 있는가라는 보다 현실적인 문제와 얽혀 있었기에 논쟁은 쉽게 가라앉지 않았다. 대전의 원인에 대한 논의가 베르사유 회담이 열렸던 1920년대 초반에 일단락되지 못하고 이후 전쟁 발발의 주요 책임 국가가 시대적 상황과 지배적 사조(思潮)에 따라 수시로 바뀌면서 대전이 발발한 지 100년이 경과한 오늘날까지 지속되고 있다.

그런데 국내학계의 경우 그동안 제1차 세계대전 전체는 물론이고 무엇보다 그 발발 원인에 대한 연구는 매우 미흡한 형편이었다.[1] 다행히 대전 발발 100주년이 되는 지난 2014년 이후 전쟁의 원인 문제를 다룬 논문과 종합적 성격의 책이 발간되어 그런대로 일반 독자들의 지적 갈증을 풀어줬다.[2] 따라서 이 장에서는 제1차 세계대전 발발 원인을 둘러싼 논쟁의 역사와 특히 영국의 참전 원인을 1960년대 초반에 불이 당겨진 피셔논쟁 이후의 연구경향을 중심으로 고찰한다. 이를 위해 제2절에서는 일반적으로 알려진 대전의 원인을 정리하고 이어서 대전 원인을 둘러싸고 최근까지 이어지고 있는 논쟁 양상에 대해 개관한다. 이어서

---

[1] 대전 발발 100주년 이전 시기의 경우에 이재, 「제1차 세계대전의 원인과 책임문제: 각국의 책임을 중심으로」, 《군사》 제25호(1992), 287-328쪽; 정상수, 「1차 대전의 원인: 독일의 외교정책을 중심으로」, 《서양사연구》 제22호(1998), 129-162쪽을 거의 유일한 원인 관련 연구물로 꼽을 수 있다.

[2] 강창부, 「교착과 돌파: 서구학계의 제1차 세계대전 연구동향과 쟁점」, 《역사비평》 제108호(2014. 8월), 122-153쪽; 오인환, 「7월 위기와 1차 세계대전 발발 원인에 대한 재고찰」, 《군사》 제92호(2014), 31-63쪽; 이내주, 「제1차 세계대전 원인 논쟁: 피셔논쟁 이후 어디까지 왔는가?」, 《영국연구》 제32호(2014), 319-351쪽; 정상수, 「1차 세계대전의 원인—피셔논쟁을 중심으로」, 《독일연구》 제29호(2015), 241-278쪽; 박상섭, 『1차 세계대전의 기원: 패권 경쟁의 격화와 제국체제의 해체』(아카넷, 2014); 김정섭, 『낙엽이 지기 전에: 1차 세계대전 그리고 한반도의 미래』(MiD, 2017)를 참고할 것.

제3절에서는 영국의 대전 참전 요인 탐구라는 측면에서 대전 이전 영국과 독일 간 대립구도의 형성에 대해 살펴본다. 그리고 제4절에서는 영국도 전쟁 발발 책임 문제에서 완전히 자유롭지 못하다는 전제 아래 영국이 대전에 참전하게 된 이유와 최종결정 과정에 대해 고찰한다. 궁극적으로 제1차 세계대전의 발발 원인에 대한 탐구는 "역사적 사건, 특히 사건의 원인에 대한 탐구는 끊임없이 재해석될 수밖에 없다."는 역사학의 평범한 진리를 재확인시켜주고 있다.

2. 대전 발발과 원인 논쟁의 전말

제1차 세계대전의 방아쇠를 당긴 것은 1914년 6월 28일, 당시 오스트리아 합스부르크 제국의 지배 아래 놓여 있던 남유럽의 보스니아-헤르체고비나 지역에서 발생한 오스트리아 황태자 페르디난트 대공(Archduke Franz Ferdinand) 부처의 암살사건이었다. 사건의 배후에 세르비아 정부가 있다고 확신한 오스트리아는 한 달간의 유예기간을 설정하고 세르비아 측에 철저한 진상조사를 요구했다. 이에 대해 세르비아 정부가 미온적으로 반응하자 오스트리아 군대가 7월 28일 세르비아로 쳐들어갔다. 남유럽 지역, 즉 발칸반도에서 오스트리아와 세르비아 양국 간에 국지전이 벌어진 것이었다. 하지만 심각한 문제는 양국 간에 충돌이 일어난 지 채 1주일도 지나지 않아서 사건은 유럽 열강들 대부분이 참전하는 세계대전으로 확대됐다는 점이다.

어떻게 해서 이러한 사태가 벌어졌을까? 단적으로 말해, 대전 발발 직전에 유럽 열강들이 삼국동맹(독일-오스트리아-이탈리아)과 삼국협상(영국-프랑스-러시아)이라는 두 개의 적대 진영으로 나뉘어 있었기 때문이다. 삼국동맹의 일원이던 오스트리아와 삼국협상에 속한 러시아의 전폭적 지원을 받은 세르비아 사이에 충돌이 벌어지자 다른 국가들도 자동적으로 전쟁으로 휘말려들었던 것이다. 그런데 이러한 적대적인 두 블록은 어느 날 갑자기 생겨난 것이 아니라 거의 40년이라는 긴 세월을 두고 형성되어왔다는 점에서 갈등의 뿌리가 깊음을 알 수 있다. 1871년 초 유럽의 중앙부에 통일국가 독일이 등장하면서 이후 독일이 취한 외교정책 변화에 따라 유럽의 세력균형에 지각변동이 일어났던 것이다.

통일 후 국내 통합과 결속 강화를 위해 유럽의 평화가 절실했던 신흥 독일제국의 외상이자 수상이던 오토 폰 비스마르크(Otto von Bismarck, 재임 1871~1890)는 '프랑스의 국제적 고립화'를 외교정책의 기본 틀로 설정하고 이를 적극적으로 실행에 옮겼다. 그리하여 1882년 오스트리아 및 이탈리아와 함께 삼국동맹을 결성하고, 1887년에는 러시아와 재보장조약(Re-insurance Treaty)을 체결했다. 하지만 신임 황제 빌헬름 2세와의 갈등으로 1890년 비스마르크가 정치와 외교 일선에서 물러나면서 유럽의 기존 국제질서에 지각변동이 일어났다. 그동안 외교적으로 고립되어온 프랑스가 1894년 러시아와 손을 잡게 됐고, 곧 여기에 영국까지 가세하면서 1907년 삼국협상이 결성됐기 때문이다. 이후 제1, 2차 모로코 사건 및 특히 제1, 2차 발칸전쟁(1912. 10~1913. 8) 등을 거치면서 두 진영 간의 갈등과 대립은 더욱 고조됐다.

두 차례에 걸친 발칸에서의 충돌 결과, 무엇보다 세르비아는 영토를 곱절로 확장할 수 있었다. 이는 세르비아와 국경을 맞댄 채 적대관계를 이어온 오스트리아 제국에 심각한 위협으로 다가왔다. 양국은 세르비아 정부가 오스트리아 제국 내의 슬라브계 소수민족의 독립을 부추겨온 탓에 불편한 관계에 있었다. 실제로 당시 삼국협상국들 사이에서는 오스트리아가 종국에는 세르비아의 이러한 도발행위를 좌시하지 않을 것이고, 그로 인한 긴장상태는 향후 양국 간 전쟁으로 비화될 수도 있다는 위기감이 고조됐다.

이상의 상황이 1914년 6월 28일 사라예보에서 자국의 황태자 암살 사건이 벌어졌을 때, 오스트리아가 왜 그토록 강경한 반응을 보였는가를 가늠할 수 있는 배경이다. 발칸반도에서 벌어진 장기간의 불안정 상태 및 자국에 대한 약소국 세르비아의 지속적인 도발에 분노한 오스트리아의 고위 정치가들은 황태자 암살사건을 합스부르크 제국의 국제적 위신에 대한 더 이상 묵과할 수 없는 위협으로 인식했던 것이다. 암살을 당한 피해자라는 일종의 도덕적 정당성을 등에 업고서 오스트리아는 이번 기회에 세르비아의 위협을 종결시키려는 의도를 노골적으로 드러냈다. 이때 게르만족 형제국인 독일 역시 오스트리아의 입장을 적극 지지함으로써 '만성적 화약고'였던 발칸반도가 결국 폭발하고 말았던 것이다.[3]

이러한 과정을 통해 발발한 제1차 세계대전을 둘러싸고 종전 직후부터 줄기차게 원인 논쟁이 벌어졌다. 논쟁의 핵심은 '누가 전쟁 발발의 책임자인가?'라는 것이었고, 이를 두고 1920년대, 1930~1950년대, 피셔논쟁이 가열된 1960~1970년대, 그리고 시각이 더욱 다양해진 1980년대 이후 등 크게 4단계로 해석상에 변화를 보이면서 전개되어왔다. 어찌 보면 '모든 전쟁을 끝내기 위한 전쟁'이라는 표현처럼,[4] 제1차 세계대전은 워낙 큰 전쟁이었기에 그 발발 원인도 복잡할 수밖에 없고 그러다 보니 합

---

3) 이상의 설명에 대한 상세한 이해를 위해서는 김용구, 『세계외교사』(서울대출판부, 1995), 445-533쪽(제12장 제1차 세계대전으로의 길 & 제13장 제1차 세계대전)을 참고할 것.

4) Peter Simkins, Geoffrey Jukes and Michael Hickey, *The First World War: The War to End All Wars*(Oxford: Osprey Publishing Ltd., 2003), 강민수 역, 『모든 전쟁을 끝내기 위한 전쟁: 제1차 세계대전 1914-1918』(플래닛미디어, 2008).

의점을 찾기가 거의 불가능했기 때문일 것이다. 더구나 어느 나라가 전쟁 발발의 원흉인가 하는 문제는 누가 파국적 전쟁의 피해에 대한 배상 책임을 감당할 것인가와 연계되어 있었기에 어느 나라든지 할 수만 있다면 책임을 회피코자 했다.

종전 직후인 1920년대에는 베르사유조약 제231조의 전범자 조항에 의거해 '독일과 그 동맹국에 전쟁 발발의 전적인 책임이 있다.'는 방향으로 원인 논쟁이 전개됐다. 이것이 베르사유조약에 반영되면서 이를 근거로 전승국들은 독일에게 1320억 금(金) 마르크라는 천문학적인 배상금을 부과했다. 물론 이러한 전승국들의 결정에 독일 측은 이를 '베르사유 명령'이라 칭하면서 거세게 불만을 표출했다. 곧 한 걸음 더 나아가서 대전 발발 원인이 독일의 팽창 야욕에 있었던 것이 아님을 입증할 목적으로 대전 이전에 작성된 자국의 외교문서들을 30년 비밀 유지라는 관례도 무시한 채 서둘러 공개했다. 전쟁이 충돌 이전 복잡하게 얽힌 국제관계망 속에서 초래된 것임을 실제 관련 사료를 통해 입증함으로써 독일만의 책임이라는 베르사유 테제로부터 벗어나고자 했던 것이다.

로카르노조약 체결(1925)을 계기로 1920년대 후반기에 연합국과 독일 간에 '화해 무드'가 조성되면서 이러한 국제환경 변화가 대전 원인에 대한 해석에도 영향을 미쳤다. 즉 독일과 그 동맹국에만 책임을 지운 대전의 발발 원인에 대한 기존 해석에 새로운 접근이 시도되어 대전 발발의 책임이 연합국들—러시아, 프랑스, 심지어 영국—에도 있다는 주장이 특히 영미권(英美圈) 학자들에 의해 제기되기 시작한 것이다. 대표적으로 해리 반스(Hary E. Barnes)가 당대의 외교문서 분석을 통해서 전쟁의 원인과 책임은 독일에 있는 것이 아니라 오히려 삼국협상 진영(영국, 프랑스, 러시아)에 있다고 주장한 데 이어서 시드니 페이(Sidney B. Fay)는 전쟁의 책임을 전적으로 독일에만 부과하는 것은 잘못된 결정이라는 입장을 표

명했다.[5]

　1929년 세계 대공황 이후에는 더욱 본격적으로 수정론이 제기됐다. 1930년대에는 제1차 세계대전 발발 원인과 책임에 대한 분파적 해석을 지양하고 그 책임을 당시의 외적 상황으로 전가(轉嫁)하든가, 아니면 전쟁 참전 당사국 모두에 돌리려는 주장이 우세를 점했다. 이는 1930년대에 경제개발계획의 성공적 추진에 힘입어 공산국가 소련이 군사강국으로 부상한 시대적 상황과 관련되어 있었다. 소련은 기본적으로 제1차 세계대전의 원인을 서방 자본주의 국가들의 팽창 야욕으로 인식하면서 공산주의 수출을 꾀하고 있던 터인지라 서방국가들이 방파제적 위치에 있던 독일의 지정학적 중요성을 새삼 인식했기 때문이다. 하지만 1930년대 후반에 이르러 히틀러의 나치세력이 보다 심각한 호전성을 드러내면서 독일의 책임을 경감하는 방향으로 전개되던 제1차 세계대전 원인과 책임에 대한 논의는 일단 소강상태로 빠져들었다.

　제2차 세계대전을 경험하고 이어서 냉전체제가 등장하면서 제1차 세계대전의 원인에 대한 해석은 또 한 번의 변화를 겪게 됐다. 그런데 이번에는 상대적으로 수월하게 논쟁이 일단락되는 상황이 벌어졌다. 1951년 피에르 르누뱅(Pierre Renouvin)을 대표로 하는 프랑스와 게르하르트 리터(Gerhard Ritter)가 이끈 독일의 양국 역사학자들이 회동하여 제1차 세계대전의 원인을 규명하는 공동특별위원회 회합을 갖고서 대전의 원인을 정립코자 했던 것이다.[6] 1950년대에는 냉전체제 상황에서 서방 진영 간에 화합의 필요성이 강조됐다. 이에 따라 대전 발발의 원인과 그 책임은 특

5) Harry Elmer Barnes, *The Genesis of the World War*, 2nd edn.(New York: Alfred A. Knopf, 1927); Sidney B. Fay, *The Origins of the World War*, 2 Vols.(New York: Macmillan, 1928).

6) 이때 작성된 합의문의 영어명은 Agreement of the Franco-German Historians' Commission of 1951임.

정 국가나 인물에 있는 것이 아니라 제국주의 경쟁, 민족주의 대립이라는 당시 '상황'에 있다는 주장이 제기되면서 일명 '편안한 합의(comfortable consensus)'로 불리는 집단책임론이 정설로 부각됐다.[7]

대전의 원인 논쟁이 '집단책임론' 테제로 어느 정도 일단락된 것으로 여기고 있던 차에 독일 함부르크 대학교 역사학 교수였던 프리츠 피셔 (Fritz Fischer, 1908~1999)가 등장했다. 1961년에 그가 선보인 『제1차 세계대전에서 독일의 전쟁목적(Germany's Aims in the First World War)』이 대전의 원인에 대한 기존 합의를 송두리째 흔들어놓았던 것이다. 그의 책은 1950년대에 합의를 본 대전의 원인에 대한 해석을 거의 정면으로 부정하는 내용을 담고 있었기 때문이다.[8] 여기에서 피셔는 대전 발발 이전부터 추구되어온 독일 외교정책의 호전적 성격을 부각시켰다. 당시 독일의 정책을 주변 국가들의 위협과 행동에 대한 단순한 반응으로 축소해석해서는 안 되며, 오히려 독일의 지도층은 대전 발발 이전에 입안된 공격적인 정책을 이용하여 발칸반도에서 일어난 '7월 위기(July Crisis)[9]를 자국의 팽창주의적 야욕을 실현할 수 있는 절호의 기회로 보았다는 것이다.

---

7) William Mulligan, *The Origins of the First World War*(Cambridge: Cambridge Univ. Press, 2010), p. 10.

8) 이러한 논쟁에 힘입어서 일반적인 도서의 2권 분량(900쪽)에 달한 피셔의 책은 곧 베스트셀러 반열에 올랐다. 출간된 지 수년 이내에 피셔의 책은 판을 거듭했고, 몇 개 나라의 언어로 번역됐다. 1977년에 작성된 한 조사에 의하면, 피셔의 책에 대해 300편 이상의 서평과 수많은 관련 논문들이 발표됐다. 실로 한 개인 역사가에 대한 관심치고는 타의 추종을 불허하는 수치라고 볼 수 있다. 더구나 피셔에 대한 관심은 학계에만 머문 것이 아니라 신문이나 텔레비전과 같은 일반대중 대상의 언론 분야에서도 활발하게 이뤄졌다. 특히 제1차 세계대전 발발 50주년과 맞물려 있던 1964년에 가장 많은 주목을 받았다.

9) 사라예보에서 황태자 암살사건이 일어난 1914년 6월 28일부터 독일군이 슐리펜 작전 계획에 의거해 중립국 벨기에를 침공한 1914년 8월 4일까지 약 한 달간에 벌어진 복잡한 일들을 총칭해 일컫는 표현이다.

따라서 전쟁의 발발은 사전에 치밀하게 계획된 독일의 침략적 정책에 있고, 더구나 독일 최고지도부의 호전적 입장은 정계, 산업계, 그리고 학계를 아우르는 당시 독일 엘리트 집단으로부터도 전폭적인 지지를 받았다고 평가했다. 이러한 그의 주장은 수년 뒤 발간된 또 다른 저서(*War of Illusions*, 1969)에서 더욱 정교하게 보완되어 제기됐다.[10]

대전 원인에 대한 기존 정설을 급진적으로 수정하는 피셔의 주장은 이후 학계는 물론이고 정치계까지 포괄하는 확대 과정을 거치면서 찬반양론을 불러일으켰다. 20세기의 대표적인 역사학 논쟁들 중 하나로 꼽히는 '피셔논쟁(Fischer Controversy)'에 불이 붙은 것이었다. '집단책임론' 또는 '상황론'이라는 기존 해석을 옹호하는 입장에 있던 연구자들은 1914년 '7월 위기'에 대한 피셔의 재해석[11] 및 전쟁 발발 이전의 정책 결정 과정에서 독일제국의 수상 테오발트 폰 베트만홀베크(Theobald von Bethmann-Hollweg, 재임 1909~1917)의 역할에 대한 평가 등 피셔 주장의 핵심 논지들을 집중적으로 공격했다.[12]

---

10) 피셔의 두 저작에 대한 세부 서지사항은 다음과 같다: *Griff nach der Weltmacht: Die Kriegszielpolitik des kaiserlichen Deutschland 1914-1918*, 1st edn., Düsseldorf, 1961(English translation: *Germany's Aims in the First World War*(London: Norton & Co., 1967)); *Krieg der Illusionen: Die deutsche Politik von 1911-1914*, 1st edn., Düsseldorf, 1969(English translation: *War of Illusions: German Policies from 1911 to 1914*(London: Norton & Co., 1975))

11) 독일제국은 1914년 7월 위기를 의도적으로 확대시켜서 발칸반도에 국한된 위기상황을 유럽 전체의 위기로 확대시켰는데, 이의 단적인 증거가 독일이 오스트리아에 약속한 이른바 '백지위임장'이라는 것이 피셔 재해석의 핵심이었다.

12) 예컨대, 에크몬트 체흘린(Egmont Zechlin)에 의하면, 베트만홀베크 수상은 피셔의 주장처럼 당시 독일의 외교정책을 침략적 방향으로 몰고 간 주동자라기보다 오히려 무죄(無罪)를 선고해도 좋을 정도로 정치적 배짱과 야심을 지닌 인물이 아니었다. 골로 만(Golo Mann) 역시 베트만홀베크 수상은 피셔의 평가처럼 '정복욕에 사로잡힌 짐승(conquering beast)'이 아니라 타협적이고 유약한 성향의 정치가였으며, 설령 그가 '9월 계획'을 추진했다고 하더라도 이는 그의 본심(本心)이 아니라 당시 독일 군부의 강

피셔 테제를 비판한 역사가들 중 가장 대표적인 인물로 당대 독일의 저명한 역사가였던 리터를 꼽을 수 있다. 피셔의 책 발간 직후인 1962년에 기고한 서평에서 그는 피셔의 저술이 베르사유조약에 명시된 전범자 조항을 좀 더 치밀하게 재탕(再湯)한 것에 불과하며, 심지어 1914년에 연합국이 살포한 독일 비난용 전쟁선전물을 연상시키는 문건이라고 혹평했다.[13] 또한 당시 다른 교전국가들의 외교정책과 비교조차 하지 않은 채 오직 독일의 외교정책만을 분석하여 전쟁 발발의 책임을 독일에만 부과하고 있음은 물론, 베트만홀베크 수상을 권력욕에 불타는 교활한 정치가로 모독하고 있다고 비판했다.

물론 피셔 테제에 대한 동조자들도 있었다. 이들은 독일보다 외부에서 더 많이 나타났다. 우선 동독의 역사학계에서는 피셔의 주장을 환영했다. 독일이 대전을 일으킨 주요 원인 중 하나로 당시 독일의 금융가나 기업가와 같은 대자본의 역할을 지적한 피셔의 주장이 마르크스주의적 역사해석에 부합하는 것으로 이해했기 때문이다. 일찍이 레닌이 제기한 테제에 기초해서 제1차 세계대전을 자본주의가 발달한 서방 제국주의 국가들 간의 팽창 야욕의 충돌로 해석하고 있던 동독 역사학계 입장에서는 피셔의 주장을 거부할 이유가 전혀 없었다. 다만 자신들이 판단하기에 피셔의 논지가 덜 마르크스주의적이라는 점이 오히려 불만이었다.[14]

한 압력이나 적어도 조정을 받은 비정상적인 상황에서 내린 결정이었다고 반론을 제기했다.(A. Mombauer, *The Origins of the First World War: Controversies and Consensus*(London: Routledge, 2002), pp. 133-137을 볼 것) 국내의 한 연구도 '7월 위기'에 대한 피셔의 재해석을 비판하면서 위기 확대의 주범을 러시아로 상정하고 있다: 정상수, 「1914년 7월 위기: 발칸전쟁과 1차 세계대전의 길목에서」, 《역사교육》 제125권(2013), 293-336쪽.

13) A. Mombauer, op. cit., p. 138; Gerhard Ritter, "Eine neue Kriegsschuldthese? zu Fritz Fishers Buch 'Griff nacht der Weltmacht'," *Historische Zeitschrift*, 194(1962), pp. 667-668.

14) A. Mombauer, op. cit., p. 145; Fritz Klein, "Die westdeutsche Geschichtsschreibung uber die Ziele des deutschen Imperialismus im Ersten Weltkrieg," *Zeitschrift fur*

피셔의 주장은 서방 진영의 연구자들로부터도 환영을 받았다. 미국 역사가 클라우스 엡스타인(Klaus Epstein)은 피셔의 저술을 기존 해석에 대한 단순한 수정 차원이 아니라 제1차 세계대전과 관련해서 독일제국의 역할을 새롭게 인식하도록 만든 대단한 업적으로 평가했다. 영국의 제임스 졸(James Joll)은 피셔의 연구야말로 관련된 1차 사료들을 폭넓게 섭렵하여 집필된 이 분야 최고의 연구서라고 평가했다.[15] 시간이 흐르면서 독일(서독) 내에서도 피셔 테제를 지지하는 연구자들이 등장했다. 피셔의 제자였던 이마누엘 가이스(Imanuel Geiss)는 스승의 테제를 지원하려는 의도를 갖고서 1914년 7월에 일어났던 일련의 사건들에 관한 사료집을 편집하고, 이를 대전 발발 50주년이 되는 1964년 직전에 발간했다.[16] 특히 같은 해에 열린 독일 전국역사학대회 이후 피셔의 주장을 긍정적으로 보려는 역사가들이 점차 늘어났다.

1970년대에 접어들어 피셔 테제에 대한 논쟁은 상대적으로 수그러들었다. 물론 찬반 진영 간에 완전한 합의가 성사된 것은 아니었으나 1960년대에 치열한 논쟁을 치른 덕분에 1970년대에 피셔 테제가 제1차 세계대전의 원인 해석에서 중요한 한 축으로 자리매김할 수 있었기 때문이다. 이에 따라 독일은 세계대전의 발발에 상당한 정도로 책임이 있다는 주장을 더 이상 부인하기 어렵게 됐다. 한 예로 대전의 원인에 대한 자라 스타이너(Zara Steiner) 및 폴 케네디(Paul Kennedy)의 연구도 영국의 정책을

Geschtichtswissenschaft, Vol. 10/8(1962), pp. 1808-1836.

15) James Joll, "The 1914 Debate continues: Friz Fischer and His Critics," in H. W. Koch(ed.), *The Origins of the First World War: Great Power Rivalry and German War Aims*, 2nd edn.(London: Macmillan Education LTD., 1984), pp. 30-45.

16) A. Mombauer, op. cit., p. 148. 사료 책자의 원명은 Immauel Geiss, *Julikrise und Kriegsausbruch 1914*, 2 Vols.(Hannover, 1963)임.

독일의 선제적 도전에 대한 대응으로 파악하고 있다.[17] 전자가 런던의 정책결정자들이 유럽 내 세력균형 유지에 큰 관심을 기울였다는 점을 강조한 데 비해, 후자는 해외식민지와 특히 해군력 증강을 둘러싸고 19세기 말부터 가속화된 독일과 영국 간의 갈등 양상에 주목했다.

이처럼 소강 국면을 보인 원인 논쟁은 1980년대에 이르러 재차 학계 및 대중매체의 주목을 받았다. 1982년 7월 초《프랑크푸르터 알게마이네 차이퉁(Frankfurter Allgemeine Zeitung)》에 실린 체흘린의 기고문이 기폭제 역할을 했다.[18] 이 글에서 그는 1914년 당시 독일 외교정책을 '방어적 예방전쟁'을 염두에 둔 수세적(守勢的) 성격의 것으로 해석했다. 그는 당시 어느 누구도 실제 전쟁을 원하지 않았는데, 바로 '운명(fate)'이 모두를 전쟁의 포화 속으로 몰고 간 것으로 기술했다. 일간지 게재에 이어서 전쟁원인에 대한 공개 포럼들이 개최되기 시작했고, 이와 더불어 일반대중의 관심도 되살아났다.

1980년대에 원인 논쟁에 참여한 일단의 연구자들은 다른 무엇보다 "왜 독일제국은 주변 다른 국가들의 입장과 달랐을까?"라는 질문을 논의의 출발점으로 삼았다. 이들에 의하면 세계대전 이전에 독일이 유럽의 일급 관찰대상 국가로 떠오른 근본적인 요인은 유럽의 중앙부라는 독일의 지정학적 위치에 있었다. 한마디로 1914년과 그 이전 독일제국의 정책결정을 지정학적 관점에서 해석하고 동시에 그로 인한 불가피성을

---

17) Zara Steiner, *Britain and the Origins of the First World War*(London: Macmillan Education LTD., 1977); Paul M. Kennedy, *The Rise of the Anglo-German Antagonism*, 1860~1914(London: Unwin Hyman, 1981).

18) *Frankfurter Allgemeine Zeitung*, 8 July 1982. 당시 기사 및 이에 대한 비평과 반론 관련 내용을 H. W. Koch(ed.), *The Origins of the First World War: Great Power Rivalry and German War Aims*, 2nd ed.(Basingstoke: Macmillan, 1984), pp. 371~385('Chapter 10 July 1914, Reply to a Polemic' by Egmont Zechlin)에서 영문으로 접할 수 있음.

제시하려고 했다. 유럽 대륙의 동서(東西) 경계지대라는 묘한 위치로 인해 독일인들은 부지불식간에 "존재하나 성장하지 못한다."는 두려움에 휩싸이게 됐다고 클라우스 힐데브란트(Klaus Hildebrand)는 말한다.[19] 그레고어 쉴겐(Gregor Schöllgen)의 표현처럼 독일사의 중요 상수(常數) 중 하나는 자국 영토가 주변 강대국들에 의해 둘러싸인 매우 취약한 위치에 있다는 일종의 '두려움의 연속성(continuity of fear)'이었다. 이들은, 피셔가 이러한 지정학적 위치가 세대를 거치면서 자국민들의 뇌리에 심어놓은 일종의 트라우마를 고려하지 않은 채, 독일정책의 호전적 측면만을 부각시키고 있다고 비판했다.[20]

앞에서 살펴본 대전 원인에 대한 해석들이 피셔 테제에 대한 산발적 차원의 대응이라면, 이에 대한 나름의 체계적 대응은 당시 열강들 간에 벌어진 전면전을 '도저히 일어날 것 같지 않은 충돌(improbable war)'로 해석하는 홀거 아플러바흐(Holger Afflerbach)에 의해 주도됐다.[21] 그는 1871년 이래로 유럽 열강들 사이에 형성되어온 국제관계망, 즉 삼국동맹과 삼국협상이 어떻게 1914년까지 유지되어왔는가에 초점을 두고 고찰한다. 기존의 설명과는 달리 그에 의하면 삼국동맹은 당시 유럽에 대립과 갈등을 조장한 것이 아니라 오히려 반대로 유럽에 평화와 안정을 선물한 국제관계망이었다.[22] 이러한 맥락에서 1914년 '7월 위기' 발생 시에도

---

19) Klaus Hildebrand, *Das vergangene Reich. Deutsche Aubenpolitik, 1871-1945*(Stuttgart, 1995).
20) Gregor Schöllgen(ed.), *Escape into War?: The Foreign Policy of Imperial Germany*(London: Bloomsbury Academic, 1990).
21) Holger Afflerbach and David Stevenson(eds.), *An Improbable War?: The Outbreak of World War I and European Political Culture before 1914*(New York: Berghahn, 2007)를 볼 것.
22) 예컨대, 삼국동맹은 전통적 앙숙이던 오스트리아와 이탈리아 사이에 우호관계를 유지시켜주었으며, 대전 전에 독일과 프랑스 또는 독일과 영국은 국제 문제에서 평화를 유지하고 갈등을 해결하기 위해 서로 긴밀한 협력관계를 유지해왔다는 것이다.

유럽의 정치가와 외교관들은 전쟁을 피할 수 있거나 또는 이전에 그랬던 것처럼 결국에는 상대방이 한 발 뒤로 물러날 것으로 과신(過信)했으리라고 해석한다.

이 시기에 독일 외부에서는 주로 영미권 연구자들에 의해 재차 국제정치적 요인이 대전의 발발 원인을 설명하는 논쟁점으로 떠올랐다. 여기에는 동유럽의 냉전체제 붕괴 및 발칸반도의 민족 문제가 촉발시킨 국제환경의 변화가 배경으로 작용했다. 1990년대 초반 발칸에서 세르비아의 침략행동으로 무력충돌이 벌어졌을 때, 유럽인들은 마음속으로 또다른 세계대전의 발발 가능성에 대해 우려했다. 제1차 세계대전이 바로 발칸반도의 사라예보에서 촉발됐다는 과거의 아픈 기억 때문이었다. 외부적으로는 이러한 국제적 분위기, 학계 내부적으로는 피셔 테제의 독주에 대한 견제심리 등이 겹치면서 '국제적 긴장상태의 폭발'로 대전의 원인을 파악하려는 경향이 재차 주목을 받았던 것이다.

데이비드 스티븐슨(David Stevenson)을 비롯한 역사가들은 1914년 발칸반도에서 일어난 국제적 위기사태가 왜 단계적으로 가열되어 전쟁으로 이어졌는지를 찾기 위해 독일 이외의 교전국들에 눈길을 돌렸다. 물론 이전에도 이러한 접근이 없었던 바는 아니나 그동안 원인 논의가 독일의 정책이 중심을 이룬 피셔 테제에 집중되어온 탓에 다른 열강들에 대해서는 상대적으로 소홀할 수밖에 없었다. 여타 열강들이 대전 당시 견지한 외교정책에 대한 심도 있는 연구를 통해 모든 책임을 독일에 부과한 해석에서 벗어나 이들 국가에도 전쟁 발발의 책임이 있음을 밝히고자 했다. 새뮤얼 윌리엄슨(Samuel R. Williamson, Jr.)의 지적처럼, 일명 '독일 패러다임(German Paradigm)'의 해체를 시도한 것이었다.[23] 그렇다면 당

---

23) Samuel R. Williamson, Jr., "July 1914 revisited and revised: the erosion of the German

시 세계 최강대국의 위치에 있었던 영국의 경우는 어떠했을까?

3. 대전 이전 영독(英獨)의 대결구도 형성

영국의 제1차 세계대전 참전과 관련해서 대략적으로 다음과 같은 질문들을 떠올릴 수 있다. 우선, 대전 이전에 영국과 독일의 관계는 어떠했을까? 왕실 간에 혈연관계로 맺어졌음에도 왜 양국 사이에 우호관계는 악화되어왔을까? 제1차 세계대전 발발로 관심을 돌릴 경우, 1914년 일명 '7월 위기' 시에 과연 영국정부는 대전의 확대를 방지할 만한 가능성을 갖고 있었을까? 과연 누가 어떠한 이유로 영국정부의 참전결정 과정에서 중추적 역할을 했을까?

19세기 말에 이르면 세계적으로 영국의 위상은 유럽 대륙의 세력균형에 크게 의존해야만 하는 상황에 처해 있었다. 사실상 18세기 이래 영국은 유럽 국가들과의 교역과 교류에 국가경제의 상당 부분을 의존해왔다. 따라서 영국의 입장에서 볼 때 유럽의 어떠한 국가도 이러한 경제적 연결망의 단절을 시도하거나 심각하게 위협해서는 곤란했다. 다행스럽게도 영국은 1815년 이래 특정 국가와 장기적인 연합이나 동맹을 맺지 않고서도 이러한 시스템을 원활하게 유지해올 수 있었다. 외교 분야에서 잔뼈가 굵은 솔즈베리(3rd Marquess of Salisbury) 수상조차 다가올 20세

Paradigm," in Jack S. Levy and John A. Vasquez(eds.), *The Outbreak of the First World War: Structure, Politics, and Decision-Making*(Cambridge: Cambridge Univ. Press, 2014), pp. 30-62를 볼 것. '독일 패러다임'은 대전의 원인과 책임 문제에서 독일이 행한 역할이 실제 이상으로 과장되어 독일 측에 불리하게 편향적으로 평가되어온 연구경향을 총칭해서 이르는 표현이다.

기에도 영국은 다른 열강과 결속하지 않더라도 세련된 외교술, 우월한 경제력 및 해군력에 의지하여 국가이익을 지켜낼 수 있으리라 판단했다.[24]

이와 달리 독일의 야망을 견제하기 위해 영국이 유럽 대륙의 다른 열강과 동맹관계를 맺어야 한다는 주장도 1871년 독일제국 성립 이래 30년 이상 꾸준히 제기되어왔다. 물론 1890년대에는 프랑스와 러시아가 영제국의 가장 심각한 위협세력으로 간주되어 1900년대 초반까지도 여전히 영국과 독일 간의 동맹관계 수립은 실현성이 높은 사안으로 고려되어왔다. 특히 버밍엄 출신의 기업가로 당시 솔즈베리 내각의 식민부장관이던 조지프 체임벌린(Joseph Chamberlain)은 독일과의 긴밀한 관계망 수립에 적극적인 관심을 기울였다.[25] 그는 프랑스와 러시아를 영국의 산업적 이익에 위협을 가할 잠재세력으로 인식하고, 이에 대한 대비책으로 독일과의 연대가 필요하다고 판단했던 것이다.

실제로 체임벌린은 1898년 봄에서 1901년 가을 사이에 독일 측에 접근했다. 하지만 결과적으로 독일의 통치자들에 대한 영국정부 각료들의 불신감만 심화시키고 말았다. 영국정부는 물론 일반국민들의 여론도 빌헬름 2세가 통치하고 있는 독일정부를 신뢰할 수 없으며, 친선은커녕 오히려 독일은 영국의 국익에 위협을 가하고 있다는 방향으로 흘렀다.[26] 당시 독일은 빌헬름 2세의 주도 아래 '세계정책'으로 알려진 신(新)외교 노선을 추구하고 있었다. 통일 이후 한 세대 이상 지속된 비약적 경제발전을 토대로 군사적 능력을 확충하고 과시하려는 시도였다.

---

24) James Joll, *The Origins of the First World War*(London: Macmillan, 1992), p. 50.

25) Zara Steiner, op. cit., pp. 24~25.

26) J. Paul Harris, "Chapter 8 Great Britain," in R. F. Hamilton and Holger. H. Herwig(eds.), *The Origins of World War I*(Cambridge: Cambridge Univ. Press, 2003), p. 269.

향후 독일도 적극적으로 식민지 획득과 세계적 영향력 확대를 추구한 다는 이 정책에 대해 당시 세계 최대 식민제국이던 영국은 당연히 신경을 곤두세울 수밖에 없었다. 더구나 세계정책을 뒷받침할 목적으로 빌헬름 황제는 1897년 해군장관 알프레트 폰 티르피츠(Alfred von Tirpitz) 제독에게 북해(北海)에서 영국 해군에 대적할 만한 전력을 구비한 전투함대의 창설을 지시한 바 있었다.[27] 이처럼 영국정부가 독일과의 동맹관계를 추진하던 와중에 독일의 정책입안자들은 영국을 겨냥한 위협 수단마련에 진력하고 있었던 것이다. 이때 독일 수뇌부는 영국이 프랑스나 러시아와 손잡는 일은 근본적으로 불가능하리라 판단하고 있었다. 영국은 세계 각지에 산재한 식민지를 둘러싸고 이들 국가와 끊임없이 대립해왔기 때문이다.

그러나 독일 지도부의 예상은 곧 오판으로 드러났다. 심지어 1899년 10월 발발한 보어전쟁 이전부터 영국의 외교정책 입안자들은 당면한 제반 위협에 대응하기에는 영국의 국력이 제한적이라 판단하고 기존 외교정책의 변화를 모색하고 있었다. 이러한 움직임은 보어전쟁 중 적나라하게 드러난 영국군의 취약성으로 인해 한껏 탄력을 받아서 1902년 영일(英日)동맹 체결로 이어졌다. 이 동맹을 통해 영국정부는 중국에서 러시아의 팽창을 견제하고 프랑스 및 러시아의 해군력에 비해 열세에 놓여 있던 동아시아에서 자국 해군의 부담을 경감시키고자 했다. 원래는 프랑스-러시아의 연합 군사력에 대한 의구심에서 추동된 영일동맹은 곧 아이러니하게도 영국과 프랑스를 연결시키는 촉매제이자 영국정부가 기존의 고립외교에서 적극적인 외교노선으로 전환하는 계기로 작용했

---

27) 독일의 해군증강 시도에 대해서는 P. M. Kennedy, "The Development of German Naval Operations against England 1896-1914," *English Historical Review*, Vol. 89(1974), pp. 48-76을 참고할 것.

다. 동아시아에서 러일전쟁이 발발한 지 두 달이 지난 1904년 봄에 그동안 19세기 후반기 이래 세계의 식민지를 놓고서 갈등관계를 이어온 영국과 프랑스 간에 협상이 체결됐던 것이다. 물론 최초 협상 내용에는 향후 위기상황이 도래했을 때 상대 협상국을 군사적으로 지원해야 한다는 조항은 없었다.

이후 영국 국내에서 정치적 변화가 일어났다. 1905년 12월 랜즈다운(5th Marquess of Lansdowne) 외무부장관이 속해 있던 아서 밸푸어(Arthur Balfour) 수상의 통합당 정권이 실각한 것이었다. 이로 인해 자유당 소속의 에드워드 그레이(Sir Edward Grey)가 신임 외무부장관(재임 1905~1916)으로 임명됐다. 이는 프랑스 측에 유리한 정치적 변화였다. 왜냐하면 그레이는 기존 영국의 국제적 지위 유지라는 대의를 위해 기본적으로 유럽 대륙에서의 세력균형을 중시했고, 이러한 맥락에서 전임자였던 랜즈다운보다 강경한 자세로 장기적으로 독일이 영국의 국익에 위협 요인이 되리라 믿고 있었기 때문이다. 다시 말해, 장차 유럽의 세력균형을 깰 수도 있는 독일의 위협에 맞서기 위해서는 프랑스와의 결속을 강화해야 한다는 입장이었다.[28] 이러한 맥락에서 그레이는 1906년 이래 영국과 프랑스 사이의 군사실무자 회담 개최를 승인했고, 제1차 모로코 사태를 계기로 1906년 1월 스페인 알헤시라스(Algeciras)에서 열린 국제회의에서는 시종일관 프랑스를 지지했다. 영국과 프랑스가 가까워지는 것을 막으려던 독일의 원래 의도와 달리 이 회담을 계기로 영국과 프랑스 사이의 결속력은 더욱 단단해졌다.[29] 더구나 다른 열강들도 영국의 입장을 지지하면서 독일은 외교적 고립을 절감하게 됐다.

---

28) 박상섭, 앞의 책, 94쪽.
29) J. Paul Harris, op. cit., p. 271.

최종적으로 유럽 열강들을 두 개의 적대적인 블록으로 나눈 사건은 1907년 8월 영국이 러시아와 맺은 영러(英露)협상이었다. 러시아와 화해를 모색해야 한다는 기류는 진작부터 영국 외무부 내에서 형성되어왔다. 러시아와의 협상을 통해 양국 사이에 형성된 긴장의 강도를 완화하고, 이를 계기로 과도하게 분산되어 있는 영국의 군사력을 재정비하여 더욱 긴요한 곳에 집중시키자는 현실적인 요구가 변화를 추동해온 것이었다. 영국의 이러한 속사정과 달리 그동안 소극적 반응으로 일관하던 러시아가 러일전쟁에서 참패하면서 변화의 계기가 마련됐다. 물론 영러협상의 주요 목적은 그동안 양국 사이를 껄끄럽게 만들어온 제국주의적 이해관계를 조정 및 합의하는 것이었다. 어느 조항에도 유사시 상대방을 군사적으로 지원한다는 내용은 없었다. 하지만 이후 발생한 일련의 국제적 사건들은 협상 진영 국가들의 결속력을 강화시키는 자극제로 작용했다.

한편, 영국과 독일 간에 긴장을 고조시키는 사례들만 있던 것은 아니었다. 1912년 2월에서 1914년 7월 사이에 양국 관계가 호전될 수 있는 여건이 마련된 바 있었다. 1912년 말 이전에 티르피츠 제독은 지속적으로 추진 중이던 해군력 증강계획의 규모를 축소해야만 했다. 같은 해 12월 초경 독일을 방문한 영국의 홀데인 육군장관과의 협상도 영향을 끼쳤으나, 무엇보다 천정부지로 치솟은 함정 건조비용에 대한 독일의회의 우려가 고조되고 군비강화의 우선순위가 육군 쪽으로 선회했기 때문이다. 이에 따라 영국은 해군력에서 독일에 대해 재차 월등한 우위를 점할 수 있었다.

식민지 확보 경쟁으로 인한 갈등 역시 상대적으로 줄어들었다. 오스만튀르크를 둘러싸고 벌어진 복잡한 마찰 요인들도 이 시기에 어느 정도 타결됐다. 1912년과 1913년의 발칸 위기 동안에 그레이 외무장관은 유럽 대륙에서 오스트리아와 러시아 사이에 정면충돌이 벌어지는 불길한 사태를 방지하기 위해 독일 측과 협력했다. 이후 양국은 황태자 암살 사건이 발생하기 직전인 1914년 6월경에는 메소포타미아 지역에서 경제적 이해관계를 상호 조정하는 협상을 체결할 단계까지 진전할 정도로 접근했다.[30] 이처럼 당시 영국정부의 입장에서 볼 때, 사라예보 사건은 전반적으로 개선되고 있던 영독 관계에 찬물을 끼얹은 전혀 예상치 못한 사태였다.

4. 영국의 대전 참전결정 과정

영국도 1914년 위기의 단계적 확대 과정에서 자유롭지 못했다. 다른 누구보다 독일의 정치가들은 1914년 7월의 위기사태 이래로 전쟁의 발발 원인과 관련해 영국 역시 상당한 책임이 있다는 주장을 반복해왔다. 당시 영국정부의 지도자들이 위기의 초기 단계에서 프랑스와 벨기에에 대한 지지 여부를 분명하게 선언하지 않았기에 독일의 오판을 초래했다는 논지였다. 독일의 베트만홀베크 수상은 물론이고 심지어 대전 동안 영국 수상을 역임한 로이드 조지마저 이러한 입장을 표명한 바 있다. 특히 후자는 전후 발간된 자신의 전쟁 비망록에서 다른 누구보다 대전 이전에 영국 외무부장관 그레이의 모호한 태도야말로 전쟁을 발발케 한 중요 요인이라고 비판했다.[31]

그렇다면 그레이에 대한 이러한 전후의 비판은 타당할까? 사실상 1914년 6월 28일 사라예보 암살사건으로 초래된 유럽의 위기상황에 대

---

30) W. S. Churchill, *The World Crisis, 1911-1914*(New York: Charles Scribner's Sons, 1923), pp. 178-179.
31) David Lloyd George, *War Memoirs*, Vol. 1(London, 1924).

처하는 애스퀴스 내각의 움직임은 더디고 비효율적이었다. 1913년에 제2차 발칸전쟁 후 외교력을 발휘하여 평화를 정착시킨 경험과 자신감 때문인지 무엇보다 그레이 장관은 사태의 심각성을 너무 안이하게 인식했던 것처럼 보인다. 외무부 고위관리들의 강경한 태도와 달리 그레이는 암살사건에 대한 오스트리아 정부의 최초 반응에 대해 황태자 암살이라는 피해를 입은 정부로서 당연히 과시할 만한 태도라고 생각한 듯하다.[32] 그는 점차 사안에 대해 주목하기는 했으나 7월 20일경까지는 내각 내 다른 각료들의 관심을 촉구하지 않았다. 더구나 7월 중순경까지 애스퀴스 수상을 비롯한 각료들과 집권 자유당 의원들은 주로 '아일랜드 자치' 및 이에 대한 얼스터(Ulster) 신교 주민들의 격렬한 반대라는 국내 문제에 온 신경을 곤두세우고 있던 상황이었다.

그레이는 7월 23일 런던 주재 오스트리아 대사가 세르비아에 전할 오스트리아 정부의 최후통첩 내용에 대해 언급했을 때에 이르러서야 사태의 긴급성을 깨달았다. 세르비아에 대한 오스트리아의 최후통첩문을 받아본 그레이는 국제외교 관례 기준으로 볼 때 한 국가가 다른 독립국가를 상대로 취할 수 있는 서류상 조치들 중 '가장 가공할 만한 문서(the most formidable document)'라고 심경을 토로했다. 바로 이튿날 열린 내각회의에서 그레이는 유럽 대륙에서 전쟁이 벌어질지도 모른다는 위험을 경고했다. 외무부장관을 통해 오스트리아 정부의 최후통첩 내용에 대해 전해들은 내각의 동료 각료들도 점차 유럽 문제의 심각성을 실감하게 됐다.

이러한 긴박한 상황에 직면한 그레이는 독일정부가 위기의 해소를 위

---

32) 위기의 초기 단계에서 영국정부가 보인 반응에 대해서는 M. Brock, "Britain Enters the War," in R. J. W. Evans and H. Pogge von Strandmann(eds.), *The Coming of the First World War*(Oxford: Oxford Univ. Press, 1988), pp. 164-167을 볼 것.

해 무엇인가 도움을 주리라 기대한 듯했다. 그렇게 생각한 데는 나름의 이유가 있었다. 그는 1913년 제2차 발칸전쟁 이후 국제적 긴장상태를 해소하는 과정에서 독일 측과의 협상을 성공적으로 성사시킨 바 있었기 때문이다. 게다가 그레이는 런던 주재 독일대사였던 카를 폰 리히노프스키 공(Prince Karl Max von Lichnowsky)과 개인적으로 두터운 친분관계를 유지하고 있었다.[33] 더구나 리히노프스키는 암살사건이 벌어진 직후 본국을 방문하여 독일정부의 수뇌부들을 면담한 후 복귀, 오스트리아의 강경한 태도를 완화시키기 위해 독일정부가 상당한 노력을 기울이고 있다는 점을 그레이에게 언급한 바 있었다.(물론 나중에 이는 부정확한 정보로 드러났다.) 리히노프스키가 베를린에 보고한 바에 의하면, 7월 24일에도 두 사람은 회동하여 유럽 대륙에서 벌어지고 있는 사태의 심각성과 긴박성에 대해 의견을 나누었다. 이때 그레이는 오스트리아와 세르비아의 전쟁은 양국 간의 충돌로 끝나는 것이 아니라 유럽 대륙의 4대 강국들—오스트리아, 러시아, 독일, 프랑스—이 모두 개입하는 대규모 전쟁으로 확산될 것이라는 경고성 의견을 피력했다.[34] 하지만 이때도 그레이가 영국정부의 입장을 분명하게 밝히지 않은 탓에 자국 대사로부터 면담결과를 보고받은 독일의 정책결정자들은 대전 발발 48시간 이전까지도 영국이 중립을 유지하리라 판단하고 있었다.

회동을 마친 얼마 후 그레이는 오스트리아의 세르비아 침공을 결코 묵과하지 않을 것이라는 러시아의 강경한 입장을 확인하게 됐다. 특히 러시아는 주러(駐露) 영국대사를 통해 영국정부의 분명한 동반자 역할 표명을 요구했다. 이제 그는 삼국협상국이자 우방인 프랑스와 러시아로

---

33) H. F. Young, *Prince Lichnowsky and the Great War*(Athens, Ga., 1977), pp. 1-32.
34) 박상섭, 앞의 책, 299쪽.

부터는 물론이고, 심지어 가상적국인 독일로부터도 전쟁이 발발할 경우 영국이 취할 입장과 관련해 심리적으로 상당한 압박감을 느끼기 시작했다. 7월 26일경에야 그레이는 전쟁이 발발할 경우 영국은 프랑스 편에 설 것임을 최종 결심한 것처럼 보인다. 7월 29일 오전에 열린 각료회의에서 그는 작금의 유럽 상황에 대한 입장을 피력하면서 독일이 공격하는 상황이 벌어질 경우 벨기에 및 프랑스를 적극 지원해야만 한다는 소신을 동료 장관들에게 밝혔다. 그는 이때 그 근거로 1839년 런던조약 체결 시 명시한 영국의 벨기에 중립보장 약속을 상기시켰다. 애스퀴스 수상과 해군장관 처칠을 제외한 내각의 다수는 무력을 동원해서라도 벨기에의 중립을 보장해줄 의무가 있다는 그레이의 견해에 반대했다. 이처럼 의견이 갈리게 되면서 뚜렷한 결정을 내리지 못한 채 회의만 거듭됐다.

7월 31일의 시점에서 볼 때, 19명으로 구성된 애스퀴스 내각의 각료들은 향후 유럽 전쟁에의 참여 여부를 놓고 크게 세 그룹으로 나뉘어 있었다.[35) 우선 애스퀴스 수상을 위시한 다수는 여전히 최종 결정을 내리지 못한 상태였고, 두 번째 그룹은 즉각적인 중립선언을 지지한 반면에 유일하게 외무부장관 그레이와 해군장관 처칠만이 분명하게 참전 지지를 표명하고 있었다. 격론이 벌어졌으나 이들은 여전히 결론에 도달하지 못했다. 각료들의 다수는 어떠한 대가를 지불하더라도 영국은 전쟁에서 한 발 물러나 있어야 한다는 입장이었다. 사실상 당시 상황에서 발칸반도에서 오스트리아-세르비아-러시아 사이에 무력충돌이 벌어질지언정 이는 영국의 국익에 심각한 영향을 초래할 정도는 아니었다.

시시각각으로 긴박한 상황이 전개되고 있던 8월 초는 대전으로 치달

---

35) R. H. Hamilton and H. H. Herwig, *Decisions for War, 1914~1917*(Cambridge: Cambridge Univ. Press, 2004), p. 139.

은 위기상황에서 매우 중요한 시점이었다. 왜냐하면 8월 1일 밤에 마침내 독일이 러시아에 선전포고했다는 전문(電文)이 런던으로 날아들었기 때문이다. 이로써 7월 28일 오스트리아군의 세르비아 침공으로 촉발된 발칸에서의 국지전은 유럽 열강들의 전쟁으로 비화됐다. 독일과 프랑스 양국은 이미 실제 병력동원에 돌입한 상태였다. 벨기에와 프랑스에 대한 독일군의 침공은 이제 목전에 다가온 것처럼 보였다. 그동안 참전을 반대해온 다른 각료들도 8월 2일 회의에서 찬성으로 돌아섰다. 영국이 중립을 고수할 경우 프랑스 북쪽 해안은 독일 해군의 독무대가 될 것이며, 무엇보다 1839년 체결된 런던조약으로 벨기에의 중립을 보장한 영국의 국제적 약속이 무산될 것이라는 설명이 설득력을 발휘했다. 마침내 애스퀴스 수상은 8월 3일 오후 의회에 출석하여 영국 참전의 불가피성을 역설하는 연설을 했다.[36]

독일이 벨기에의 중립을 침범한 사실을 확증하는 보고서들이 8월 4일 내각에 제출됐다. 애스퀴스 수상을 만난 그레이는 당일 자정을 기해 발효될 최후통첩을 발하기로 결정했다. 여기에는, 만일 제시한 시간까지 독일이 벨기에로부터 철수하겠다는 의사를 표명하지 않을 경우, 영국은 벨기에의 중립국 지위 회복을 위해 필요한 모든 조치를 취할 것이라는 내용이 담겨 있었다. 베를린 주재 영국대사였던 에드워드 고센(Sir Edward Goschen)은 8월 4일 그레이로부터 대전 참전과 관련된 전문(電文)을 받은 후 두 차례나 당시 독일제국 외무부장관이던 고틀리프 폰 야고(Gottlieb von Jagow)를 면담했다. 주간에는 벨기에의 중립 보장과 관련된 건으로, 당일 저녁에는 영국의 최후통첩을 전달하기 위해서였다.[37] 이때

---

36) J. Paul Harris, op. cit., p. 288.
37) Herbert H. Asquith, *Memories and Reflections, 1852-1927*, Vol. 2(London, 1928), p. 21.

야고는 독일군이 벨기에에서 철수하지 않을 것이라는 공식적인 태도를 분명히 밝혔다. 이어서 고셴은 제국수상 베트만홀베크를 만났으나 그의 답변도 대동소이했다.

독일에서 이러한 최후 접촉이 이뤄지고 있던 8월 4일 오후 영국에서는 애스퀴스 수상이 의회에 출석하여 독일에 대한 최후통첩을 선언했고, 의회에서는 이를 승인했다. 물론 영국의 최후통첩에 대해 독일정부로부터 아무런 답변도 없었다. 그날 자정쯤 영국 외무부 사무차관보였던 해럴드 니콜슨(Harold Nicolson)은 주영 독일대사 리히노프스키에게 영국정부의 최후통첩을 공식적으로 전달했다. 선전포고 이튿날인 8월 5일 수요일 아침에 막 하루 일과를 시작하려던 영국민들은 자국이 이미 독일과 전쟁 상태에 놓여 있음을 깨닫고 애써 놀라움을 감추었다. 이어서 사전 계획에 따라 전투병력의 프랑스 전선 파병이 각료회의에서 승인됐다.

로이드 조지 이후 전쟁 발발과 관련하여 영국의 책임을 밝히려 한 연구자들의 관심은 대전 직전 최강국의 외무부장관이라는 요직에 있던 그레이의 역할을 규명하는 데 집중됐다. 충돌 직전까지 시종일관 모호한 태도를 보인 그레이가 독일로 하여금 공격적인 방향으로 나가도록 만들었다는 것이다. 이와 관련된 초창기의 주목할 만한 연구로는 스타이너의 *Britain and the Origins of the First World War*(1977)을 꼽을 수 있다. 1970년대에 독일에서는 대전 발발 원인을 국내 상황에서 찾으려는 연구 경향이 우세했던 것과 달리 영국에서는 대전 발발 전 외교정책에 미친 대외적 요인에 주목했다. 스타이너에 의하면, 대전 직전 국제적 위기가 점증되고 있었음에도 불구하고 강대국 영국의 외교정책은 수동적이고 수세적이었다.[38] 특히 핵심인물이던 그레이 장관은 1914년 7월 위기 동

---

[38] Zara Steiner, op cit. Keith Neilson과 함께 집필한 개정판이 2003년 발간됨.

안 베를린의 정책결정자들을 자극하지 않으려고 조심에 조심을 거듭했다. 따라서 당시 그레이가 제시한 중재안이 아무런 성과도 달성하지 못한 것은 그의 잘못이 아니라 독일과 오스트리아의 최고지도층이 심중에 다른 목적을 품고 있었기 때문이라고 주장했다.

제1차 세계대전에 대한 또 다른 저명한 연구자 니얼 퍼거슨(Niall Ferguson) 역시 그레이의 입장에 대해 호의적인 평가를 내린 바 있었다. 그는 7월 위기가 단계적으로 확대되어 전쟁으로 이어지는 과정에서 그레이 장관은 막다른 골목에 서 있었다고 말한다. 7월 위기상황에서 그는, 독일 측에 영국은 프랑스와 러시아 편에 설 것임을 분명하게 표명할 수 없었다. 당시 상황에서 영국의 지지가 분명한 사실임을 확인했을 경우 한껏 부풀어 있던 프랑스와 러시아가 오히려 선제적으로 독일을 공격했을 수도 있었기 때문이다. 따라서 그레이는 프랑스와 러시아를 자극하지 않으면서 동시에 독일과 오스트리아를 견제해야만 하는 '진퇴양난의 상황(in a cleft stick)'에 처해 있었다고 본다.[39]

한편, 존 챔리(John Chamley)는 1914년 영국의 전쟁 참전이 과연 불가피하고 필요한 일이었을까 하는 상식화된 가정에 재차 의문을 제기했다.[40] 이어서 그는 당시 유럽의 세력균형을 유지하기 위해서 그레이가 과연 어느 정도나 관심과 책임감을 갖고 있었는지 그 실상을 의문시했다. 연결선상에서 윌리엄슨은, 당시 그레이는 7월 위기의 본질을 정확하게 이해하지 못한 탓에 사태를 너무 안이하게 인식한 채 최강대국의 외무부장관이라는 위상에 걸맞게 전쟁방지를 위해 최선을 다하지 않았다

---

39) Niall Ferguson, *The Pity of War: Explaining World War I*(New York: Generic, 1998), p. 155.

40) John Charmley, *Splendid Isolation?: Britain, the Balance of Power and the Origins of the First World War*(London: Hodder & Stoughton, 1999), pp. 1-6.

고 비판했다.[41] 이처럼 영국의 참전을 둘러싼 논쟁은 당시 그레이 외무장관의 역할에 대한 해석을 중심으로 이뤄졌다.

당시 상황에서 그레이의 입장에서는 과연 변명의 여지가 없을까? 무엇보다 그레이는 가능한 한 대륙 문제에 직접적인 무력개입을 피하고 외교적 타협이나 재정지원과 같은 방법으로 세력균형을 유지함으로써 섬나라 영국의 이익을 지킨다는 영국의 전통적인 외교노선으로부터 과감하게 이탈하기가 쉽지 않았으리라 여겨진다. 그레이 자신이 이러한 분위기 속에서 외교역량을 키워왔음은 물론, 당시에 이러한 입장이 집권 자유당뿐 아니라 야당인 보수당 내에서도 상당한 지지를 받고 있었다는 점도 감안할 필요가 있다. 또한 개인적으로 그레이는 인간의 선한 의지를 신뢰하는 낙관적 성격의 소유자임에 분명한 듯하다. 그러기에 그는 전쟁 발발 막바지까지 독일정부를 접촉 및 설득하여 난제를 평화적으로 해결할 수 있다는 희망의 끈을 놓지 않았던 것으로 여겨진다.

그렇다면 그레이의 소망과 달리 왜 독일은 결국 전쟁 확대로 나아갔을까? 바로 여기에서 최근에 발표된 국내의 한 연구가 눈길을 끈다.[42] 독일과 러시아의 경우를 천착하고 있는 이 논문은 당시 양국 수뇌부의 구성을 중층적으로 파악하는 접근방식으로 위의 의문에 대한 답을 구하고 있다. 즉 중요 정책결정 행위자들을 민간정치인과 군부(軍部)로 구분하고 상대방 국가의 군사행동에 대한 위협을 인식하는 정도가 두 그룹 간에 상이했다고 분석한다. 전자의 경우에는 위협 인식의 정도가 낮았던 데 비해 군부 내 주요 장군들의 경우에는 매우 높았다는 것이다. 예컨대, 러시아의 군 동원령에 대해서 빌헬름 황제와 베트만홀베크 수상은

---

41) Samuel R. Williamson, Jr., "The Reign of Sir Edward Grey as British Foreign Secretary," *International History Review*, Vol. 1(1979), pp. 426-438.

42) 오인환, 앞의 글, 31-63쪽.

전쟁 위협으로까지는 인식하지 않았으나, 몰트케 참모총장을 비롯한 독일군 수뇌부 장군들은 이를 전쟁으로까지 발전할 수 있는 위협으로 인식하고 대응조치를 취하면서 황제에게 선제공격을 종용했다는 것이다.

어느 면에서는 영국도, 비록 규모 면에서 대륙의 전통적 육군국가들에 비할 정도는 아니지만, 군사적 측면에서 나름대로 장차 벌어질 전쟁을 준비해왔음을 알 수 있다. 이러한 움직임은 보어전쟁(1899~1902)을 겪고 난 이후로 시작되어 1904년에 프랑스와의 우호관계 체결을 계기로 본격화됐다. 전통적으로 월등한 전력을 구비한 해군력에 본토 도서와 제국 방위를 의존해온 영국은 20세기에 접어들면서 지상군의 중요성을 깨닫게 됐다. 더구나 유럽 대륙의 정세가 복잡하게 전개되면서 나름 구체적인 대책의 필요성을 제기하는 목소리가 각계각층으로부터 들려왔다. 즉 기존 조직의 개혁을 통해 육군 역할의 효율성을 높이고 전력을 강화해야만 한다는 주장들이었다.

무엇보다 국방 관련부서들의 업무를 전체적으로 조율할 사령탑이 부재하다는 점이 심각한 문제로 부각됐다. 사실상 이로 인해 보어전쟁을 치르면서 이미 전쟁수행에 상당한 비효율과 혼선을 경험한 바 있었다. 이러한 문제점을 해결할 목적으로 수상 밸푸어는 1902년 말에 중요한 국가안보 및 군사 관련 사안을 종합적으로 다룰 일종의 정부부처 간 비공식적 합동협의기구인 제국방위위원회(Committee of Imperial Defence, CID)를 설치했다. 영국 역사상 처음으로 민간인 정치가들과 육해군의 고위급 장교들이 한자리에 모여서 국가의 당면 외교 및 국방(군사) 분야 현안들을 논의할 수 있는 장이 마련된 것이었다.

처음에 비공식적 기구로 출발한 CID는 1904년 정부가 발표한 국방개혁안에 의거하여 법적 근거를 획득하면서 상설 사무국을 갖춘 공식기구로 정착했다. 무엇보다 육군성(War Office) 내에 지상군의 전략과 각종 중요 군사작전을 계획하고 총괄하는 임무를 담당할 총참모본부(General Staff)가 창설됐다.[43] 이 조직의 핵심보직인 군사작전국장이 영국 지상군의 군사작전을 총괄하는 책임을 담당했다. 1904년 이전까지 영국 육군의 주요 방어대상은 인도 식민지였다. 인도 북부에서 호시탐탐 남하를 노리는 러시아의 팽창 야욕에 대응하기 위해서는 무려 10~15만 명에 달하는 대병력을 파병해야 한다는 논의가 지속됐다.

그러나 1904년 이후에는 주된 관심이 유럽 대륙으로 옮겨왔다. 유럽의 국제정세가 점점 더 불안정한 상황으로 발전했기 때문이다. 드디어 1905년 3월 영국의 초대 군사작전국장인 제임스 그리어슨(James Grierson) 장군이 프랑스를 방문하여 프랑스 총참모본부의 고위장교들과 비밀리에 군사회담을 가진 후 독일군이 프랑스를 침공할 경우 영국군은 프랑스군과 함께 독일군에 대항할 것임을 약속했다. 이후 벌어진 제1차 모로코 사건은 독일의 소망과 달리 영국과 프랑스의 결속력을 강화해줬다. 특히 당시 영국 외교의 최선봉에서 독일의 위협이 가중되고 있음을 실감한 그레이 외무부장관의 적극적인 지지에 힘입어 프랑스와의 군사 관련 논의가 더욱 진일보하는 성과를 얻었다.[44] 무엇보다 유럽 대륙에서 전쟁이 발발할 경우, 영국은 2개 군단 규모의 지상군을 파병할 것이라는 총참모본부의 구체적인 언급이 있었다.

---

43) 제1차 세계대전 발발 이전 영국 총참모본부의 등장과 활동에 대해서는 다음 책들을 참고할 것: John Gooch, *The Plans of War: The General Staff and British Military Strategy c. 1900-1916*(London: Routledge, 1974); David French and Brian Holden Reid(eds.), *The British General Staff: Reform and Innovation, 1890-1939*(London: Routledge, 2014).

44) 제1차 세계대전 발발 이전에 진행된 영국과 프랑스의 협력관계 발전 과정에 대해서는 다음 책에 상세하게 서술되어 있다: Samuel R. Williamson, Jr., *The Politics of Grand Strategy: Britain and France Prepare for War, 1904-1914*(paperback ed.)(London: Ashfield Press, 1990).

1905년 12월에 영국에서는 정권이 10년 만에 보수당에서 자유당으로 바뀌는 정치적 변화가 있었다. 정권교체에 상관없이 프랑스와의 군사적 협력관계는 자유당 정권 아래에서도 지속됐다. 특히 새로 육군장관에 취임한 홀데인은 유사시 유럽 대륙에 파병할 군대를 창설하는 구체적 작업에 착수했다. 정치권에서 자유당 정권의 핵심 정책인 사회복지 개혁을 우선시하는 의회 및 정부 내 반대세력의 견제를 극복하고, 또한 군 내에서 해군의 비협조를 이겨내면서 홀데인은 끈기 있게 육군개혁을 추진했다. 동시에 프랑스 측과의 군사회담도 1909~1911년간에, 특히 1910년 8월 신임 군사작전국장으로 임명되어 영국 측 군사대표로 활동한 헨리 윌슨(Sir Henry Wilson)과 프랑스 측 대화 상대인 페르디낭 포흐 장군(General Ferdinand Foch) 사이에서 활발하게 진행됐다. 마침내 1911년 8월 23일 CID 회의 직후에 총참모본부는 윌슨 작전국장의 주관 아래 유럽 대륙에서 전쟁이 발발할 경우 2주 이내에 파병할 6개 보병사단과 1개 기병사단, 그리고 소규모 포병부대 등 총 15만 명에 달하는 병력과 장비의 수송과 관련된 세부계획을 입안하는 단계까지 이르렀다. 이후에도 영국 원정군 문제를 놓고 파병 자체에 대한 찬반양론은 물론, 파병 시 상륙지점을 프랑스 항구로 할 것인지 아니면 벨기에 항구로 할 것인지를 둘러싸고 논의가 거듭됐다. 하지만 1914년 8월 전쟁이 터졌을 때 결과적으로 적용된 것은 바로 1911년에 작성된 프랑스 북부 해안지대 상륙을 골간으로 하는 파병계획이었다.

이러한 측면에서, 비록 상대적으로 소규모 파병병력이고 유럽 대륙 전쟁에 개입한다는 정치적 확증이 결여된 군사전략 차원의 움직임이었으나, 영국군의 대전 참전은 이미 1914년 8월 이전에 상당한 정도로 결정된 것이나 진배없었다고 유추해볼 수 있다. 사실상 프랑스 측에서도 전쟁이 점차 임박해지면서 영국 측이 약속한 원정군의 규모와 수준에 대해, 그리고 무엇보다 실제 파병 가능성에 대해 더욱더 낙관적인 입장을 보여왔다. 영국 총참모본부 역시 당시 본부의 핵심보직에 있던 그리어슨, 윌슨, 그리고 프렌치 장군 등이 프랑스 총참모본부의 중요 인물들과 긴밀한 인적 네트워크를 지속적으로 유지하면서 우방국 프랑스에 최대한의 군사지원을 제공하기 위해 혼신의 노력을 기울여왔었다.[45]

이처럼 군사적 차원에서 영국과 프랑스 양국 간에 사전 결속의 정도가 상당히 진척됐음에도 불구하고 1914년에 터진 이른바 '7월 위기' 시에 계속하여 불투명한 태도를 보임으로써 독일 수뇌부의 혼동을 초래한 측면에서 영국도 대전 발발의 책임 문제에서 결코 자유롭지 못하다고 평가할 수 있다. 애초부터 프랑스를 지원한다는 입장을 분명하게 표명해야 한다는 총참모본부의 끈질긴 조언과 노력에도 불구하고, 영국 지도층에서 지속적으로 표출된 정치적 구상과 군사전략 간의 불일치가 독일 측의 '낙관적' 오판을 초래한 것은 아닐까 짐작해본다.

5. 과연 원인 논쟁은 끝났는가

1914년 8월 초에 발발한 제1차 세계대전의 원인 문제를 연구사의 흐름을 중심으로 살펴보았다. 원인 논쟁은 종전 직후 독일에 대한 응징적인 해석—전쟁 발발의 모든 책임은 독일과 그 동맹국에 있다—으로부터 그 이후 역사가들에 의한 보다 체계적인 해석에 이르기까지 다양한 스펙트럼을 보이면서 전개되어온 것을 확인할 수 있었다. 특히 1960년

---

45) William Philpott, "Chapter 6 The General Staff and the Paradoxes of Continental War," in David French and Brian H. Reid(eds.), *The British General Staff*(2014), p. 104.

대 초반 피셔 테제로 인해 대전 발발에서 독일의 책임에 대한 문제가 다시금 열띤 논쟁거리로 대두했다. 처음에 역사학계를 뜨겁게 달구었던 피셔논쟁은 1970년대에 다소 소강상태에 머물렀다. 1980년대에 접어들어 유럽의 중앙부라는 독일의 지정학적 요인이 전쟁의 주요인이라는 주장이 제기되면서 독일의 책임을 강조한 피셔의 주장과 멀어지는 경향을 보였다. 1990년에 독일이 재통일된 이후 대전의 원인 논쟁은 상대적으로 관심이 덜한 주제가 됐다. 그러다가 대전 발발 100주년이 되는 2010년대에 들어오면서 새롭게 연구자들과 일반대중의 열띤 주목을 받았다.

　그렇다면 전쟁 원인에 대해 더 이상 논의할 여지가 없다는 말인가? 마침내 역사가들은 어느 정도 합의에 도달한 것일까? 그런 것은 아니다. 물론 다방면에 걸친 그동안의 연구 덕분에 독일은 전쟁 발발의 책임이 없는데도 불구하고 전후 모든 책임을 떠안고 말았다는 식의 '변명사관'은 더 이상 발을 붙일 수 없게 됐다. 하지만 그렇다고 해서 대전 원인에 대한 연구가 마무리된 것은 결코 아니다. 근본적으로 전쟁의 원인을 규명한다는 것 자체가 속성상 매우 불안정한 과업이기 때문이다. 한 예로 1914년 '7월 위기' 시에 전쟁 발발과 관련해 중요한 결정을 내린 정책결정자들의 진정한 동기가 무엇인지에 대해서는 결코 완전한 해답을 얻을 수 없다. 역설적으로 이러한 역사적 사료의 속성 때문에 동일한 사건에 대한 지속적인 재성찰이 가능하고 필요한 것이다.

　제1차 세계대전 발발과 관련하여 영국의 책임 여부를 어떻게 볼 수 있을까? 만일 '7월 위기' 동안 사태 해결을 위해 그레이가 좀 더 적극적으로 나섰더라면 영국의 내각은 국지전이 전면전으로 비화(飛化)되는 것을 막을 수 있었을까? 이러한 가정은 어느 정도 설득력을 내포하고 있다. 왜냐하면 '7월 위기' 시에 독일의 정책결정자들은 바로 이 문제로 심각하게 고심했고, 가능한 한 영국의 개입을 피해보려고 숙의를 거듭했기 때문이다. 물론 전후에 로이드 조지 수상은 '7월 위기' 당시 그레이의 소극적인 대처를 비난했으나, 현실적으로 당시 그레이의 경우 독일의 진정한 의도를 점진적으로 인식해갔다고 보는 것이 좀 더 타당한 해석이라 여겨진다. 따라서 전쟁 확대의 책임을 그레이에게만 묻는 것 또한 문제가 있다.

그렇다면 도대체 누가 영국의 참전을 결정했을까? 헌정(憲政)이라는 측면에서 볼 때, 애스퀴스 내각이 결정했다고 볼 수 있다. 당시 의회는 애스퀴스가 이끈 자유당 정부를 실각시킴으로써 영국의 대륙전쟁 개입을 중단시킬 수 있었다. 하지만 당시 양당의 당수들은 모두 개입을 찬성했고, 해당 정당의 의원들도 별다른 이견 없이 자신의 지도자를 추종했다. 엄밀한 입장에서 판단할 경우 내각에서는 참전을 찬성한 결연한 소수가 망설이고 있던 다수를 눌렀다고 볼 수 있다. 해군장관 처칠의 지원을 등에 업고 영국의 참전을 밀고 나간 대표적인 각료는 그레이 외무부장관이었다. 애스퀴스 수상 자신은 영국의 참전에 대해 미적지근한 입장에 있었으나 외교정책에 관한 한 그레이의 판단을 신뢰하고 그를 지원했다. 결국 망설이던 다른 다수의 각료들은 독일이 벨기에의 중립을 침범했다는 소식을 듣고 나서야 비로소 긴 망설임의 굴레에서 벗어날 수 있었다.

다른 한편으로 역사가들은 그동안 전쟁의 원인 문제 규명에만 집중해온 결과, 오랜 동안 전쟁사 연구가 실제로 전장에서 싸우고 죽은 사람들에 대한 진지한 성찰 없이 다소 추상적인 주제들에만 매달려왔다는 실상을 깨닫게 됐다. 이에 따라 1980년대 이래 역사가들은 이른바 '아래로부터(from below)'의 전쟁사에 천착하기 시작했고, 사회 내에서 특정 계층의 정신 상태에 대해 넓게는 대전 기간 중 유럽인들에게 나타났던 '전쟁 증후군'에 대해 관심을 기울였다. 당시 유럽 각국의 지도층은 물론이고 일반인들 사이에 전쟁을 심각하게 여기지 않았거나 심지어 이를 은근히 기대하는 분위기가 없었다면, 과연 1914년에 이토록 비참한 전쟁이 벌어질 수 있었을까 하는 점이다. 같은 맥락에서 일부 역사가들은 대전 중 활동한 '평범한 군인 및 시민'의 경험에, 그리고 전쟁 기억과 기념물과 같은 사회문화적 주제에 더 많은 관심을 기울이고 있다.[46]

21세기에도 전쟁 체험 세대의 퇴진과 무관하게 제1차 세계대전의 원인을 둘러싼 논쟁은 지속될 것이다. 짐작건대, 새로운 주장들은 대전 발발의 책임이 전적으로 독일에 있다는 일명 '베르사유 테제'와 이와 반대로 그 책임이 교전 당사국 전체 또는 당대의 상황에 있다는 집단책임론 사이의 어딘가에 위치할 것이다. 그런데 문제는 대전 원인에 대해 오늘 합의를 이뤘다고 해도 이는 다시 내일 벌어질 논쟁의 시작점이 될 것이라는 사실이다. 근본적으로는 '모든 역사는 현재의 역사'라는 한 역사가의 정의처럼, 대전 이후 시대적 상황의 변화와 더불어 역사가가 처했던 '현재'의 관점이 원인 해석에 지속적으로 투영되기 때문이다. 유럽통합의 시대정신을 반영하듯 100년 이전에 유럽 국가들 전체가 '몽유병 환자(sleepwalkers)'처럼 무엇엔가 홀린 듯 전쟁이라는 파국의 길로 빠져들었다는 크리스토퍼 클라크(Christopher Clark)의 최근 연구에서 엿볼 수 있듯이,[47] 제1차 세계대전의 원인 논쟁이야말로 역사학의 속성을 적나라하게 보여주는 대표적 사례임에 분명하다.

---

[46] J. M. Winter, *Sites of Memory, Sites of Mourning: The Great War in European Cultural History*(Cambridge: Cambridge Univ. Press, 1995): Adrian Gregory, *The Last Great War: British Society and the First World War*(Cambridge: Cambridge Univ. Press, 2008).

[47] Christopher Clark, *The Sleepwalkers: How Europe Went to War in 1914*(London: Penguin Books, 2013).

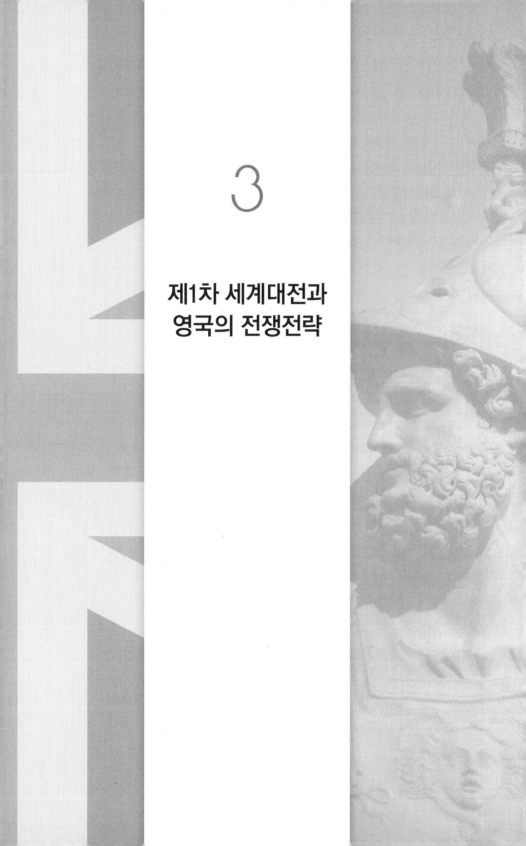

3

제1차 세계대전과
영국의 전쟁전략

1. 영국, 유럽 대륙에 발을 담그다

제1차 세계대전 동안에 영국의 '전쟁목표(war aims)'가 과연 무엇이었는가를 고찰하려는 연구자는 간혹, 영국은 뚜렷한 목표도 없이 불필요하게 전쟁에 뛰어들어 소중한 자국 젊은이들의 목숨만 허비한 것은 아닐까 하는 허탈감에 빠져들곤 한다. 이는 전후에 지속된 대전의 원인과 결과에 대한 제반 논의로부터 영향을 받은 것일 뿐, 실상은 그렇지 않다. 즉 영국은 전쟁 초반부터 나름대로 분명한 전쟁목표와 전략을 갖고서 전쟁에 적극 임했던 것이다. 전쟁 동안에 애스퀴스 수상이나 로이드 조지 수상의 영도 아래 전쟁 정책결정 과정에서 각 정파(政派) 또는 정치가와 장군들 사이에 전략목표와 그 실행을 둘러싸고 불협화음이 존재했음을 부인할 수 없다.[1] 하지만 동시에 지속적으로 합리적인 전쟁목표

---

1) 전략수행 방향을 둘러싸고 전개된 민간정치가들과 군 수뇌부 사이의 논쟁에 대해

를 설정해왔고, 이를 달성할 수 있는 현실적인 전략을 수립하려고 부단히 노력해왔다.

1914년 8월 초 전쟁이 발발했을 때, 영국은 독일의 소망과 달리 신속하게 참전을 결정했다. 독일이 영국의 숨통을 위협하는 전략적 요충지인 벨기에를 불법적으로 점령하여 직접적으로 영국의 안보와 국가이익을 위협했기 때문이다. 사실상 영국과 독일의 관계는, 후자가 영국이 프랑스(1904) 및 러시아(1907)와 체결한 삼국협상을 와해시키려고 시도하고, 동시에 해군력 증강을 추진해 영국해군의 제해권을 위협해온 탓에 전쟁이 발발하기 수년 전부터 악화되어왔다. 1911년의 제2차 모로코 사건이 무력충돌 없이 대화로 해결되면서 잠시 동안 영독(英獨)관계가 호전되는 듯이 보였다. 하지만 곧이어 독일 정계에서 자국의 팽창을 주창하는 강경파가 득세하면서 양국 사이에 갈등이 고조되어 급기야 충돌로 치달았다.

당시 영국의 국방정책 엘리트들은 동맹진영의 취약지점인 발칸반도 및 터키 쪽에 보다 집중해야 한다고 주장한 '동부전선 우선주의자들'과 프랑스와 저지대 지방을 중심으로 한 서부전선에서 결판을 내야 한다고 주장한 '서부전선 우선주의자들'로 나뉘어져 있었다. 이들 두 세력은 시기마다 강도의 차이는 있었을지언정 종전 시점까지 논쟁을 지속해왔다. 전자는 전쟁정책 실행 과정에서 영국이 유럽 대륙에 가능한 한 소규모 군대만을 파병하고, 그 대신 프랑스와 러시아에 적극적으로 자본과 군수물자를 제공하는 방식으로 참여해야 한다고 주장했다. 반면에 후자는 영국이 동맹국인 프랑스와 러시아에 우방(友邦)을 절대 포기하지 않

서는 다음 논문을 참고할 것: John Gooch, "Soldiers, Strategy and War Aims in Britain 1914-1918," B. Hunt and A. Preston(eds.), *War Aims and Strategic Policy in the Great War, 1914-1918*(London: Croom Helm, 1977), pp. 21-40.

을 것이라는 확신을 심어줄 수 있는 유일한 방법은 1915년 여름까지 징병제를 채택하고, 이를 토대로 대규모 병력을 유럽 대륙에 파병하는 것이라고 역설했다.

1914~1918년에 걸친 전쟁의 전개 과정을 일견할 경우, 전쟁의 전반기에 해당하는 1915년경까지는 일명 '평시처럼(business as usual)'이라는 동부전선 우선주의자의 입장이, 그리고 1915년 말 이후로는 서부전선 우선주의자의 입장이 우세를 점했다고 볼 수 있다. 전쟁이 발발한 1914년 8월의 상황에서 비교해볼 때, 영국은 삼국협상 진영에서 가장 규모가 크고 선진적인 경제력을 자랑하고 있었다. 동시에 영국은 세계 최고의 해군력을 보유하고 있었다. 이에 비해 프랑스와 러시아는 대규모 지상군을 유지하고 있었다. 그래서 전쟁 초기 영국의 전략은 유럽 대륙에서 독일군에 대항하는 주 역할을 프랑스군과 러시아군에 맡기고, 자국은 프랑스 북부 전선에 소규모 지상군만을 파병한 채 주로 강력한 해군을 이용해 독일(동맹진영)의 해안을 봉쇄한다는 것이었다. 더불어 프랑스나 러시아에는 군수품 구입에 필요한 재정지원을 할 참이었다. 국내적으로는 키치너(Lord Kitchener) 장군의 주도 아래 지속적으로 대규모 지원병을 모집하면서, 가능한 한 이들을 본토에 남겨놓았다가 1917년 초경에 이들 병력을 유럽 대륙에 파병하여 독일 측에 일격을 가함으로써 전쟁을 승리로 이끌 심산이었다. 이러한 승전의 여세를 몰아서 전후에 평화회담을 주도할 수 있다고 판단했다.

영국의 입장에서 볼 때, 이러한 전쟁전략은 '최소의 비용으로 최대의 성과'를 약속하는 장밋빛 청사진이었다. 하지만 이후의 상황은 영국정부가 예상한 것과는 매우 다르게 전개되어갔다. 영국의 전략이 제대로 작동하기 위해서는 프랑스와 러시아가 영국군의 대규모 지원이 배제된 상황에서도 향후 2년(1915~1916) 동안 독일군에 대항할 의지와 무엇보다 전력을 구비하고 있어야만 했다. 그러나 1914년 말에 이르면 이것이 현실적으로 불가능하다는 점이 분명해지기 시작했다. 비록 프랑스군과 러시아군이 단기전 승리를 노린 독일군의 시도를 무산시키기는 했으나, 양국은 상당한 지역의 영토를 독일군에 점령당하고 말았다. 더구나 슐리펜 계획의 실패로 속전속결의 기회를 놓쳐버린 독일이 영국을 약화시키려는 의도를 갖고서 프랑스 또는 러시아와 단독협상을 체결하는 방식으로 삼국협상 진영을 와해시키려는 공작을 벌일 수도 있었다. 이를 방지하기 위해 영국은 동맹국인 프랑스와 러시아 측에 어떠한 희생을 감수하더라도 '한 배에 타고 있다.'는 확고한 의지를 과시해야만 했다. 설상가상으로 1914년 11월에 삼국동맹 진영으로 참전한 오스만튀르크의 지중해 지역 영토 점령을 목표로 1915년 4월과 8월 두 차례에 걸쳐서 시도한 갈리폴리 원정작전마저 실패하면서 영국은 초기 전략구상을 변경할 수밖에 없었다.

1915년 8월은 영국의 전쟁전략 발전 과정에서 중요한 전환점이 됐다. 다시 말해, 소수의 지상군 파병과 해군력, 그리고 동맹국에 대한 자본과 군수물자 지원을 골자로 한 전통적인 전쟁전략은 이제 더 이상 설득력을 가질 수 없게 됐다. 1915년 8월 말에 육군장관으로 보직되어 전쟁수행을 주도하고 있던 키치너는 전쟁내각의 동료 각료들에게 "애석하게도 이제 전쟁은 우리가 불가피하게 수행해야만 하는 피할 수 없는 일이 되어버렸다."고 언급했다.[2] 그리고 그해 9월 말에 존 프렌치 장군(Sir John French)이 지휘하고 있던 영국원정군은 동맹국 프랑스와 러시아에 확고한 전쟁지속 의지를 과시할 의도하에 프랑스 서부의 루(Loos) 지역에서 선제공격을 감행했다. 이제 영국은 유럽 대륙에서 벌어진 이 전쟁에서

---

2) G. H. Cassar, *Kitchener: Architect of Victory*(London: William Kimber, 1977), p. 389.

더 이상 머뭇거리거나 발을 뺄 수 없는 '외통수적'인 상황에 처하게 됐다.

이에 영국군은 프랑스군과 더욱 긴밀한 협조체제 구축을 추진하면서 향후 독일의 무조건 항복을 받아낸다는 방향으로 전쟁목표를 강화했다. 실제로 1915년 12월 삼국협상 진영의 군사사절단들이 회동하여 향후 작전수행 시 협력강화 시스템을 구축하기로 합의했다. 이를 실천으로 옮긴 것이 바로 1916년 여름부터 그해 11월까지 지속된 솜 전투(Battle of Somme)였다. 이때 영국군이 솜강의 북쪽을, 그리고 프랑스군이 솜강의 남쪽을 공격하기로 작전계획을 세웠다. 이의 실행은 영국 자본력의 고갈 및 후방 인력자원의 부족을 초래할 것이라는 레지널드 매케나(Reginald McKenna) 재무부장관의 경고에도 불구하고, 영국은 이 대규모 공격계획을 수용할 수밖에 없었다. 하지만 솜 전투에서 입은 엄청난 인적 손실은 곧 영국 정계에 징병제 논쟁을 가열시켰고, 지속적인 정쟁(政爭)의 결과 급기야 1916년 12월 정권교체가 일어나 로이드 조지가 애스퀴스에 이어서 신임 수상으로 선출됐다.

1917년에 일어난 가장 커다란 상황변화는 같은 해 4월에 있었던 미국의 참전결정 선언과 이듬해 봄에 일어난 러시아의 전선 이탈이었다. 미국은 신참이었으나 러시아는 이미 전쟁 초반부터 삼국협상의 일원으로 전선의 한 축을 담당해오고 있었다. 풍부한 인적 및 물적 자원을 보유한 미국의 참전과 이후 '14개 조항'을 전후처리 원칙으로 제기하면서 유럽 정치무대에 화려하게 데뷔, 전후처리 회담을 주도한 우드로 윌슨(Woodrow Wilson) 미국 대통령의 존재가 향후 전쟁목표 설정에 중요한 영향을 미치게 됐다. 또한 1917년 2월 혁명으로 몰락한 로마노프 왕조를 뒤이어서 등장한 러시아의 케렌스키 임시정부가 그해 10월 블라디미르 레닌(Vladimir Lenin)이 이끈 볼셰비키들의 무장봉기에 의해 무너졌다. 실권을 장악한 볼셰비키 정부는 '즉각적인 평화'를 슬로건으로 내걸고 독일과 단독강화를 체결했다. 동부전선에 배치되어 있던 병력마저 서부전선으로 집중시킨 독일군은 1918년 봄에 대공세를 단행했다. 연합군에는 다행스럽게도 독일군의 최후 공세가 잠깐 동안 성공하는 듯했으나 곧 좌절되고 말았다. 전선에서의 패배와 국내에서의 반란에 더 이상 견디지 못하고 독일은 1918년 11월 11일 무조건 항복하고 말았다.

이러한 맥락 아래 이 장에서는 대전 기간에 영국의 전략과 전쟁목표가 무엇이었고, 이것이 전쟁 국면의 전개와 더불어 왜, 그리고 어떻게 변화됐는가를 고찰하려고 한다. 이를 위해 우선, 제2절에서는 대전 이전 영국의 유럽 대륙에 대한 전략의 발전 과정을 살펴보고, 이어서 제3절에서는 대전 초기, 즉 1915년 8월 이전까지 영국의 전쟁전략과 전쟁목표를 검토한다. 그리고 마지막으로 제4절에서 1916년 이래 전쟁전략과 목표가 변경된 요인을 분석하고 이것이 과연 타당한 조치였는가를 살펴보고자 한다.

2. 대전 이전 영국의 전쟁전략

1688년 명예혁명 이전에 영국은 유럽 대륙에서 벌어진 전쟁에 개입할 의사도 없었고 그럴 만한 능력도 갖고 있지 못했다. 하지만 명예혁명 이후 국가적 위상이 고양되면서 영국은 대륙에서 일어난 갈등에 군사적으로 개입하는 경우가 빈번해지게 됐다. 18세기 초에 벌어진 스페인 왕위계승전쟁 이후 영국은 유럽에서 최상의 전력을 지닌 해군국가로 발돋움했다. 특히 1704년에 유럽 대륙의 전략적 요충지로서 지중해 통항의 관문에 해당하는 지브롤터 해협(Strait of Gibraltar)을 장악함으로써 자국 함대의 활동영역을 크게 확장했다. 물론 전체적으로 볼 때 영국의 군사력은 루이 14세 치세의 프랑스군에는 크게 미치지 못했으나, 해군력에 있어서만은 우세를 점했다. 이후 지속적인 해군력 증강을 통해 18세기 중엽에 이르면 병력 5만 5000명에, 함선 약 105척을 보유한 세계 일급의 전력(戰力)을 갖추게 됐다. 이러한 영국 해군의 위력이 세계를 향해 과시되는 데는 긴 시간이 필요하지 않았다. 대표적으로 18세기 중엽 프랑스와 벌인 7년전쟁(1756~1763)에서 영국은 해군력의 결정적 기여에 힘입어 승리할 수 있었다.[3]

18세기 동안 영국은 특히 프랑스와 겨룬 일련의 전쟁에서 대부분 승리했다. 유럽 대륙에서 벌어진 전쟁에 말버러 공작(Duke of Marlborough)이 이끄는 지상군을 파병하여 루이 14세 치하 프랑스의 패권추구에 제동을 걸었다. 이러한 과정에서 지상군 병력도 꾸준히 증강됐다.[4] 매번 과세증액 문제에 민감한 반응을 보인 영국 의회가 병력 파병에 소요되는 막대한 비용을 감수하면서까지 영국군의 대륙 파병을 허용했다. 유럽 대륙에 대해 영국이 그동안 유지해오던 '해양 중시정책(blue water policy)'—유럽 대륙에의 개입을 억제하면서 제해권 장악으로 영국의 상업활동을 보호한다는 정책—을 일시적으로 유보하고 대륙 문제에 적극 관여했던 것이다. 넓은 관점에서 볼 때, 영국의 해양 중시정책과 유럽 대륙에의 개입은 서로 상반되는 것이 아니라 상보적(相補的) 관계에 있었다. 특히 18세

---

3) 이영석, 「제2장 18세기 영국의 국가체제와 제국 경영」, 서울대 미국학연구소 편, 『세계화의 역사와 패권경쟁』(서울대학교출판부, 2007), 66-67쪽.

4) John Brewer, *Sinews of Power: War, Money and the English State, 1688-1783*(Cambridge, M. A.: Harvard Univ. Press, 1988), pp. 32-33. 특히 병력 수의 증가세가 두드러졌다. 예컨대, 스페인 왕위계승전쟁이 벌어진 12년 동안에는 연평균 9만 3000명의 병력을, 오스트리아 왕위계승전쟁 시에는 약 7만여 명의 병력을, 그리고 7년전쟁 시에는 9만여 명의 병력을 유지했다. 이는 전시의 병력 규모이고 평시에는 이보다 대폭 감소되어 18세기 전체를 통해서 약 4만 명의 지상군 병력을 보유했다. 물론 이들 병사 가운데 상당수는 영국민이 아니라 외국인 출신 용병(傭兵)들이었다.

기 전반기에 해외에서 영국의 국익을 지키기 위해서는 유럽 대륙의 군사 강국인 프랑스의 관심과 군사력을 유럽 대륙에 국한시켜둘 필요가 있었다. 그러기 위해서는 육상에서 프랑스와의 일전(一戰)이 불가피했다.

19세기에 접어들어 영국은 또다시 대륙에서 벌어진 전쟁에 깊숙이 개입하게 됐다. 이번에는 그 이전까지 상대했던 적군에 비교할 수 없을 정도로 강력한 군대였다. 즉 혁명사상으로 무장한 프랑스군과 이어서 군사천재로 불린 나폴레옹이 지휘한 군대에 맞서야만 했다. 19세기 전체를 통해서 영국이 대륙에 지상군 병력을 파병한 것은 19세기 중반에 벌어진 크림전쟁(1854~1856년)을 제외하곤 프랑스와 치른 나폴레옹 전쟁이 유일했다. 1793년 4월에 혁명 프랑스군을 상대로 전쟁에 돌입한 영국군은 두 차례에 걸친 단기간의 휴전을 제외하고 1815년까지 약 20년 동안 교전상태에 놓여 있었다. 이 기간 동안 영국은 게릴라전으로 나폴레옹의 프랑스군에 대항하고 있던 이베리아 반도에 지상군을 파병했다. 웰링턴 장군의 지휘 아래 1808년 8월 이베리아 반도에 상륙한 1만 3000여 명의 영국군 병력은 웰링턴이 워털루에서 나폴레옹 군대를 최종적으로 격파하는 1815년 6월까지 대륙에서 활동했다.

나폴레옹 전쟁 이후에 영국은 막강한 해군력을 바탕으로 세계의 바다와 식민지를 지배했다. 상대적으로 유럽 대륙에서 벌어진 충돌에는 거의 개입하지 않았다. 물론 앞에서 언급했듯이, 1850년대 중반에 벌어진 크림전쟁 시에 병력을 파병했으나 이는 유럽 중심부에서 멀리 떨어진 흑해 연안에서 벌어진 전쟁으로 해군력에 의존한다는 영국의 기존 전략에는 별다른 영향을 미치지 못했다. 이처럼 영국은 대륙에서 나폴레옹이 몰락한 이후 별다른 위협세력 없이 해군력만으로 세계의 강대국으로서 이른바 '팍스 브리타니카(Pax Britannica)'를 향유해왔다.

그러나 19세기 말에 이르면서 상황이 크게 변하기 시작했다. 1870년에

국가통일을 달성한 독일이 빠른 산업발전을 이루면서 이를 토대로 야심
차게 군사력 증강을 시도했기 때문이다. 이러한 대외 전략환경의 변화
에 대응하여 영국은 장기간의 달콤한 휴식에서 벗어나 전통적인 해양전
략을 재검토해야만 했다. 독일이 직접 상대하는 국가는 프랑스와 러시
아였기에 영국은 대규모 지상군을 파병할 필요가 없다는 주장은 일견
타당성이 있는 것처럼 들렸다. 하지만 독일이 서유럽에서 프랑스와 벨
기에 및 네덜란드를 점령하여 위성국으로 만드는 상황을 가정할 경우,
해군력만으로 영국의 안보를 지킬 수 있다는 주장은 설득력이 떨어질
수밖에 없었다.

물론 독일의 점증하는 위협에 대응하여 19세기 말 이래로 영국은 자
국 해군력을 대폭적으로 강화해왔다. 이 시기에 유럽 대륙에서 처음에
는 프랑스, 그리고 이어서 독일이 시도한 급속한 해군력 증강은 섬나라
인 자국의 안보에 대한 영국민들의 깊은 우려감을 촉발시켰다.[5] 특히
1888년에 바다 건너 프랑스가 어뢰정, 순양함, 그리고 신형전함 등을 비
롯한 대규모 건함계획에 돌입했다는 첩보가 전해지면서 해군력 증강 문
제가 정치적 쟁점으로 급부상했다. 선거에서 윌리엄 글래드스턴(William
Gladstone)의 자유당을 누르고 집권한 솔즈베리(Lord Salisbury)의 보수당
정부가 구체적인 행동을 취하기 시작했다. 해군장관 해밀턴 경(Lord G.
Hamilton)은 1889년 3월에 해군방위법(Naval Defence Act)을 의회에 상정하

---

5) 특히 1886년 10월《팔 몰 가제트(*Pall Mall Gazette*)》에 특종으로 게재된 해군에 대한 기사
　는 영국민의 불안감에 불을 붙이는 기폭제로 작용했다. 당시 이 잡지의 편집자였던 스
　티드(W. T. Stead)는 '해군에 관한 진실(the Truth About the Navy)'이라는 제목으로 당시 영
　국 해군에 대한 문제점을 분석한 해군부 내부 보고서를 몰래 빼내어 연타로 특종 보
　도한 바 있었다. 이에 대한 자세한 내용은 서상규, 「W. T. 스티드의 해군 캠페인과 19
　세기말 영국 해군 개혁」,《서양사연구》제44집(2011. 5), 129-178쪽을 참조할 것.

여 승인을 얻어냈다.[6] 이른바 '2개국 표준주의(two-power standard)'[7]를 목표로 해군예산을 대폭적으로 증액할 수 있었다. 이때 시동을 건 해군증강 계획은 차기 정권으로 계승되어 지속적으로 추진됐다.[8]

이러한 해군 중시 풍조에 대한 반대 의견이 없었던 바는 아니었다. 해군력을 중시하는 진영에서는 경제적 및 군사적 효율성을 내세우면서 대규모 지상군 육성보다는 18세기 이래 형성되어온 해군력 중심의 전통적인 군사전략의 유지와 증강을 역설했다. 반면에 로버츠 예비역 원수(Lord Roberts)가 영도한 국민개병제연맹(National Service League)을 중심으로 활동한 인사들은 징병제를 통한 지상군 병력의 대폭적인 증강을 강조했다. 논쟁 끝에 첨단기술에 입각한 해군력 증강 노선이 승리하여 19세기 말 이래 독일과의 이른바 '건함경쟁(naval race)'이 제1차 세계대전 발발 직전까지 이어졌다. 이로써 향후 유럽 대륙에서 전쟁이 터질 경우, 영국은 직접개입보다 독일 해역에 대한 봉쇄를 통해 독일경제의 붕괴를 유도하고, 동시에 지상전을 수행하는 우방국들을 지원한다는 내용을 근간으로 하는 종래의 군사정책을 유지할 수 있었다.[9]

---

6) O. Parkes, *British Battleships, 'Warrior' 1860 to 'Vanguard' 1950: A History of Design, Construction and Armament*(London: Seely Service, 1956), p. 352. 이는 향후 5년간(1889~1894) 총 2150만 파운드의 예산을 투자해 전함 10척, 순양함 42척, 어뢰포함 18척 등 총 70척의 함정을 건조한다는 해군 증강계획을 핵심내용으로 담고 있었다.

7) 영국은 주력함 비율에서 2위와 3위의 해군력을 가진 국가들의 전함 수를 합한 것보다 더 많은 전함을 보유해야 한다는 원칙이었다. 이는 1909년에 이르러서야 독일을 겨냥한 '1개국 표준주의'로 다소 완화됐다.

8) 1893년 12월 제4차 글래드스턴 내각의 해군장관 스펜서 경(Lord Spencer)이 의회에 제안한 5개년(1893~1898) 건함계획으로 계승됐다. 이에 따르면 향후 5년 동안 영국정부는 무려 총 3100만 파운드의 예산을 투자하여 전함 7척 및 순양함 30척을 포함해 총 159척의 새로운 함정을 건조할 예정이었다.

9) David French, *British Economic and Strategic Planning 1905-1915*(London: Allen & Unwin, 1982), p. 23; 조용욱, 「제3장 제국의 유지와 방어: 영국의 군사력과 군사정책, 1880-

그러나 이로부터 한 세대도 지나지 않아서 영국은 전통적인 국방정책을 대규모 지상군 파견이라는 방향으로 선회할 수밖에 없었다. 물론 대전 발발 직전 영국은 육군장관 홀데인(1906~1912년 재임)의 주도 아래 육군개혁을 단행하여 영국해외원정군(British Expeditionary Force)과 본토주둔(방어)군(Territorial Army)을 육성한다는 군 개혁조치를 취한 바 있었다.[10] 그 덕분에 영국은 1914년 8월 초 파죽지세로 전개된 독일군의 진격에 맞서서 8월 하순경 신속하게 10만 명의 원정군을 유럽 대륙에 파병, 프랑스군과 협력하여 독일군에 대항할 수 있었다. 9월 이후 서부전선이 교착상태에 빠지면서 이를 타개하려는 양 진영의 공방전이 치열하게 벌어졌다.

이 시기에 육군장관 키치너의 성공적인 모병(募兵)활동 덕분에 영국원정군의 규모도 기하급수적으로 늘어났다. 1915년에 시도한 갈리폴리 원정작전에서 참담한 실패를 경험한 영국이 1916년 7월 초에 솜 전투를 개시했을 때, 영국의 대륙 원정군 병력은 거의 100만 명에 육박할 정도였다. 이후 병력 규모는 1918년 11월 종전을 맞이할 때까지 지속적으로 늘어났다. 이처럼 제1차 세계대전은 영국이 그 이전에 유럽 대륙에서 경험한 다른 전쟁들과 근본적으로 차이가 있었다. 무엇보다 예전에는 상상조차 못했을 정도로 대규모 지상군을 유럽 전선에 장기간 투입했다는 점을 꼽을 수 있다.

1945」, 서울대학교 미국학연구소 편, 『세계화의 역사와 패권경쟁』(서울대출판부, 2007), 91-92쪽.

10) 원태재, 『영국육군 개혁사: 나폴레옹 전쟁에서 제1차 세계대전까지』(한원, 1994), 303-314쪽.

3. 대전 전반기(1914~1915) 영국의 전쟁전략

1914년 8월 초 전쟁이 발발했을 때 영국의 '전쟁목표'는 무엇이었을까? 또한 영국은 과연 전쟁전략이란 것을 갖고는 있었을까?[11] 독일에 선전포고할 시 영국정부가 즉각적으로 내세운 전쟁목표는 중립국 벨기에의 주권회복이었다. 대륙에서 전쟁이 발발한 직후 영국은 중립국 벨기에에 대한 독일의 불법 침략을 비난하면서 이를 명분으로 참전했던 것이다. 이러한 주장의 이면에는 영국이 국제법의 옹호자라는 긍정적 이미지를 내세움과 아울러 유럽 대륙에서 자국의 전략적 이해관계를 보호한다는 이중의 목적이 숨겨져 있었다. 좀 더 넓게는 즉각적인 목표를 넘어서서 독일 자체는 아닐지라도 적어도 유럽 대륙에서 독일의 패권장악 의지를 와해시킨다는 야심찬 의도가 놓여 있었다. 전쟁 발발 이전부터 영국민들은 여러 방면에서 거세게 몰려오는 독일의 위협을 체감하고 있었다. 19세기 말 이래 급속한 산업화에 성공한 독일이 강력해진 경제역량을 국수적 민족주의와 결합시켜서 조만간 대외팽창을 도모할 것이라는 시나리오가 암암리에 감지되고 있었다.

전쟁 발발 후 몇 달 동안 영국정부의 목전에 있던 최대 관심사는 어떻게 하면 벨기에와 프랑스를 독일군의 거센 공격으로부터 지켜낼 수 있을까 하는 문제였다. 같은 맥락에서 전쟁 발발 시 영국정부의 당면 과제는 프랑스 및 러시아와 맺은 동맹관계의 틀 속에서 어떻게 하면 이러한 목표를 최선으로 달성할 수 있을까 하는 고민이었다. 이것이 결정된 다음에야 독일군을 격퇴시킬 수 있는 구체적 방안을 적극적으로 모색

---

11) 제1차 세계대전 중 영국 전쟁전략의 개요를 파악하기 위해서는 D. French, "Allies, Rivals and Enemies: British Strategy and War Aims during the First World War," in John Turner(ed.), *Britain and the First World War*(London: Routledge, 1988), pp. 22-35가 유용함.

할 수 있었다. 1914년 8월 초 대전 참전선언 직후 영국정부는 독일군의 파상공격에 맞서서 고군분투하고 있던 프랑스로 신속하게 원정군을 파병했다. 이러한 영국 참모본부의 판단은 적절했다. 원정군 파병 후 얼마 지나지 않아서 이프르 전투가 벌어졌는데, 만일 이때 영국군의 지원이 없었더라면 프랑스군은 이 전투에서 패배했을지도 모르기 때문이다.[12]

대전 발발 직후 육군장관에 임명되어 이후 1916년 봄에 불의의 사고로 사망할 때까지, 즉 전쟁 전반기 동안 영국군의 전쟁수행을 주도한 인물은 키치너 장군이었다.[13] 그는 전쟁 발발 초기 일견 군사 독재자에 버금갈 정도로 상당한 위상을 갖고 있었다. 당시 영국군을 대표하는 군인으로서 영국민들의 지지와 인기를 한 몸에 받고 있었다. 그는 전쟁 초반부터 전쟁이 적어도 향후 3년간 지속될 것으로 예측한 극소수 지도자들 중 한 명이었다.[14] 그의 인기에 힘입어서 영국군은 전통적인 관례와 달리 불과 1~2개월 만에 거의 100만 명에 달하는 지원병을 모집할 수 있었다.

애초에 키치너는 이렇게 모집된 병력들을 일단 영국 본토에서 2년 동안 충분히 훈련시키려고 했다. 독일과 직접 전투를 벌이지 않더라도 예비병력으로 억제력을 발휘함으로써 영국이 원하는 방향으로 평화협약을 맺을 수 있으리라 판단했던 것이다. 키치너가 이러한 생각을 품

---

12) 엄밀한 의미에서 이프르에서 벌어진 일련의 접전은 양측에 엄청난 인명피해만 초래했을 뿐 승패의 결판은 나지 않았다.
13) 1916년 6월 5일 러시아와 군수물자 판매협상을 위해 키치너와 수행원들을 승선시키고 비밀리에 영국의 스카파 플로 항을 출발해 러시아로 출발한 영국 해군전함 햄프셔(HMS Hampshire) 호가 북해에서 독일 잠수함이 부설해 놓은 기뢰에 부딪혀 침몰하는 불의의 사건이 벌어졌다. 이 사고로 키치너를 비롯해 총 명에 달하는 승선 인원들 대부분이 익사했다.
14) M. Howard, "Chapter 3 British Grand Strategy in World War I," Paul Kennedy, ed., *Grand Strategies in War and Peace*(New Heaven: Yale Univ. Press, 1991), p. 35.

있었으리란 증거는 그의 군 경험에서 찾을 수 있다. 그는 영제국의 식민지에서 일평생을 보냈고 그 과정에서 항상 프랑스와 러시아를 가상적국으로 상대해왔었다.[15] 즉 대전 중에는 공동의 적인 독일군을 무찌르기 위해 서로 협력이 불가피하지만, 일단 종전이 된 이후에는 과거 식민지 열강들 사이의 역학관계가 재현될 것으로 향후 유럽 정세를 판단하고 있었던 것이다.

이러한 복안을 품고서 키치너는 새로 모집된 이른바 '신군(新軍, new armies)'의 즉각적인 유럽 대륙 파병을 반대했다. 그는 가능한 한 불요불급한 인원만 우선적으로 파병한 후 상황의 변화를 살피면서 시간을 벌고자 했다. 당시 키치너를 포함한 내각의 구성원들은 모집된 대규모 병력을 서부전선이 아니라 더욱 큰 효과를 낼 수 있는 다른 곳으로 파병하자는 제안을 기대하는 듯이 보였다. 바로 이때 1914년 11월 당시 해군장관으로 있던 처칠이 매력적인 제안을 했다. 오스만튀르크 군대에 의해 폐쇄된 다르다넬스 해협을 재개통하고 그 여세를 몰아서 이스탄불까지 점령, 보스포루스 해협과 흑해를 통해 동맹국인 러시아와의 직통로를 확보한다는 이른바 갈리폴리 원정작전(Gallipoli Campaign)을 제기한 것이었다. 이 작전이 성공할 경우 우선 그리스와 불가리아를 우방국으로 끌어들일 수 있었다. 또한 영제국의 핵심 지역인 이집트의 안전을 보장함은 물론 걸프만과 아라비아해까지 확보함으로써 모든 열강이 노리고 있는 미래의 핵심자원인 석유지대를 장악할 수 있었다. 하지만 이미 앞에

---

15) 그는 1892~1899년에 이집트 주둔 영국군 사령관으로 프랑스군과 대치했고, 1902~1909년에는 인도 주둔군 사령관으로서 러시아군의 남하를 견제한 경험을 갖고 있었다. 이러한 키치너의 식민지 근무 경험에 비중을 두어 그의 전기를 쓴 맥너스는 키치너를 제국주의자로 평가했다.(Philip Magnus, *Kitchener: Portrait of an Imperialist*, New York: E. P. Dutton & Co., 1959)

서 언급했듯이 이 작전은 완전한 파국으로 끝나고 말았다.

당시 영국 전략가들의 의도가 무엇이었든 간에 1915년에 전쟁의 주무대는 독일군이 더 큰 비중을 두고 있던 러시아와의 동부전선이었다.[16] 1915년 한 해 동안 독일군은 서부전선에 있는 영국과 프랑스의 군사지도자들이 러시아군의 군사적 역량과 심지어 러시아 정부의 전쟁수행 의지 자체를 의문시할 정도로 동부전선에서 러시아군에 대해 연이어 대승을 거두고 있었다. 이러한 상황에서 주력을 서부전선에 집중 배치하고 있던 영국군과 프랑스군의 입장에서 러시아군을 도울 수 있는 길은 동부전선에서 러시아군에 가해지고 있던 독일군의 압박을 분산시키는 것이었다. 이는 서부전선에서 독일군에 대해 대규모 공세를 유지하는 것을 의미했다.

물론 당시 전황에서 전쟁을 종결시킬 만한 전략적 돌파구를 마련하기는 거의 불가능했다. 다만 동부전선에서 독일군의 공격을 둔화시키거나 전력을 소모시키는 작전을 수행하는 것이 그나마 취할 수 있는 최선의 길이었다. 이는 바로 프랑스군 최고지휘부가 지향하고 있던 전략으로서, 이후에 키치너도 내키지는 않았으나 이를 수용할 수밖에 없었다. 이때 키치너가 전략적으로 프랑스군과 행동을 함께하지 않았더라면, 독일군의 공격으로 이미 엄청난 인명손실은 물론이고 물적인 피해로 고통받던 러시아는 물론, 심지어 프랑스마저 독일과 평화조약을 체결하려는 유혹에 빠졌을 가능성도 배제하기 어려웠다. 당시 영국정부는 심정적으로는 전쟁을 원치 않았을지라도 현실적으로는 전쟁을 수행해야만 하는 모순적 상황에 직면해 있었다.

1914년에 영국군은 유럽 대륙에서 가능한 한 대규모 전투를 피하면서

---

16) M. Howard, op. cit., pp. 36-37.

주력인 프랑스군이 독일군을 패배시키는 데 일조(一助)한다는 소극적 전쟁전략을 지향했다. 하지만 1915년을 지나면서 영국군도 그동안 프랑스군을 서서히 약화시킨 이른바 '소모전략(a strategy of attrition)'이라는 깊은 수렁으로 빠져들 수밖에 없었다. 이제 영국은 전쟁승리를 위해 초전에는 예상하지 못한 '무리한' 부담을 감내해야만 했다. 이처럼 1915년동안에 격전의 세월을 보내면서 영국의 전쟁전략은 상당한 변화를 겪게 됐다.

4. 대전 후반기(1916~1918) 영국의 전쟁전략

'소모전략'이라는 원칙하에서 승리를 위해 영국군이 취할 수 있는 방법은 독일군의 자원과 전쟁의지를 자신보다 더 빠른 속도로 고갈시키는 것이었다. 이러한 전략이 효과를 내기 위해서는 전술적 차원에서 연속적인 승리가 필요했다. 대전 이전의 군사기술 발달 덕분에 엄청나게 향상된 화력, 기동작전이 사라져버린 전장, 그리고 제한된 전선마저 빈틈없이 연결된 방어진지 등과 같은 현실에서 그나마 승리를 위해 의지할 수 있는 유일한 길은 포병화력뿐이었다. 이는 산업화 덕분에 강력한 화기로 무장할 수 있던 서유럽 열강들 간에 벌어진 새로운 전쟁양상이었다. 마침내 이들 선진산업국은 1915년을 거치면서 그동안 자신들이 축적해 온 모든 역량을 송두리째 투입하기 시작했다. 진정한 의미의 총력전으로 나아간 것이었다.

이처럼 전황이 변화함에 따라 영국 전시 수뇌부 내부에서도 향후 전쟁전략을 둘러싸고 논쟁이 재연됐다. 한동안 잠복해 있던 서부전선에 총력을 집중해야 한다고 주장한 '서부전선 우선주의자들'과 독일의 동맹국에 대항해 지중해 방향으로 공격 방향을 돌려야 한다고 주장한 '동부전선 우선주의자들' 사이의 주도권 싸움이 재차 고개를 든 것이었다. 왜냐하면 1915년에 시도한 갈리폴리 원정작전에서 참담한 실패를 경험한 탓에 후자의 주장은 1917년 가을 서부전선에서 치른 파스샹달 전투에서 엄청난 인명피해가 발생할 때까지 호소력을 잃고 있었기 때문이다.

이때 논쟁은 당시 정치권과 군부를 대표한 인물들에 의해 주도됐다. 즉, 유럽 대륙에 대한 영국의 기여는 직접적인 군사력 투입보다 경제력을 동원하거나 해군력을 활용하는 '전통적인' 전략으로 회귀해야만 한다고 믿은 내각의 민간정치가 출신 각료들과 어떠한 희생을 치르더라도 신속한 최종승리를 위해 가용한 자원을 즉각 총동원해야 한다고 역설한 군 수뇌부 인사들이 바로 그 주인공이었다.[17]

양자 사이의 논쟁은 1915년 가을에 벌어진 '징병제(national compulsory service)' 문제를 둘러싸고 첨예하게 전개됐다. 전쟁 발발 초반 몇 달 동안 키치너의 호소에 부응해서 물밀 듯 모여든 이후로 호응도가 급격히 떨어진 지원병제도를 통해서는 더 이상 서부전선에서 군 수뇌부가 계획하는 대규모 공세작전에 필요한 병력을 충당할 수 없었다. 이에 의회 내의 급진파 의원들이 징병제 도입을 적극 제기하기에 이르렀다. 여기에는 대규모 병력의 투입으로 서부전선에서 결정적인 승리를 달성함으로써 하루 빨리 전쟁을 끝내야 한다는 열망이 담겨 있었다. 당연히 이는 소모전 전략을 수행할 경우 필요한 물자를 조달하느라 급기야는 국내의 산업적 및 경제적 역량을 크게 손상시킬 것이라는 우려를 내세운 전통주의자들의 반대에 직면했다. 치열한 논쟁 끝에 결국 급진주의 진영의 의도대로 1916년 4월 의무징병법(Military Service Act)이 의회에서 가결됐다.

---

17) 제1차 세계대전 기간 중 영국군의 전략방향을 둘러싸고 주요 민간정치가들과 군 수뇌부 사이에 벌어진 논쟁에 대해서는 다음 글을 참고할 것: John Gooch, op. cit., pp. 21-40.

이와 비슷한 시점에 협상 진영의 군 고위 지휘관들은 프랑스 파리 근교의 샹티(Chantilly)에서 중요한 회동을 가졌다. 이곳에서 향후 서부전선과 동부전선 양쪽에서 서로 연합하여 공세작전을 취한다는 합의가 이뤄졌다. 당시 영국의 수뇌부에서는 독일군을 격멸하기 이전에 러시아나 심지어 프랑스가 독자적으로 독일에 평화협상을 제안하지 않을까 우려하고 있었기에, 이를 불식시키는 데 기여한 이 모임은 이후 전개된 전략 수행과 관련하여 중요한 의미를 갖고 있었다. 이러한 공동 공세작전의 합의를 통해 나온 실제적 결과가 바로 솜 전투(1916. 7~11)였다.[18] 이 전투를 통해 전쟁의 결정적인 돌파구를 마련하지는 못할지언정 적어도 독일군 수뇌부가 자국의 민간정치가들에게 평화협상을 제안하도록 압박을 가할 수 있으리라 기대했다.

그러나 야심차게 시도된 솜 전투는 협상 진영의 대전략개념을 무산시킬 정도로 작전상 실패를 초래했다. 설상가상으로 독일군 측이 1916년 2월 베르됭에 대한 공세작전을 계기로 전장의 주도권을 장악하면서 합동회의에서 결정한 전략을 달성하기가 더욱 힘들게 됐다. 왜냐하면 베르됭 전투는 프랑스군의 전력(戰力)을 고갈시키고 그해 7월로 예정되어 있던 협상 진영의 공세작전(솜 전투)에 동원할 병력의 규모를 약화시킨다는 소모전 전략의 일환으로 독일군 수뇌부가 단행한 공격작전이었기 때문이다. 하지만 당시 영국군의 입장에서 더욱 심각했던 문제는 새로 징집된 병사들의 미흡한 훈련 상태였다. 제대로 숙달조차 되지 않은 장비조작 능력에다가 실전경험도 일천했기 때문이다. 특히 포병을 비롯한 기술 병과의 경우, 갑작스럽게 부대 규모가 확대된 탓에 관련 기술 습득훈련 부족으로 인해 병사들의 전투수행 능력은 초보단계에 머물러 있었다.

---

18) D. French, op. cit., p. 28.

솜 공세작전의 실패 이후 영국은 그동안 전쟁전략 방향을 둘러싸고 서로 대립해온 두 진영이 전략 문제에 대한 공개 논의마저 부담스러워할 정도로 '소모전'이라는 힘들고 긴 시련기 속으로 빠져들었다. 화약무기의 발달로 인해 방어 진영에 유리한 전장환경이 형성됐음에도 거듭 공세작전을 시도해 실패한 탓에 영국군의 전력이 크게 약화됐던 것이다. 1917년 봄에 이르면 전황은 협상 측에 더욱 불리하게 전개됐다. 러시아에서 2월혁명이 발발하여 동부전선이 위태로워졌고, 엎친 데 덮친 격으로 서부전선에서는 프랑스군마저 거의 붕괴 직전 상황으로 내몰렸기 때문이다. 더구나 전쟁 동안 미국으로부터 식량을 포함한 각종 군수물자를 확보해온 보급체계가 독일군 잠수함의 방해작전으로 인해 원활하게 작동하지 못하고 있었다. 미국 금융시장에서 영국의 국가 신용도마저 거의 최저점에 이르게 되면서 영국정부의 어려움은 가중됐다. 그래서 승리에 대한 절박한 기대 속에 시도된 솜 전투마저 실패한 후 약 6개월이 지난 1917년 봄에 이르게 되면 영국의 군사지도자들은 이러한 추이대로 흘러갈 경우, 전쟁에서 패할 수도 있다는 불길한 예감에 휩싸였다.

1916년에 벌어진 솜 및 베르덩 전투를 통해 산업화가 초래한 새로운 유형의 전쟁은 그 음울한 실체를 분명히 드러냈다. 소모전은 이제 더 이상 전장에서 단순히 적군의 전력을 격파한다는 차원에 머물지 않았다. 이제 전장에서의 인명살상은 쌍방 간에 새로운 인원과 무기가 보충될 수 있는 한 끝없이 지속될 것이었다. 전쟁의 진정한 목표, 즉 클라우제비츠가 말한 이른바 '무게 중심(center of gravity)'은 이제 더 이상 적 부대 자체가 아니라 이보다 훨씬 광범위한 요소인 전쟁수행을 위해 상대방국가가 동원할 수 있는 인적 및 물적 자원과 전쟁지속 의지를 파괴하는 것으로 바뀌었다.[19] 가히 인류를 파멸로 이끌지도 모를 '총력전'이라는 새로운 형태의 괴물이 역사의 전면에 등장한 것이었다.

1917년 봄에 접어들어 협상과 동맹 두 진영에서 공히 군사적으로 중요한 변화가 일어났다. 우선 서부전선에서 1917년 4월 미국이 공식적으로 협상 진영에 가담하여 전쟁에 참전키로 함으로써 바야흐로 진정한 세계대전으로 확대됐다. 대전이 발발하자 중립을 선언한 채 그동안 군수물자 판매에만 주력해온 미국이 여객선 루시타니아 호 침몰사건 및 독일군의 무제한 잠수함 작전선언 등에 위기감을 느끼고 마침내 독일에 선전포고를 발했던 것이다. 이는 장기간의 전쟁으로 기진맥진해 있던 영국을 비롯한 협상 진영에 대규모 병력의 신규 투입과 무엇보다 막대한 군수물자를 수월하게 조달할 수 있는 길을 열어줬다.

영향력에서는 차이가 있을지 모르나 동부전선에서도 비슷한 변화가 있었다. 2월혁명으로 로마노프 왕조가 몰락한 러시아를 내부적으로 와해시킬 목적으로 독일 참모부가 시도한 모험이 결실을 맺은 것이었다. 즉, 독일군 수뇌부는 스위스에 망명 중이던 레닌을 비롯한 주요 볼셰비키들에게 비밀리에 밀봉열차를 제공하여 1917년 4월 초 이들을 러시아로 밀입국시키는 데 성공했다. 그 결과 같은 해 10월에 무장봉기를 통해 레닌이 영도한 볼셰비키 세력이 정권을 장악하고 실제로 전선 이탈을 꾀하는 사태가 벌어진 것이었다. 이른바 브레스트-리토프스크 조약으로 러시아의 볼셰비키 정부와 단독강화를 체결하는 데 성공한 독일군은 1918년 봄에 야심찬 군사행동을 추진했다. 즉, 동부전선의 병력을 서부전선으로 이동시켜서 서부전선의 교착상태를 타개하려는 대모험을 시도한 것이었다.

그러나 사력을 다한 독일군의 최후 공격작전은 영국군과 프랑스군의

---

19) M. Howard, op. cit., p. 39.

완강한 저항에 부딪혀 좌절되고 말았다. 이후 독일군은 차후 작전을 벌일 만한 여력을 빠르게 소진했다. 국내적으로 전쟁지속을 위한 결속력마저 와해되고 있었다. 이와 달리 협상 진영의 전력은 1918년 가을에 이르러 미국의 병력과 물자가 본격적으로 유럽 전선에 투입되기 시작하면서 빠르게 강화됐다. 이제 독일로서는 협상 진영이 제시한 평화안을 수용하는 길 이외에 다른 대안이 없었다. 이로써 그토록 길고 길었던 비극적 전쟁은 1918년 11월 11일에 대단원의 막을 내리고 말았다.

5. 대전의 유산

결론적으로 볼 때, 독일을 전폭적으로 파괴하지 않으면서 그 대신 독일의 힘을 약화시키는 방향으로 구상되어 있던 영국의 초기 전략목표는 어찌 보면 현명한 것이었다. 영국이 스스로 실행을 강요받을 수밖에 없었던 소모전 전략은 모두가 우려했던 유럽 문명의 상호 자살행위나 다름없었다. 물론 대전으로 영국이 입은 군사적, 경제적, 그리고 사회적인 손실은 당장 영국 국력의 쇠퇴로 나타나지는 않았다. 하지만 장기적 관점에서 이는 심각한 후유증을 남겼다. 조만간 미국과 소련이라는 새로운 강대국에 세계국가로서의 역할을 넘겨줘야만 했기 때문이다.

그렇다고 대안으로 제시됐던 이른바 '간접접근전략(strategy of indirect approach)' 역시 아무런 대가를 지불하지 않고서도 달성할 수 있던 것은 아니었다. 이 경우 영국은 독일군이 먼저 러시아군을, 이어서 프랑스군을 굴복시키는 것을 해협 너머에서 구경만 하고 있어야 했다. 이어서 유럽 대륙을 석권한 독일군이 잠수함 전대(戰隊)를 이용해 영국의 보급선을 차단, 영국민을 기아의 구렁텅이로 밀어 넣기 이전에 하는 수 없이 가능한 모든 수단을 동원해 독일과 신속하게 평화협상을 맺든가, 아니면 미국의 참전을 학수고대하고 있어야만 했을 것이다. 하지만 앞에서 살펴본 바와 같이 1917년 이전 상황을 고려해볼 때, 미국이 유럽 국가들 사이에 벌어진 전쟁에 직접개입할 가능성은 매우 희박했다.

패전은 독일에 가혹한 시련을 가져다줬다. 1919년 6월 28일 체결된 베르사유조약에 의해 독일은 해외식민지는 물론이고 알자스-로렌 지방을 포함한 유럽 내의 여러 영토를 상실했다. 대외적으로는 최고 우방이었던 오스트리아 제국의 해체를 권고하고 묵인해야만 했다. 독일은 파리 강화회담의 결과로 체결된 베르사유조약에서 철저하게 패전당한 국가로 취급됐다.

그러나 전쟁 발발 시점으로 돌아갈 경우 영국을 포함한 어떠한 국가도 조약에 명시된 바처럼 독일을 가혹하게 다루겠다는 전쟁목표를 갖고 있지 않았다. 특히 영국정부는 전범자 조항을 신설해 배상금을 부과하고 혹독한 군축을 강요하는 등 독일에 대해 고강도로 응징하길 원치 않았다. 왜냐하면 당시 영국정부는 자국과 프랑스 및 러시아와의 동맹관계는 독일을 물리치기 위해 일시적으로 결성된 것으로 인식했기 때문이다. 종전 후 식민지를 둘러싼 경쟁이 재연될 경우 협력관계는 빠르게 와해될 수 있으리라 계산하고 있었다.

종전 후 영국정부는 '정상상태로의 복귀(return to normalcy)'라는 명분으로 정부 내 각 부처의 예산을 삭감하기 시작했다. 기대와 달리 전후에 경제사정이 어렵게 되면서 긴축재정에 대한 요구가 더욱 높아졌던 것이다. 1929년 말부터 시작된 세계 대공황이 상황을 더욱 악화시켰음은 두말할 필요가 없다. 국방 분야에 대한 정부의 예산절감 요구도 만만치 않았다. 특히 국가예산을 관장하고 있던 재무부는 "향후 10년 동안에는 유럽 대륙에서 어떠한 전쟁도 일어나지 않을 것이기에 대규모 원정군 파병도 없다."는 전제 아래 1919년 이른바 '10년 규정(Ten Year Rule)'을 제정하여 국방예산의 증액을 철저하게 제한했다.[20] 이러한 예산정책에 관한 지침 아래에서 가장 어려움을 당한 군 내의 부서는 다름 아닌 육군이었다.[21] 실제로 육군 예산은 1919년 이후부터 1932년까지 해마다 삭감됐다. 이로 인해 독립 기갑부대의 창설 및 운용과 관련된 창의적인 제안들은 실천으로 옮겨지지 못했다. 더구나 제1차 세계대전 후 영국군은 제국 방위 및 치안유지라는 기본 임무와 유사시 유럽 대륙으로의 파병이라는 대비 임무 사이에서 실효성 있는 작전계획을 수립하는 데 구조적인 어려움을 안고 있었다.

제1차 세계대전에 대한 고찰을 통해 우리는 산업사회에서 벌어지는 전쟁의 경우 직접 전쟁을 수행하는 전투부대의 소모전은 해당 사회구성원들의 도덕적 및 사회적 소모전과 분리될 수 없다는 역사적 교훈을 얻을 수 있다. 대전 이후 영국에서 일부 전략사상가들은 이른바 '결정적 타격(knock-out blow)'을 주창한 전쟁철학자의 금언(金言)에 대해 묵상하기 시작했다. 이들 중 일부는 항공기 폭격작전에서, 그리고 또 다른 일부는 탱크에서 그 해답을 찾고자 했다. 하지만 일반적인 분위기는 재차 전쟁이 벌어질 경우 그 양상은 제1차 세계대전과 유사할 것이기에 가장 바람직한 방향은 가능한 한 전쟁 발발을 억제한다는 것이었다. 바로 이것이 양차 대전 기간에 대부분의 영국 지배 엘리트들이 심중에 품고 있던 일종의 '집단적 망탈리테'였다.

---

[20] 이에 대해서는 G. C. Peden, *British Rearmament and the Treasury 1932-1939*(Edinburgh, 1979)를 참고할 것. 원래 1928년에 종결됐어야 할 이 규정은 이후에도 계속 연장되어 1930년대 중반에 재무장이 선언될 때까지 거의 15년 동안 유지됐다.

[21] 양차 대전 사이 영국 육군정책에 대해서는 Brian Bond, *British Military Policy between the Two World Wars*(Oxford: Oxford Univ. Press, 1980)가 유용함.

4

제1차 세계대전과
영국의 민군관계

1. 민군(民軍), 총력전 수행의 파트너

전략적 측면에서 20세기에 접어들기까지 영국은 인접국의 기습공격에 대비하기 위해 평소에 대규모 군대를 유지할 필요가 없었다. 잉글랜드 해협으로 대륙과 격리되어 있다는 지리적 위치가 영국에는 시간을 확보할 수 있는 전략적 이점을 제공한 것이었다. 따라서 국경방어라는 문제와 부단히 씨름해온 대륙국가들과 달리 전통적으로 영국은 육군보다 해군을 중점적으로 육성해왔다. 17세기 혁명 이래로 의회는 국왕에게 최소한의 상비군만을 유지할 수 있는 권한과 예산을 허용했고, 설상가상으로 소규모의 상비군조차 의회의 지속적인 감시 테두리에서 벗어날 수 없었다. 전통적으로 의회는 군대의 효율성 제고보다 현상유지에 더욱 관심을 기울였다. 사회적으로도 자유민주주의의 확산과 더불어 군지도자들은 자신들이 수호하고 있는 대의제 정부로부터 지위에 어울리는 예우를 받지 못했다. 오히려 민간정치가들은 국가의 권력 중심부로부터 군을 이격시키는 일에 더 많은 관심을 기울였다.

그러나 산업혁명 이후 전개된 사회경제적 변화는 군을 정치세계로부터 배제시키려는 시도를 구조적으로 어렵게 만들었다. 전쟁수행의 기술적 진전은 민군(民軍)을 전적으로 '상호의존적' 관계로 변화시켰다.[1] 이로 인해 전통적으로 민군 사이에 놓여 있던 책임상의 경계선이 큰 의미가 없게 됐다. 1870년대 이후로 과학기술의 발전에 힘입어 놀라운 속도와 규모로 산업이 발전했다. 새로운 공작기계의 발명과 혁신적 공정의 채택에 바탕을 둔 대량생산체제의 도래, 사람과 물품의 신속한 운송을 가능케 한 철도교통의 발달 등은 '총력전'의 가능성을 열어놓았다. 말 그대로 충돌이 군사력에만 한정된 것이 아니라 해당 국가의 경제력 전체가 동원 및 집중되는 사건으로 변모한 것이었다.[2] 이제 전쟁은 지난 세기와 같이 일부 군인들에게만 국한된, 멀리서 들려오는 가십성 뉴스가 아니라 당사국의 전체 국민이 개입되는 획기적인 사건으로 변했다. 따라서 전쟁은 전략전술뿐만 아니라 당사국의 정치 · 경제 · 사회 · 문화 등 제반 분야에 막대한 영향을 미칠 수밖에 없었다.

이와 같이 1914년에 시작된 총력전이라는 새로운 전쟁양상은 민군관계에도 근본적인 변화를 초래했다. 이제 대부분의 군사적 결정은 전시 국민경제라는 큰 틀과 연계되어 군인들 단독으로는 해결할 수 없는 정치적 사안까지 포함하게 됐다.[3] 전쟁 발발 초기에 민간정치가들은 전쟁

1) M. Howard, *Soldiers and Governments: Nine Studies in Civil-Military Relations*(London: Eyre & Spottiswoode, 1957), p. 18.
2) 영국의 경우에 대해서는 P. Dewey, "The New Warfare and Economic Mobilization," in J. Turner(ed.), *Britain and the First World War*(London: Routledge, 1988), pp. 70~84를 볼 것.
3) David R. Woodward, "Britain in a Continental War: The Civil-Military Debate over the Strategical Direction of the Great War of 1914-18," *Albion*, Vol. 12(1980), pp. 37-65를 참고할 것.

수행을 위해 군 지휘관들이 필요로 하는 인원과 물자를 공급하는 선까지로 자신들의 역할을 한정했다. 하지만 전쟁이 진행되면서 군의 요구량이 엄청나게 늘어나고 전상자 수가 급증한 반면에 예상했던 승리가 아주 멀리 있는 것처럼 보이자 그동안 잠복해 있던 군에 대한 불만이 표출됐다. 무엇보다 민간정치가들은 새로운 양상의 전쟁에 직면하여 이른바 군사전문가라고 자처하는 군인들조차 갈팡질팡하고 있다고 의심하기 시작했다.[4] 이제 민간정치가나 정부관료들은 그동안 금기시되어온 군사 분야에까지 개입할 필요성을 실감하게 됐다. 대전 당시 프랑스 수상을 지낸 조르주 클레망소(Georges Clemenceau)가 말한 대로 이제 전쟁은 군인들에게만 일임할 수 없는 너무 중차대한 국가적 대사(大事)가 됐던 것이다.

1914년 9월 마른 전투(Battle of Marne) 이후에 서부전선에서 지속된 참호전과 이로 인한 대량살상의 참상이 본국에 알려지기 시작하면서 군의 전쟁수행 역량과 방향에 대한 의구심이 점차 심각하게 제기됐다. 이는 곧 민간정치가들이 군 수뇌부의 군사전략 수행에 구체적으로 개입하는 계기로 작용했다. 이들은 '동부전선 우선주의(the Easterners)'를 내세운 재무부장관 로이드 조지, 해군장관 처칠, 그리고 전쟁위원회(War Council)의 간사였던 행키(M. Hankey) 등이었다. 이들은 당시 서부전선에 집중되어 있던 영국군의 주(主) 전략방향을 오스만튀르크나 발칸 지역으로 전환해야만 한다고 주장했다.[5] 비록 이들의 적극적인 제안으로 1915년 4월 단행된 다르다넬스(Dardanelles) 해협 점령시도가 참담한 실패로 끝났

---

4) David Lloyd George, *War Memoirs of David Lloyd George*, 2 Vols.(London: Oldhams Press, 1938), pp. 2037-2039.

5) 이에 대한 자세한 내용은 David R. Woodward, *Lloyd George and the Generals*(Newark: Univ. of Delaware Press, 1983), pp. 27-47, "Chapter 2 Balkanite"를 볼 것.

지만, 이러한 주장은 종전 때까지 민군 사이에 끊임없는 갈등을 불러일으켰다.

소수 예외 인사를 제외하고 군부는 서부전선을 우선하는 군사전략을 선호했다. 군의 원로(元老)였던 키치너 경과 프렌치 경(Sir John French), 1915년 말부터 1918년 초에 제국총참모장(Chief of the Imperial General Staff)을 역임한 로버트슨 경(Sir William Robertson), 그리고 프렌치 경 후임으로 영국원정군 총사령관에 임명된 헤이그 경 등을 비롯한 대부분의 군 지도자들은 서부전선을 우선하는 기존전략에 대한 어떠한 변경 시도에도 완강하게 반발했다.[6] 정치계에서도 1916년 말까지 수상을 지낸 애스퀴스는 확고한 서부전선 우선주의자였으며, 국왕조차 이러한 노선에 동조했다.

원칙적으로 군 지휘관과 정부 내각 사이에 전쟁수행상의 역할을 둘러싸고 암묵적인 합의가 이뤄져 있었다. 전략의 대관(大觀)을 결정하는 것은 내각이었지만, 상부로부터의 지나친 간섭 없이 전장에서 명령을 하달하고 작전을 실행에 옮기는 문제는 해당 지휘관의 고유 임무로 인식됐다. 하지만 현실적으로 내각이 정책결정과 실행 사이에 적절한 경계선을 설정하고 이를 고수한다는 것은 거의 불가능했다. 동일한 입장에서 군의 지도자들은 군사 문제에 관한 한 독보적인 전문가로 자부하면서 국가의 전쟁수행 전략과 관련하여 각자의 아이디어를 반영코자 했다. 이러한 목적달성을 위해 필요한 경우 내각의 구성원인 각 부처 장관들 사이에 대립을 조장하거나, 대전 중 헤이그가 간혹 시도한 바와 같이 국왕을 움직여서 직접 수상에게 압력을 행사하는 방법을 모색했다.[7] 더

---

6) D. French, "Allies, Rivals and Enemies: British Strategy and War Aims during the First World War," in J. Turner, *Britain and the First World War*(London: Routledge, 1988), p. 24.

7) R. Blake(ed.), *The Private Papers of Douglas Haig 1914-1919*(London: Eyre & Spottiswoode,

구나 당시에 키치너, 헤이그, 그리고 로버트슨 등과 같은 군 수뇌부 인사들은 민간정치가에 필적하는 일반대중의 신망과 인기를 얻고 있었기에, 이들에 대한 명분 없는 파면은 심한 경우 관련 정치가의 정치생명마저 위협할 수도 있었다.

이러한 맥락에서 이 장에서는 제1차 세계대전 시 영국의 군과 정치의 관계를 고등정치(high politics) 차원에서 재무부장관과 군수물자부장관, 그리고 수상을 역임하면서 전쟁수행과 국내 전시경제를 주도했던 민간 정치가 로이드 조지와 육군 수뇌부 사이에 군사전략 수행을 둘러싸고 전개된 갈등을 중심으로 전시 민군관계를 살펴보려고 한다. 좀 더 넓은 관점에서는 전쟁과 사회라는 큰 구도 속에서 대전 중 영국 정치군사 면의 변화를 분석하려는 것이다. 이를 위해 우선 대전 이전 영국에서 군과 정치의 관계를 고찰하고, 이어서 영국이 본격적으로 총력전 체제로 돌입하기 이전인 애스퀴스 정부 아래에서 전개된 민군관계의 양상을 살펴본다. 마지막으로, 국가적 차원에서 영국군의 군사전략 수행에 깊은 관심을 갖고 전쟁수행을 실질적으로 주도하면서 영향력을 행사한 로이드 조지와 군 수뇌부 사이에 벌어진 갈등 양상을 분석하여 전시 민군관계의 특질을 도출하고자 한다.

2. 대전 이전 영국의 군과 정치

1871년 단행된 에드워드 카드웰(Edward Cardwell)의 군 개혁을 둘러싼 군 내외의 열띤 논쟁에도 불구하고 19세기 동안 영국에서 민군관계는

1952), p. 36.

비교적 순탄한 형세였다. 영국사회를 통치하고 있던 민간과 군 기관의 지배계층이 동류의 부유한 토지귀족 출신이었다는 공통점은 두 세력 간의 충돌을 더욱 최소화했다. 매관매직에 의한 장교계급 획득은, 아이러니하게도 그 덕분에 영국에서는 군부가 독자적인 특권계급으로 대두하지 못했다는 이유로, 긍정적으로 평가됐다. 박봉에다가 승진하기 위해서 거금이 필요했던 장교들은 영국사회 내의 다른 지배집단과 갈등을 초래할 수도 있는 군 단독의 이익집단화를 도모하지 않았다.

이러한 제도가 군대를 효율적으로 만들지는 못했을지언정, 전통적으로 의회가 누리고 있던 자유를 군부가 위협하는 사태를 미연에 방지할 수 있었다. 영국혁명 직후에 올리버 크롬웰(Oliver Cromwell)의 독재정치를 경험한 영국민들은 이후로 어떠한 경우든지 군사독재의 가능성에 대해 매우 예민한 반응을 보였다.[8] 구체적으로 의회는 1689년 명예혁명 이후 매년마다 의회법을 제정하여 육군을 통제해왔으며, 이는 19세기에 접어들 때까지 지속됐다. 나폴레옹 전쟁이 끝난 뒤에 토리와 휘그 양당은 전쟁 중 엄청나게 늘어난 육군예산을 삭감하는 일에 총력을 기울였다. 표면적으로는 납세자들의 권익을 보호한다는 명분을 내세웠으나 근본적으로는 강력한 군대의 출현을 우려했던 것이다. 의회의 권한을 침해할 정도로 월권을 행사할 의도가 전혀 없었던 워털루의 영웅 웰링턴 공작이 수상에 임명됐을 때, 일부 의원들이 군사독재라고 항의한 이면에는 바로 이러한 의구심이 깔려 있었던 것이다. 1852년 사망할 때까지 민군관계를 주도했던 웰링턴은 군을 정치로부터 배제시키는 문제와 관련하여 군이 정치에 무관심하듯 의회 역시 군대의 훈련과 조직관리에 관

---

8) A. Preston, "Introduction," in P. Dennis and A. Preston(eds.), *Soldiers as Statesmen*(London: Croom Helm, 1976), pp. 22–23.

여하지 않는 한 효과적일 수 있다고 믿었다.[9]

크림전쟁이 끝난 이후로 영국군은 유럽 열강을 상대로 한 전쟁은 물론이고 해외식민지에서 대규모 소요 사태조차 경험하지 않았다. 정치지도자들은 해외식민지에서 벌어진 일련의 소규모 전투에서의 승리를 이용해 여론을 자극하기만 했을 뿐, 실질적인 군 개혁이나 군에 대한 재정 지원 확대에는 무관심했다. 더구나 군의 지도자들조차 그동안 식민지 전쟁에서 얻은 일방적 승리에 취해서 과거의 경험과 관행에 안주할 뿐, 급변하는 시대적 변화를 반영한 군 개혁 시도에는 거의 신경을 쓰지 않았다.[10]

제1차 세계대전 이전 시기의 경우, 1871년 단행된 카드웰의 군 개혁 시에 처음으로 민군 지도부 사이에 심각한 갈등이 일어났다. 이의 핵심은 장교직의 매관(賣官) 금지, 연대 연고지제도 및 단기복무제의 실시였다. 만일 이러한 개혁작업이 이뤄지지 않았다면, 영국은 19세기 말에 일어난 다양한 형태의 식민지 전쟁에 성공적으로 대응하지 못했을 것이다. 개혁 과정에서 정치가들이 가장 반대한 것은 장교직의 매매였다. 급기야는 이 문제를 둘러싸고 자유당 당수였던 글래드스턴과 카드웰이 대립각을 세우는 지경에까지 이르렀다. 하지만 군 원로(元老)들의 우려에도 불구하고 카드웰 개혁은 어떠한 헌정 차원의 위기도 초래하지 않았고, 민군관계는 별 탈 없이 원만하게 유지됐다.

그러나 세기 말에 발발한 보어전쟁은 그동안 영국군에 내재해 있던 문제점들을 백일하에 드러냈다. 무엇보다 심각한 문제는 영국 육군의

---

9) 원태재, 『영국육군개혁사: 나폴레옹전쟁에서 제1차 세계대전까지』(한원, 1994), 200-201쪽.

10) 원태재, 「20세기 초 영국 육군 개혁: 남아프리카전쟁에서 1차 세계대전까지」, 『정하명 교수 정년 기념 논집』(서울, 1993), 243쪽.

활용 범위에 관한 것이었다. 넓은 관점에서 이는 세기의 전환기에 세력균형의 측면에서 영국의 위상이 위축되고 있다는 국가적 위기감에서 배태됐다. 전통적으로 육군국가였던 독일이 강력한 해군력까지 구비함에 따라 영국의 국가지도층은 국가방위의 문제를 심각하게 고민해야만 했다. 다양한 국방 관련 문제들이 제기되어 보어전쟁 직후부터 활발하게 논의됐다. 이러한 외부환경의 변화는 그동안 정치세계와 격리되어 있던 군대를 불가피하게 정치 분야로 끌어들이는 계기가 됐다.

구체적으로 1902년에 제국방위위원회(Committee of Imperial Defence, CID)가 설립되어 나름대로 중요한 과업들을 수행했다. 하지만 국가방위 전략에 대한 다양한 이견(異見)을 조정하기에는 역부족이었다. 정부 내각이 국방 관련 안건을 논의하고 결정할 최고기구였으나, 이 기간에 내각마저도 겹겹이 쌓인 다양한 자체 현안들을 해결하기에도 급급한 상황이었기에 적절한 조치를 취하기가 어려웠다. 군 개혁을 위한 어떠한 시도도 항상 논쟁적일 수밖에 없으나 이 시기에 국가방위의 문제가 이전 시기와 달리 민감한 정치적 사안으로 부상했다는 점에는 이견이 없다. 이와 더불어 20세기에 접어들면서 각 군 수뇌부는 의도한 목표를 달성하기 위해 정치권에 대한 로비 활동은 물론이고 심지어 언론매체마저 적극 활용해야만 하는 상황에 처하게 됐다.

3. 전쟁양상 변화와 군의 위상

이전에 벌어진 소규모 전쟁들은 군과 정부의 영역이 손쉽게 구분되는 제한책임이라는 원칙 아래 수행됐다. 또한 전쟁은 실제로 대다수 국민의 일상생활에 거의 영향을 미치지 않았다. 이는 주로 본국으로부터 멀리 떨어진 식민지에서 소규모 직업군인들에 의해 수행됐기 때문이다. 더구나 통신수단의 불비로 인해 런던의 본국 정부는 저 멀리 해외 전장에 있는 지휘관에게 전쟁수행과 관련해 이렇다 할 만한 영향력을 행사할 수도 없었다. 그러나 이제 전쟁은 지난 세기와 같이 일부 직업군인들만 동원되어 전개되는, 먼 곳에 있는 다른 대륙에서 전해져 오는, 자신과 무관한 일이 아니었다. 당사국의 대다수 국민들이 개입될 수밖에 없는 엄청난 사건으로 변했던 것이다.

이와 같이 1914년에 시작된 총력전은 민군관계에서 새로운 문제들을 표출시켰다. 영국 역사에서 민군 지도부 사이에 갈등 정도가 1914~1918년의 제1차 세계대전 기간보다 심각했던 경우는 없었다. 전쟁 발발 이전에는 전혀 상상조차 못했을 정도로 엄청난 규모의 전상자 수와 국민 각자의 삶이 전쟁의 영향권 안에 놓이게 된 냉혹한 현실이 갈등을 더욱 심화시켰다. 대전 초반과 중반의 전략적 논의는 서부전선의 참호전에 영국군이 어느 정도로 개입해야만 하는가와 밀접하게 연결되어 있었다. 즉 최전선에서 끊임없이 긴박한 전투임무를 수행하는 야전군 고위 지휘관들과 서부전선의 병력을 국가적 차원의 전략구상에 의거해 필요한 경우 수시로 다른 곳으로 이동시키려고 시도하는 민간정치가들 사이에 불신과 갈등이 초래됐다.

제1차 세계대전 발발 이전에 군의 군사전략 입안자들은 영국군이 부분적으로만 개입하는 단기전을 예상했다. 이러한 판단에 따라 참전 선포 직후 영국정부는 소규모 원정군만을 프랑스 전선에 파병했다. 전쟁은 2~3개월 이내에 종결될 것이라는 낙관적 판단에 따라 영국정부 수뇌부는 심각한 고민 없이 이러한 결정을 내렸다. 하지만 이로 인해 이후 영국은 유럽 대륙에서 엄청난 희생이 강요된 장기간의 전쟁에 깊숙이 빠져들게 됐다. 대전 발발과 더불어 그동안 국내에서 누적되어온 문제들이 더욱 첨예하게 표출됐다. 제1차 세계대전은 승리를 위해 국가의 모든 역량을 동원해야만 하는 총력전이었기에, 다른 어떠한 전쟁 시기보다 민군관계가 복잡하게 전개될 수밖에 없었다.

전쟁이 발발한 이후에도 자유당 정부는 여전히 '평시처럼(business as usual)'[11] 원칙에 입각하여 기존의 경제정책과 산업정책을 유지했다. 하지만 당초의 예상과 달리 전쟁이 총력전으로 확대되면서 정부는 곧 많은 난제에 직면해야만 했다. 기존 정책으로는 전쟁을 효율적으로 수행할 수 없다는 점이 분명하게 드러나기 시작했다. 이제 모든 군사적 결정은 국내 민간인들의 사기, 국가재원의 활용, 인력의 배분 등과 같이 군대 단독으로는 감당해낼 수 없는 중요한 정치적인 사안이 됐다.[12] 전쟁 초기에 기존 체제를 거의 그대로 유지한 채 문제를 해결해보려던 정부도 결국에는 그동안 고수해온 자유방임주의 정책을 포기하고 민간기업의 생산활동에 광범위하게 개입하기 시작했다. 특히 1915년 5월 군수물자부(Ministry of Munitions)의 신설을 계기로 군수물자 생산과 관련한 산업 분야에 대해 적극적인 간섭정책으로 전환했다.[13]

인적 및 물적 자원에 대한 국가통제의 강화는 영국 군사전략의 변화와 밀접하게 연계되어 있었다. 1914년 이전에 영국정부는 대규모 병력을 대륙에 파견한다는 전략개념에 반대했다. 그 대신 소규모 모병(募兵)으로 구성된 기존 군대, 특히 그중에서도 해군(Royal Navy)을 이용하여 전쟁에 임하고자 했다. 무엇보다 해군의 강력한 신형 전함들이 브리튼 섬

---

11) 이는 정부가 전쟁이 발발하기 이전의 상태를 그대로 유지한 채 전쟁을 수행한다는 의미였다.
12) David R. Woodward, op. cit.(1980), pp. 37-65를 참고할 것.
13) C. Wrigley, "The Ministry of Munitions: An Innovatory Department," in K. Burk(ed.), *War and the State: The Transformation of British Government 1914-19*(London: Routledge, 1982), pp. 32-56.

연안을 성공적으로 방어할 것이기에 영국경제는 거의 평시나 다름없이 작동할 수 있을 것으로 예견했다. 이러한 전략구도가 유지되는 한 기존의 산업생산 시스템을 재조직하거나 투입된 인력을 재배치할 필요가 없었다.

1914년 8월 키치너가 신임 육군장관(Secretary of State for War)으로 임명됐을 때, '평소처럼'은 더 이상 현실적인 정책이 아님이 명백해졌다.[14] 그는 해군력과 경제력에 의존하는 대신 유럽 대륙국가들처럼 영국도 강력한 지상군을 보유해야 한다고 주장했다. 일생 동안 식민지 전쟁을 통해서 얻은 명성과 강인한 개성에 힘입어 그는 단기간 내에 군사전략 분야에서 주도적인 위치를 점할 수 있었다.[15] 그는 이미 전쟁 발발 이전부터 대륙국가의 모델에 입각하여 영국을 '전원무장(nation in arms)'의 상태로 전환시키려고 의도한 바 있었다. 이는 당시 대다수 인사들이 단기전을 예견한 것과 달리 전쟁이 향후 최소한 3년 이상 지속될 것이라는 그의 전략적 판단에서 우러나온 것이었다. 그가 주도한 신병모집은 자원입대 방식으로 이뤄졌으나, 1914년의 마지막 5개월 동안에 키치너는 영국 육군을 크게 강화할 수 있었다.[16]

---

14) R. J. Q. Adams and P. F. Poirier, *The Conscription Controversy in Great Britain 1900-1918*(Columbus, Ohio: Ohio State Univ. Press, 1987), pp. 16-32.

15) 키치너는 영제국을 방어하는 데 자신의 군 경력 대부분을 보낸 정통파 야전군인이었다. 그는 이집트 주둔 사령관으로 근무(1892~1899)할 때 수단의 카르툼에서 단행된 '고든 장군 구출작전'을 진두지휘했는데, 애석하게도 고든 장군이 이슬람 원리주의자들에게 피살되고 말았다. 온 국민의 관심이 집중된 이 사건이 전개되는 과정에서 키치너는 국민적 명성을 얻었고 영국군의 상징적 존재로 부각됐다.

16) J. Grigg, "Lloyd George and Ministerial Leadership in the Great War," in P. H. Liddle(ed.), *Home Fires and Foreign Fields: British Social and Military Experience in the First World War*(London: Brassey's Defence Publishers, 1985), p. 2. 응시하는 사람을 손가락으로 가리키는 그의 모습이 담긴 모병 포스터로 상징되는 키치너의 호소는 커다란 반향을 불러일으켜서 1914년 말에는 약 120만 명에 달하는 인원이 군에 자원입대할 정도였다.

이러한 점에서 대전 초반에 키치너가 영국의 전쟁수행 과정에서 크게 기여했음을 부인할 수 없다. 하지만 전체적인 측면에서 볼 경우 그의 육군장관 임명이 과연 최선의 선택이었는지는 여전히 의문이 남는다. 일반대중의 눈에는 키치너가 영국의 가장 위대한 군인으로 각인됐을지언정 정략적 담합이 판을 치던 런던의 정치세계는 주로 식민지 전장에서만 잔뼈가 굵어온 키치너에게 너무 생소한 분위기였을 것이다. 이로 인해 그는 민간정치가들과 자연스럽게 화합하기가 어려웠다. 내각의 일원인 육군장관으로서 관련부서의 민간정치가들과 긴밀한 협력관계를 유지하는 문제가 긴요했음에도 불구하고 오히려 그들을 불신하고 개인적인 접촉마저 꺼렸던 것이다.[17)

1915년 5월까지 정부의 전쟁정책은 주로 수상 애스퀴스, 해군장관 처칠, 그리고 육군장관 키치너 등 세 사람에 의해 이뤄졌다. 이 시기에 이르러 보수당은 기존 전쟁수행 방식에 대해 노골적으로 불만을 표명하기 시작했다. 전쟁이 총력전 및 장기전으로 변할 것이 명백해지는 상황에서도 애스퀴스 정부는 기존 구조에 별다른 변화를 가하지 않은 채 전쟁을 수행한다는 정책을 고수했기 때문이다. 그런데 애스퀴스 수상의 이러한 비효율적인 전쟁수행으로 문제점이 속출했다. 급기야 육군과 해군에서 일어난 두 가지 사건[18)이 누적된 불만을 분출시키는 촉매제 역할

---

17) M. Howard, "Chapter 3 British Grand Strategy in World War I," in P. Kennedy(ed.), *Grand Strategies in War and Peace*(New Heaven: Yale Univ. Press, 1991), p. 35.
18) 프렌치 장군은 키치너가 서부전선에 필요한 분량의 포탄 공급을 위해 별다른 노력을 기울이지 않고 있다고 의심했다. 이러한 프렌치의 의혹에 불을 지핀 것은 기존 포탄 분량의 20%를 삭감한다는 육군성의 통보였다. 이에 격분한 프렌치는《더 타임스 (*The Times*)》종군기자였던 리핑턴 대령(Col. Repington)에게 포탄 부족에 관한 내용을 흘렸고, 후자가 이를 기사화함으로써 이른바 '포탄의혹사건(Shell Scandal)'이 불거졌다.(P. Fraser, "British 'Shells Scandal' of 1915," *Canadian Journal of History*, Vol. 18, 1983, pp. 69-86) 또 다른 하나는 갈리폴리 원정군 문제를 둘러싸고 발생한 피셔 해군사령관(First

을 했다. 이러한 사태에 직면하여 보수당은 애스퀴스에게 기존 전쟁수행 정책의 재고(再考)와 내각개편을 요구했다.

정치적 압박을 감지한 애스퀴스는 1915년 5월 중순 자유당과 보수당을 중심으로 연립내각을 구성했다. 처칠을 대신하여 밸푸어가 해군장관으로 임명됐고, 키치너는 현직에 유임됐다. 무엇보다 군수물자에 대한 통제책임이 육군성으로부터 로이드 조지의 책임 아래 그해 6월 신설된 군수물자부로 이관됐다.[19] 이러한 정치적 변화는 군에 당장 영향을 미치지는 못했으나 연말쯤에는 전략수행 과정에 중요한 요소로 작용했다. 1915년 동안에 걸쳐서 삼국협상 진영이 취한 군사전략의 총체적 실패가 이러한 움직임을 촉진시켰다. 우선 영국원정군 총사령관 프렌치 장군을 해임하고 그 자리에 헤이그 장군을 새로 임명하는 조치가 취해졌다.

무엇보다 애스퀴스 수상이 로버트슨과 헤이그의 건의를 전폭적으로 수용하여 군사전략과 관련해 내각에 대한 조언 통로를 변경한 점이 주목할 만했다. 단적으로 말해 이는 군사전략에 대한 키치너의 기존 권한을 축소시키려는 조치였다. 그동안 내각 안에서 군사 문제에 대한 유일한 조언자는 키치너였다. 제국총참모장은 물론이고 육군참모총장조차 그의 휘하에 있었다. 키치너의 독선적인 태도로 인해 군사 관련 사안을 논의할 때마다 곤란을 겪은 애스퀴스는 내각의 군사 문제 조언자를 육군장관 키치너 대신에 제국총참모장으로 교체했다. 이로 인해 1915년 말에 이르면 키치너는 군수물자는 물론이고 군사전략에 대한 통제 권한마

Sea Lord)의 갑작스러운 사임이었다. R. Blake(ed.), *The Private Papers of Sir Douglas Haig 1914-1919*(London: Eyre & Spottiswoode, 1952), pp. 35-36.

19) C. Wrigley, op. cit., p. 32. 군수물자부에서 행한 로이드 조지의 활약상에 대해서는 R. J. Q. Adams, *Arms and Wizard: Lloyd George and the Ministry of Munitions 1915-1916*(College Station: Texas A&M Univ. Press, 1978)을 참고할 것.

4장 제1차 세계대전과 영국의 민군관계 127

저 행사할 수 없었다. 이러한 사전작업을 마무리한 애스퀴스는 1915년 12월 제국총참모장 아치발드 머리(Sir Archibald Murray) 장군을 당시 영국 원정군 참모장으로서 신임이 두터웠던 로버트슨 장군[20]으로 전격 교체했다.

이후 약 2년간 재임하면서 로버트슨은 군의 전략수행 측면에서 핵심적 역할을 수행했다. 탁월한 행정가이자 전문 직업군인인 로버트슨은 확고히 서부전선에 우선순위를 두었다. 그는 전쟁에서 승리할 수 있는 길은 '결정적 전선'에 전투력을 집중하는 것이고 그곳은 바로 서부전선이라고 확신했다.[21] 그는 전쟁은 동맹 진영이나 협상 진영 둘 중 하나가 완전히 패배해야만 종결될 수 있다는 판단 아래 승리를 위해서는 민간정치가도 최고지휘부(high command)의 전략에 순응해야만 한다고 주장했다. 민간정치가들이 잘 모르는 경우, 간혹 전략수행 내용을 비밀에 부치기도 했다. 로이드 조지처럼 평소 군 문제에 깊은 관심을 갖고 있던 민간정치가들이 집요하게 잡고 늘어졌으나 그의 태도에는 변함이 없었다.[22]

전형적인 군인의 모습이던 로버트슨과 대조적으로 헤이그는 정치적 성향이 농후한 군인이었다. 헤이그는 당대 영국의 유력 정치가들 사이

---

20) 로버트슨 장군은 하층계급 출신으로 말단 사병에서 출발하여 육군의 최고 직위까지 오른 입지전적인 인물이었다. 그는 1915년 12월~1918년 2월까지 약 2년여 동안 제국 총참모장으로 복무했다.

21) J. Terraine, "Lloyd George's Dilemma," *History Today*(May, 1961), p. 356.

22) 로이드 조지는 나중에 자신의 『비망록(*War Memoirs*)』에서 군인으로서 로버트슨을 대단한 능력을 겸비한 인물로 높이 평가했으나 제국총참모장으로서의 역할에는 별로 좋은 점수를 주지 않았다. 내각에 대한 유일한 공식 군사 문제 조언자로서 전쟁수행을 정치상황 및 전시경제와 연결하여 대국적인 견지에서 바라보아야만 했음에도 그는 특정 전장에만 집착하는 모습으로 일관했다는 것이 로이드 조지의 불만이었다.("Chapter 27 Sir William Robertson," in David Lloyd George, *War Memoires of David Lloyd George*(London: Oldhams Press, 1938), pp. 466~469)

에 탄탄한 지지기반을 갖고 있었다. 특히 군사 문제에 상당한 영향력을 행사하고 있던 국왕 조지 5세의 두터운 신임을 받고 있었다. 근무지인 프랑스에서도 그의 위치는 확고부동한 듯이 보였다. 그는 단순히 소규모 영국원정군의 지휘관이 아니라 빠르게 강화되고 있던 영국군의 최고 지휘관이라는 특권적 위상을 갖고 있었다. 특히 전임자였던 프렌치 장군과 달리 보조적인 입장이 아니라 프랑스군 장군들과 대등한 위치에서 군사적 교섭을 벌였다. 프랑스군 총사령관 조프르 장군(General Joffre)과도 친분이 깊었기에 런던의 민간정치가들은 어느 누구도 헤이그의 군사작전에 적극적으로 간섭하길 망설였다.[23)

전략을 수행하는 핵심인물들의 교체에도 불구하고 애스퀴스 정부는 근본적으로 평시체제에 기반을 두고 있었다. 전쟁이 발발하면서 애스퀴스는 전시내각(War Cabinet)을 구성하고 그 산하에 전쟁위원회(War Council)를 두었다. 하지만 이는 총력전을 수행하기엔 너무 방대하고 엉성했다.[24) 1916년 가을에 접어들면서 수상 애스퀴스의 미온적인 전쟁수행에 대한 불만이 정치권 내부에서 본격적으로 표출되기 시작했다. 영국이 당면한 국가적 위기를 극복하기 위해서는 전쟁의 전개 과정을 파악하는 현실감각과 효율적인 전쟁수행에 필요한 강력한 지도력을 겸비한 정치가가 요구됐다.

한마디로 정치권과 군부를 동시에 통제할 수 있는 인물이 절실했던 것이다. 결점이 없었던 바는 아니나 1908년 이래 재무부장관으로서 십분

---

23) D. Graham and S. Bidwell, *Firepower: British Army Weapons and Theories of War 1904-45*(London: Routledge, 1982), pp. 73-74. 헤이그는 매사에 신중한 인물이었다. 그는 군사적 측면에서는 엄격했던 반면에 정치적인 문제를 다룰 때에는 상당한 융통성을 발휘했다. 특히 자신에게 필요한 인물들과의 친분관계를 원만하게 유지했다.

24) J. Turner, "Cabinets, Committees and Secretariats: The Higher Direction of War," in K. Burk, op. cit., pp. 58-59.

능력을 발휘해온 웨일스 출신의 정치가 로이드 조지가 적임자로 부상했다. 애스퀴스 진영의 거센 반대에도 불구하고 특히 보수당의 실세였던 에드워드 카슨 경(Sir Edward Carson)과 보나 로(Bonar Law)의 지지를 얻은 로이드 조지가 1916년 12월 신임 수상으로 선출됐다. 취임 직후부터 그는 무려 5개 부서를 신설하고 전쟁수행체계를 변경하는 등 강력한 전시지도력을 발휘하기 시작했다.

4. 민간정부의 전략수행과 군의 반응

수상이 되기 이전부터 로이드 조지는 군사전략에 대한 군부의 독점적 지위에 대해 가장 강경하게 이의를 제기해온 대표적인 민간정치가였다.[25] 수상이 되기 이전에는 그 역시 감히 군부의 아성에 도전할 만한 준비가 되어 있지 않았다. 군대와 관련된 그의 유일한 경험은 홀데인 군제개혁 이전에 존재한 민병대에서 가끔씩 소집훈련을 받은 것이 전부일 정도로 일천했기 때문이다. 하지만 시간이 지나면서 그는 자신의 직접경험 부족이나 장군들의 전문성에 위축되지 않고 군사전략 수행을 전적으로 직업군인들에게만 맡겨서는 곤란하다고 확신하게 됐다. 그는 전쟁 관련 서적을 탐독하고 동시에 전장에서 장교들과의 직접적인 접촉을 통해 군에 대한 지식을 쌓고 이해를 넓혀 나갔다. 이러한 노력을 통해서 곧 그는 세부내용까지는 모를지언정 최고사령부 차원에서 진행되는 논

---

25) 전쟁 발발 전에 로이드 조지는 자유당 정권 아래에서 이미 상무부장관과 재무부장관 직책을 역임한 바 있었다. 전시에 그는 군수물자부장관(1915년), 전쟁부장관(1916년), 그리고 수상(1916. 12월) 등의 요직을 수행하면서 영국을 승전(勝戰)으로 이끄는 데 중추적인 역할을 담당했다.

의에 대해서는 나름대로 의견을 개진할 수 있다고 생각했다.

무엇보다 그는 영국군 최고지휘부, 더 나아가서는 연합군 군 지도부가 확실한 전승(戰勝) 계획을 갖고 있지 않다고 판단했다. 연합국의 각국 군대 간에 긴밀한 협조보다는 공격에 임하는 장군들마다 단지 자신이 담당한 전장만을 염두에 둔 채 전투를 수행하기 때문에 별다른 성과도 없이 값비싼 대가만을 치르고 있다고 분석했다. 더구나 철조망과 기관총으로 방어선이 구축된 서부전선에서 장기간에 걸쳐 대규모 공격을 감행하는 것은 무의미한 자살행위라고 비판했다. 따라서 로이드 조지는 엄청난 인명 희생을 요구하는 서부전선에만 집착할 것이 아니라 전체 전선에서 적의 가장 취약한 부분에 병력을 집중적으로 투입할 것을 제안했다. 그는 상대적으로 진지구축이 허술하고 민족구성도 다양한 발칸반도야말로 바로 그 지역이라고 내심 믿고 있었다.[26]

로이드 조지가 군 수뇌부와 마찰을 일으키면서까지 동부전선 우선을 주장한 이유는 무엇일까? 그의 전략관 형성에 중요한 영향을 미친 요소는 정치경제적 고려였다. 그는 군사작전이 갖는 복합적인 파장을 신중하게 주목하고, 이를 결코 군사적인 측면에서만 파악한 것이 아니라 더욱 넓은 구도 속에서 검토했다. 실제로 전쟁 전반기에 로이드 조지가 깊은 관심을 기울인 분야는 직접적인 군사전략이 아니라 국내의 전시경제 문제였다. 국민생활에 주는 피해를 최소화하면서 전쟁수행에 필요한 대규모의 인력자원과 군수물자를 효율적으로 조달하는 과업을 주도했다. 이처럼 그는 매우 거시적이고 복합적인 관점에서 군사전략에 접근했기에 주로 군대 문제에만 집중하고 있던 군 지도자들과 원만한 관계를 유지하기가 본질적으로 어려웠다.

---

26) David Lloyd George, op. cit., p. 218.

군 수뇌부의 전략수행에 대한 로이드 조지의 관심과 개입은 무엇보다 국내의 전시경제 상황과 밀접하게 연계되어 있었다. 대량살상과 소모전으로 인해 엄청난 규모로 인원과 물자가 요구된 탓에 실제로 이를 조달하는 생산현장에서는 가중되는 난제들에 허덕이고 있었다. 당시 정부는 군수물자 증산을 위해 공장을 최대한 가동시켜야만 했던 반면에, 다른 한편으로는 전선의 병력충원 요구에 부응하기 위해 산업현장에서 인력을 차출해야만 했다. 이는 산업현장의 당사자들인 노동자 및 기업가의 불만과 반발을 초래하기에 충분한 사안이었다. 이러한 복잡한 문제해결에 초반부터 깊숙이 관여해온 인물이 바로 로이드 조지였다. 그는 노사(勞使)의 반발을 억제하면서 요구되는 군수물자를 계획대로 생산하기 위해서는 산업 분야에 대한 정부의 적극적 개입이 불가피하다고 역설해왔다.[27]

병력충원에 필요한 노동자의 징집으로 초래된 숙련노동자의 부족, 군의 급증하는 군수물자 생산 요구, 그리고 정상적 경제활동의 와해 등은 국가간섭을 정당화하기에 충분했다. 이러한 맥락에서 1915년 3월 정부와 노조(勞組) 사이에 이른바 '재무부 합의(Treasury Agreement)'가 도출됐다. 1915년 6월에는 군수물자부가 신설됐고, 의회로부터 법적 구속력도 부여받았다. 그러나 이러한 미온적인 조치로는 군수물자 생산에 필요한 노동력을 확보할 때 수반되는 난제들을 극복할 수 없었다. 결국 정부는 강제력과 법적 근거가 더욱 강화된 전시 산업관계 전략으로 전환하고

---

27) 한마디로 그는 정부가 고수하는 '정상대로' 정책의 수정을 원했고, 더 나아가서 영국이라는 국가가 총력전 체제로 돌입함으로써 키치너가 제기했던 '전(全) 국민 무장'이 실현되길 기대했다. 이는 영국의 기계공업 분야 전체가 군수물자 생산으로 전환될 때에만 가능한 일이었다.(Edward David, ed., *Inside Asquith's Cabinet: From the Diaries of Charles Hobhouse*(London: John Murray, 1977), p. 224)

본격적으로 민간기업의 산업활동에 개입하기 시작했다. 무엇보다 생산 현장에서의 '강제조정'을 합법화했다.[28]

특히 심각한 갈등을 초래한 사안은 필요한 곳에 노동자를 강제로 재배치하는 것과 '숙련공의 작업을 분업화하여 비숙련공에게 맡기는 문제(dilution)'였다. 초기에 이를 실행에 옮기려던 정부의 시도는 기계공노조(Amalgamated Society of Engineers)의 완강한 반대에 부딪혀 실효를 거두지 못한 바 있었다. 하지만 징병제의 도입으로 인적 자원의 부족현상이 더욱 심각해지면서 숙련공을 비숙련공으로 대체하는 사례가 급증했다. 군수물자 생산 분야에 대한 이러한 강제적 인력조정은 전쟁이 끝날 때까지 지속적으로 산업분규를 초래했다. 빈번해지는 노사 간 충돌과 정부 조치에 대한 반발에 비례하여 정부의 개입 범위도 불가피하게 확대될 수밖에 없었다.[29]

서부전선에서 솜 공격이 개시된 직후인 1916년 7월 초 마침내 로이드 조지가 전쟁부장관으로 임명됐다. 전략 문제를 논의하기 위해 러시아로 향하던 키치너가 승선 중이던 영국 구축함이 북해상에서 격침되는 바람에 익사했기 때문이다.[30] 취임 얼마 후에 로이드 조지는 내각의 전쟁위원회(War Committee)에서 루마니아와 접촉할 수 있는 통로를 확보할 목적으로 그리스의 살로니카(Salonika) 방면에서 불가리아를 공격하는 전략을 제기했다. 하지만 이는 육군 측의 강력한 반대에 부딪혀 실현되지 못했다. 그런데 그해 8월 말에 루마니아가 참전함에 따라 로이드 조지와

---

28) C. Wrigley, *Lloyd George and the British Labour Movement: Peace and War*(Brighton: Gregg, 1976), pp. 110-121.

29) J. Hinton, "The Clyde Workers Committee and the Dilution Struggle," in A. Briggs and J. Saville(eds.), *Essays in Labour History 1886-1923*(London: Palgrave Macmillan, 1971), pp. 152-158.

30) David Lloyd George, op. cit., p. 456.

그의 예언적인 제안을 무시했던 육군 수뇌부 사이에 갈등의 골은 더욱 깊어졌다. 서부전선에 집착하여 루마니아에 대한 지원을 반대한 육군의 전략을 로이드 조지가 전쟁위원회에서 비판함에 따라 그동안 쌓여온 군 수뇌부와의 갈등이 표면화됐던 것이다. 10월 말에 이르러 당시 영국군의 전략수행을 주도하고 있던 로버트슨 장군의 리더십에 대한 로이드 조지의 불만은 더욱 높아졌다.[31]

1916년 12월 마침내 연립정부의 수상으로 선출된 로이드 조지는 더욱 적극적으로 영국군의 전략을 재점검하기 시작했다. 우선 효율적인 전쟁수행을 위해 관련 조직을 개편했다. 비효율적인 평시 규모의 기존 내각을 없애고 수상을 포함하여 총 다섯 명으로 구성된 소규모 전시내각을 신설했다. 실질적으로 내각을 보좌할 실무담당 기구로 전시내각 비서실(War Cabinet Secretariat)을 설치했다.[32]

전쟁수행을 위한 로이드 조지의 강력한 지도력에도 불구하고 기존의 서부전선 우선전략을 수정하는 것은 간단한 문제가 아니었다. 그의 수상 취임이 바로 동부전선 우선 정책의 승리를 의미하는 것은 아니었다. 정치권에서 그의 수상 선출을 지지한 세력은 애스퀴스의 서부전선 전략이 아니라 단지 그의 우유부단한 태도와 느슨한 전쟁수행 방식에 대한 누적된 반감 때문에 로이드 조지 쪽으로 돌아섰던 것이다. 보수당의 중

---

31) 로이드 조지는 비버브룩 경(Lord Beaverbrook)에게 "나는 도살할 소를 도살장으로 끌어다 주는 심부름꾼 아이처럼 장군들이 요구하는 인력을 보충만 해주다가 전쟁에서 나의 임무를 끝내고 말 처지에 놓여 있다."고 푸념할 정도로 육군성과의 관계에서 자신의 취약한 입지에 불만을 갖고 있었다.(Max A. Beaverbrook, *Politicians and the War, 1914-1916*(London: Archon Books, 1960), p. 320)

32) 비서실은 정부의 각 부서로부터 자료를 수집하고 안건을 내세우고 결정된 사항을 기록 및 통보하는 기능을 수행하여 정부의 전쟁수행에 크게 기여했다. 특히 전임 CID 서기였던 행키의 탁월한 지도 아래 이는 단기간 안에 정치 및 군사 문제에 대한 아이디어를 개발하고 이의 실행을 주도하는 조직으로 발전했다.(J. Grigg, op. cit., p. 4)

진 의원들도 신임 수상에게 군 수뇌부의 변동을 원치 않는다는 입장을 전달했다. 애스퀴스와의 불화로 인해 수상이 되는 과정에서 야당인 보수당의 지지에 상당 부분 의존할 수밖에 없었던 로이드 조지로서는 이들의 견해를 무시할 수 없었다. 설상가상으로 군 수뇌부는 일반여론의 지지는 물론이고 특히 국왕의 신임을 얻고 있었다. 결국 로이드 조지는 속으로는 내키지 않았으나 일단 헤이그와 로버트슨을 유임시키기로 결정했다.[33]

그러나 얼마 지나지 않아서 신임 수상과 군 수뇌부 간에 갈등이 표출되기 시작했다. 1917년 2월 프랑스 칼레(Calais)에서 열린 영국과 프랑스 양국 군 수뇌부의 회동이 직접적 계기가 됐다. 이 회의에서 프랑스에 주둔하고 있는 영국군에 대한 최고지휘권을 프랑스 측에 이양한다는 합의가 이뤄졌다. 한마디로 영국원정군 사령관 헤이그 장군을 지휘계통상 프랑스군 총사령관 니벨 장군(Gen. Nivelle)의 휘하에 둔다는 결정이었다. 사전에 프랑스 측과 비밀리에 합의한 신임 수상이 이를 1917년 2월 말 내각회의에서 전격적으로 발표했다. 영국원정군 전체의 위상에 영향을 미치는 이러한 조치에 대해 금시초문이었던 헤이그를 포함한 군 수뇌부는 매우 분개했다. 비록 지휘권 이양 문제는 최초 합의대로 프랑스 측으로 넘어가지는 않았으나 이 사건으로 인해 로이드 조지에 대한 원정군 총사령관 헤이그 장군의 불신은 더욱 심화됐다.

서부전선에서 전황 변화의 돌파구를 마련코자 총사령관 니벨이 주도하여 시도한 공격작전은 그해 4월경에 이르러 실패로 끝나고 말았다. 이로 인해 영국군의 지휘권을 니벨 장군 휘하에 두려는 시도까지 하면서 이를 추진했던 로이드 조지의 입장이 난처하게 됐다. 그럼에도 불구하

---

[33] R. Blake, op. cit., p. 41.

고 그는 끊임없이 대안을 강구했다. 1917년 5월 초 전시내각 회의에서는 2월혁명으로 전력이 크게 약화된 러시아 문제가 주로 논의됐다. 수상은 동부전선에서 초래되고 있는 힘의 공백 상태를 최소화하기 위해 독일과 그 동맹국들을 분리시킬 수 있는 대책을 군 수뇌부에 요구했다. 이때 그는 또다시 수만 명을 희생시킬지도 모를 서부전선에서의 대규모 공세에 대해서는 분명하게 반대입장을 표명하면서, 동맹진영으로부터 오스만 튀르크를 이탈시키기 위한 군사작전의 필요성을 적극 주창했다.

그러나 종국에 내각의 각료들은 대부분 최고사령부의 견해에 찬성했다. 물론 장군들의 주장이 설득력을 결여하고 있기는 했으나 여전히 이들을 전쟁에 관한 한 '전문가(expert)'로 인식했던 것이다. 수상이었음에도 로이드 조지는 막대한 인명피해를 초래하고 있는 헤이그 장군의 서부전선 저지대 지방에 대한 공격작전을 즉각 중지시키지 못했다. 하지만 상황은 점차 군 지휘관들의 입지가 약화되는 방향으로 전개됐다. 1917년 여름에 로이드 조지의 반대[34]를 무릅쓰고 강행한 파스샹달 전투에서 헤이그와 로버트슨은 목표를 달성하지도 못한 채 약 25만 명에 달하는 엄청난 인명손실만 내고 말았기 때문이다. 전투의 참상은 심지어 서부전선 우선전략의 지지자들마저 크게 실망시켰다. 이를 계기로 로이드 조지는 1915년 갈리폴리 상륙작전 실패 후 명분을 상실한 동부전선 우선전략을 재차 적극 제기할 수 있었다. 국내 여론을 의식하여 군 수뇌부를 공개적으로 비난하지는 않았으나 구체적으로 이들의 권한을 축소시킬 방안을 강구했다.

로이드 조지는 1917년 가을 군 수뇌부와 두 번째 힘겨루기에 나섰다.

---

34) David Lloyd George, op. cit., p. 1365. 전투 실행을 중단시키려던 로이드 조지의 시도는 군 수뇌부와 밀착된 국왕 조지5세 및 여타 민간정치가들의 압력에 직면하여 성공하지 못했다.

첫 번째 대결무대였던 프랑스 칼레 회합에서 실질적으로는 헤이그와 로버트슨에게 판정패를 당했던 탓에 이번에는 다소 우회적인 방법을 모색했다. 이는 별도의 군사적 조언 계통을 확보하려는 시도로 나타났다. 첫 단계로 10월에 그는 지상군 총사령관 프렌치와 원정군 참모장 헨리 윌슨 장군(Sir Henry Wilson)에게 작금의 영국군 전략에 대한 각자의 의견을 내각에 제출해줄 것을 요청했다. 이는 당시 내각에 대한 공식 군사조언자였던 로버트슨 장군에게는 매우 모욕적인 처사였다. 이를 계기로 로이드 조지는 로버트슨이 울분을 참지 못하고 사임하리라 내심 기대했으나 헤이그와 사태를 논의한 로버트슨은 내각에 대한 자신의 군사적 조언이 공식적으로 거부될 때까지 임무를 지속하기로 결정했다.

프렌치와 윌슨은 로이드 조지의 동부전선 우선주의에 찬성한 것은 아니었으나 최고사령부의 기존 군사전략에 대해 비판적인 입장에 있었다. 이들은 로이드 조지에게 전략수행을 전체적으로 조율할 수 있는 연합군 간 협력기구의 설치를 건의했다. 로버트슨과 헤이그가 영국군의 전략수행을 거의 독점하던 기존 상황에 불만을 품고 있던 로이드 조지에게 이는 매우 매력적인 제안이었다. 1917년 11월에 개최된 라팔로(Rapallo) 회합에서 그와 프랑스 수상 폴 팽레브(Paul Painleve)는 연합군 전쟁수행 최고협력위원회(Inter-Allied Supreme War Council)를 설치한다는 데 합의했다.[35] 베르사유에 본부를 둘 위원회에는 비록 실행 권한은 없었으나 전문적인 조언자 자격으로 각국(영국, 프랑스, 이탈리아, 미국)의 군사대표들이 상주할 예정이었다.

위원회 설치는 기존의 군사 조언 라인에 불만을 갖고 있던 로이드 조지에게 이를 시정할 수 있는 호기로 인식됐다. 그동안 로이드 조지는 수

---

35) Ibid., pp. 1435-1440.

상인 자신이 신뢰하지도 않는 로버트슨 및 헤이그로부터 군사현안에 대한 조언을 받아야만 했다. 이러한 상황에서도 이들을 해임할 수조차 없다는 딜레마에서 고민하고 있었다. 공식 군사전문가의 조언을 무시할 경우 그는 민간인 정치가가 제대로 알지도 못하면서 군사전문가의 조언을 거부한다는 비난을 면하기 어려웠기 때문이다. 바로 이러한 상황에서 새로 구성된 위원회가 그에게 대안의 길을 제공했던 것이다. 그는 이 임무를 수행할 영국의 군사대표로서 자신에게 협조적이던 윌슨 장군을 임명했다. 윌슨은 특히 프랑스 군부의 수뇌들과 친분이 두터웠고, 무엇보다 헤이그나 로버트슨과는 다른 견해를 가진 인물로 알려져 있었다.[36]

군 수뇌부를 겨냥한 로이드 조지의 반격은 1917년 가을경 절정에 달했다. 수많은 인명피해를 초래한 파스샹달 전투와 같은 비극이 더 이상 반복되면 안 된다는 방침을 내걸고 그는 서부전선에서의 병력증원 요구를 묵살했다. 1917년 말에서 1918년 초의 동절기에 동부전선에서 러시아와 종전 협정을 맺은 독일군이 그곳의 병력을 서부전선으로 이동시켜 대공세를 취할 가능성이 농후하다는 정보 보고에도 불구하고 로이드 조지는 병력 증원 요청을 허락하지 않았다. 헤이그에 대한 그의 불신임으로 인해 프랑스에 파병된 영국군 전체가 잠시나마 커다란 위험에 처한 듯이 보였다. 전쟁 기간을 통해 이 시기만큼 민군 지도부 사이에 갈등이 고조된 경우도 없었다.

이러한 상황에서 로이드 조지는 자신이 신임한 윌슨에게 더욱 힘을 실어주는 방향으로 대응했다. 1918년 1월 그는 프랑스 수상 클레망소와 "예상되는 독일군의 대공세에 대한 대비책으로 별도의 예비대를 신설하고 이를 베르사유 소재 연합군 군 대표들의 지휘 아래에 놓는다."는 내

---

36) J. Terraine, op. cit., p. 358.

용에 합의했다. 이는 윌슨이 헤이그나 로버트슨의 통제에서 벗어나 독자적으로 영국군에 이동 명령을 하달할 수 있는 권한을 갖게 됐음을 의미했다. 바야흐로 군 통제의 이원체제가 확립되어 로이드 조지는 로버트슨을 통하지 않고서도 언제든 윌슨으로부터 군사 관련 조언을 받을 수 있었다. 이러한 기습적인 조치에 대해 로버트슨은 제국총참모장인 자신이야말로 영국원정군의 유일한 책임자라고 항변했다.

시간이 지날수록 로이드 조지와 로버트슨 사이의 갈등의 골은 깊어졌다. 한 현역 고위급 장교가 영국 언론에 기존 군 수뇌부를 옹호하는 내용의 기사를 기고한 것이 기폭제로 작용했다. 제국총참모장의 권한을 제한해야 한다는 로이드 조지의 제안과 반대로 로버트슨은 오히려 자신이 현 직책은 물론이고 베르사유의 영국군 대표직까지 겸임해야 한다고 맞섰다. 몇 차례 타협이 시도됐으나 양측의 입장 고수로 인해 결렬되고 말았다. 마침내 1918년 2월 중순경 완고하게 버티던 로버트슨이 사임하자 로이드 조지는 기다렸다는 듯이 윌슨을 후임자로 임명했다.[37] 이 사태가 헤이그의 사임으로까지 이어지지는 않았으나 민군 사이에 고조됐던 마찰은 일단 로이드 조지 수상을 중심으로 한 정치권의 부분적인 승리로 일단락됐다.

로버트슨의 사임을 계기로 한동안 "동부전선을 우선하자"는 분위기가 고조됐다. 실제로 1918년 3월 "동부전선 지역에서 행해지는 군사작전과 관련하여 내각에 조언하는 임무를 담당할" 동부전선위원회(Eastern Committee)가 설치됐다.[38] 이에 더해 로이드 조지는 영국의 미래전략을 논의하는 고위급 회합에 자치령(自治領)의 수상들도 참석시킴으로써 제

---

[37] David Lloyd George, op. cit., pp. 1687-1688.
[38] David R. Woodward, op. cit.(1980), p. 61.

국방어를 우선시하는 자신의 입지를 강화코자 했다. 그는 당분간 영국 군은 서부전선에서 미군의 보조역할에 만족하면서 전투력을 보강하는 것이 바람직한 방향이라는 판단에 따라 그러한 조치를 취했다. 하지만 프랑스의 강력한 반발이 예상되었기에 이를 노골적으로 드러내지는 못했다. 더구나 자신의 편이라고 믿어온 윌슨마저 7월경에 이르러서는 1919년 여름 이내에 전쟁을 끝내기 위해서는 서부전선에서 대공세를 취할 수밖에 없다는 입장을 표명했다.[39] 물론 잘 알려진 바와 같이 독일이 예상보다 빨리 강화를 요청하는 바람에 이 계획이 실행으로까지 이어지지는 못했다.

　1918년 5월에 일어난 모리스(Maurice) 사건[40]을 제외하고 민군 수뇌부 사이에 더 이상의 충돌은 없었다. 1918년 11월 11일 길고 치열했던 전쟁이 끝났을 때, 로이드 조지는 여전히 수상이었고 헤이그 역시 영국원정군 총사령관 임무를 수행하고 있었다. 로버트슨을 대신하여 윌슨을 제국총참모장으로 임명하는 데에는 성공했으나 수상인 로이드 조지일지

---

39) H. Wilson, "British Military Policy, 1918-1919," July 25, 1918, Cab. 25/85. 그는 8월 1일 자 자신의 일기에서도 "만일 진정한 평화를 원한다면, 우리는 독일 지상군을 격파해야만 한다."고 자신의 속마음을 토로하고 있다.(C. E. Callwell and Marshal Foch, *Field Marshal Sir Henry Wilson: His Life and Diaries*, Vol. 1(London: Charles Scribners' Sons, 1927), p. 119)

40) 민군관계에서 군 수뇌부가 시도한 정치권에 대한 최종적인 도전은 1918년 5월의 모리스 장군 투서사건이었다. 독일군의 초기 공세와 관련된 하원 내 보고에서 로이드 조지가 사실을 부정확하게 전달했다는 내용의 서신을 모리스 장군이 《모닝 포스트(*Morning Post*)》에 보냈고, 이것이 기사화되어 의회 내에서 정치 문제로 비화된 사건이었다. 하원 내에서 애스퀴스가 이 문제를 물고 늘어졌으나 정작 군 수뇌부에서는 이에 대해 별다른 관심을 보이지 않았다. 오히려 헤이그는 모리스의 행동을 군인에게 어울리지 않는 행동으로서 용인할 수 없는 일이라고 반응했다. 모리스 사건의 전말에 관해서는 David Lloyd George, op. cit., pp. 1778-1791, "Chapter 80 The Maurice Debate"를 참고할 것.

라도 당시 영국군의 상징적 인물이던 헤이그까지는 어떻게 할 수 없었던 것이다. 더구나 어찌 됐든 최종승리를 가져온 것은 군 수뇌부가 줄기차게 주장해온 서부전선 전략이었다. 지속적인 갈등과 반목에도 불구하고 로이드 조지는 군의 대표적인 장군들에게 동부전선 우선전략을 강제할 정도로 큰 영향력을 발휘할 수는 없었다.

5. 민군관계, 승리를 향한 악수(握手)

1914년 이전에 영국의 전쟁 입안자들은 유럽에서 전쟁이 발발할 경우 이는 영국의 제한된 개입만을 요구하는 단기전이 될 것으로 예상했다. 이에 따라 전쟁이 발발하자 영국정부와 군부는 한목소리로 소규모의 원정군만을 대륙에 파병하기로 결정했다. "전쟁이 몇 개월 이내에 끝나리라."는 당시의 낙관적 분위기가 이러한 결정을 더욱 고무했다. 하지만 이러한 초기 개입으로 인해 이후 영국은 유럽의 서부전선에서 장기간 지속된 대규모 살육전 및 소모전이라는 늪 속으로 빠져들었다.

무엇보다 전쟁 동안 민군 간에 갈등을 가중시킨 핵심 현안은 '동부전선파'와 '서부전선파' 사이에 벌어진 전략수행 방안 논쟁이었다. 전자는 현대전에서 방어무기의 위력이 강력하기에 어느 쪽도 서부전선에서 교착상태를 타개할 수 없고 대규모의 사상자만 초래한다고 분석했다. 따라서 적을 무찌를 수 있는 유일한 방법은 독일군의 주력으로부터 멀리 떨어져 있으면서 동맹진영 전선의 측방에 해당하는 발칸반도에 대한 공격이라고 역설했다. 이에 반해 후자는 어떠한 대가를 치르더라도 전쟁의 승리는 오직 서부전선에서만 얻어질 수 있다고 믿었다. 이들은 최전선에서 군대의 결정적 패배가 없는 한 독일은 결코 항복하지 않을 것이기에 독일의 동맹국에 대한 공격은 무익한 시도일 수밖에 없다고 주장했다. 더욱이 독일은 내선(內線)의 이점으로 인해 신속한 병력파견이 가능했기에 서부전선의 병력을 다른 지역으로 분산시킬 경우 자칫하면 독일군에게 방어선을 돌파당할 수도 있다고 우려했다.

전쟁을 선도한 지도급 인사들은 군사전략 수행을 둘러싸고 민군 사이에 벌어진 불가피한 갈등에 대해 만족할 만한 해결책을 제시할 수 없었다. 전혀 예상치 못한 대규모의 인적 및 물적 자원의 동원과 엄청난 수의 희생자는 정치적 목표와 군사적 목표 간의 갈등을 더욱 심화시켰다. 전쟁 전문가인 군 수뇌부를 불신했음에도 불구하고 민간정치가들은 전략수행 전반에 대해 장군들에게 전적으로 의존할 수밖에 없는 모순을 감수해야만 했다. 수상이자 대군(對軍) 강경론자였던 로이드 조지마저 군 수뇌부가 견지한 서부전선 우선주의라는 전략노선을 변경할 수 없었다. 대전 동안 서부전선이 아닌 다른 지역에서 승리를 위한 '대안의 길'이 지속적으로 추구됐으나 주목할 만한 성과로 이어지지는 못했다.[41]

전쟁 동안 민간정치가들은 전략 문제에 관한 한 예외 없이 군사전문가인 장군들에게 의존했다. 로이드 조지의 수상 취임도 내각과 군사조언자 간의 기존 역학관계를 근본적으로 바꾸지는 못했다. 육군 총참모부와 끊임없이 불화했을지언정 로이드 조지 자신도 그것이 초래할 정치적 결과를 고려해 군 수뇌부의 전략수립에 직접개입하는 행동은 자제했다.[42] 칼레 회합의 결정, 전쟁수행 최고협력위원회 및 전쟁집행위원회의 신설 등도 이러한 원칙 범위 안에서 취해진 조치들이었다. 더구나 전쟁 기간을 통해 키치너나 헤이그와 같은 군 장성들이 국가적 영웅으로

---

41) A. R. Millett and W. Murray(eds.), *Military Effectiveness Vol. I: The First World War*(Cambridge: Cambridge Univ. Press, 2010), p. 48.

42) David R. Woodward, op. cit.(1980), p. 65.

부각됐기에 이들을 임의로 해임하기가 정치적으로 거의 불가능했다.[43] 오히려 로이드 조지와 같은 정치가들은 전투와 직접적으로 관련된 전략 문제보다 넓은 의미에서 전략수행에 영향을 주는 군수물자 보급이나 인력 수급과 같은 정치적 사안을 해결하는 측면에서 중요한 역할을 했다.

전략수행 방식을 둘러싸고 정치가와 군 수뇌부 사이에 어느 정도 갈등과 의견 대립이 있었음은 부인할 수 없다. 하지만 독일이나 프랑스와 달리 영국에서 민군 양측의 갈등은 구조적이라기보다는 기본적으로 관련 인물들의 개성(personality)과 총력전이라는 전시 상황이 만들어낸 '일시적'인 현상이었다.[44] 지난 2~3세기 동안 영국의 민군관계에서 궁극적으로 민간 측 권위의 우위가 심각하게 의문시된 경우는 없었다. 더구나 군부의 인사들이 정치 분야로 진출하여 요직을 차지한다거나 정치적 결정에 중요한 영향력을 행사한 역사적 경험도 없었다. 군부가 정치적 헤게모니까지 장악했던 대륙의 경우와 달리 영국에서 장교 집단은 국가의 다른 엘리트 집단에 버금가는 특권계급을 형성하지 못했다.

민군 두 진영 간의 갈등이 어떠한 이념적 차이나 정치체제에 대한 불신에서 배태된 것은 더더욱 아니었다.[45] 논쟁에 연루된 인물들의 애국심을 의심할 만한 이유는 전혀 없었다. 블레이크 경(Sir R. Blake)이 지적한 바와 같이,[46] 이러한 갈등은 승전(勝戰)을 위해 최선의 방법을 모색하는 과정에서 노출된 고뇌에 찬 상호 의견의 불일치에 불과했다. 모두 하나같이 동맹진영을 무찌르고 총체적인 승리를 달성하길 염원하면서 이를 위한 최선의 방법을 찾기 위해 노심초사했던 것이다. 민군 사이의 갈

---

43) D. Graham and S. Bidwell, op. cit., p. 148.

44) M. Howard, op. cit.(1957), pp. 21. 48.

45) David Lloyd George, op. cit., pp. 2013-2014.

46) M. Howard, op. cit.(1957), p. 48.

등을 초래한 수상 로이드 조지의 정치적 책략에 대해 어떠한 평가를 내리든 간에, 그가 대전 중 효율적인 전쟁수행에 필요한 국가적 통제체제의 기본 틀 형성에 핵심적 역할을 했음은 부인할 수 없다. 그가 남긴 유용한 선례 덕분에 이로부터 한 세대 이후에 벌어진 제2차 세계대전 시에는 전쟁 초반부터 더욱 정교하고 효율적인 전시 운용체계를 갖출 수 있었다.[47]

---

47) 양차 대전을 통해 전쟁 지도자로서 로이드 조지와 처칠이 행한 역할을 비교적으로 이해하기 위해서는 J. Ehrman, "Chapter 3 Lloyd George and Churchill as War Ministers," in H. R. Winkler(ed.), *Twentieth Century Britain: National Power and Social Welfare*(London: New Viewpoints, 1976), pp. 48-61을 참고할 것.

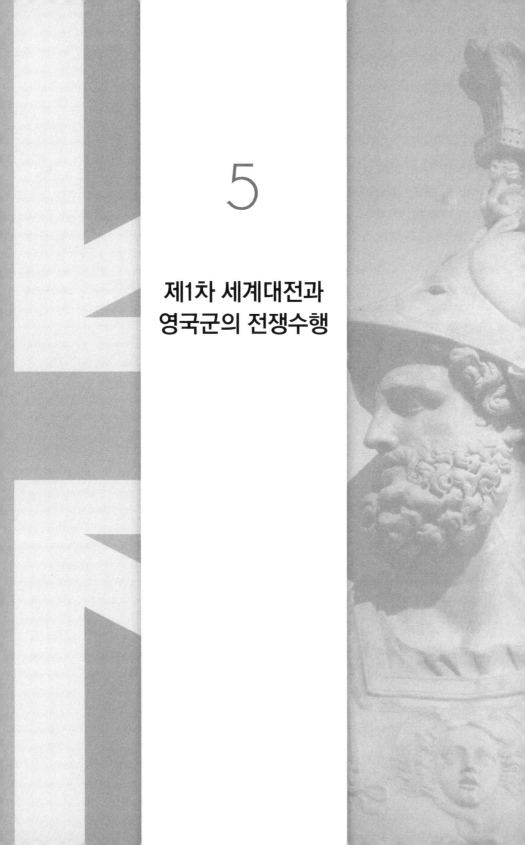

5

제1차 세계대전과
영국군의 전쟁수행

1. 단기 기동전에서 장기 참호전으로

1914년 8월 초 삼국동맹과 삼국협상으로 양분되어 있던 유럽 열강들은 최초의 전형적 총력전인 제1차 세계대전으로 돌입했다. 1914년 7월 29일 러시아의 총동원령에 대응하여 독일이 러시아와 프랑스에 선전포고(8. 2)하고, 영국마저 독일에 선전포고(8. 4)하면서 유럽은 자멸의 늪 속으로 빨려들어 갔다. 전쟁이 총력전으로 전개되다 보니 각국은 경쟁적으로 인적 및 물적 자원을 동원했다. 그런데 문제는 대전의 주전장인 서부전선에서 대전 초반부터 전쟁의 형태가 참호전으로 고착됐다는 점이다. 드넓은 평원에서 양측 군대는 길고 복잡한 참호망을 구축한 채 상대방 방어지대의 돌파를 목표로 일진일퇴의 공방전을 펼쳤다. 그러다 보니 전투는 불가피하게 살육전의 양상으로 전개됐다. 세계대전이라는 말에 어울리게 약 4년 4개월 동안 지속된 전쟁은 약 3000만 명에 달하는 엄청난 인명피해와 약 2000억 달러에 육박하는 천문학적인 물적 손실을 초래했다.

물론 전쟁 발발 시부터 진지전을 예상한 것은 아니었다. 이와 반대로 독일의 작전계획인 슐리펜 계획(Schlieffen Plan)은 신속한 기동전을 전제로 하고 있었다. '속전속결의 선제공격'이야말로 이 계획이 성공할 수 있는 골자였기 때문이다.[1] 또한 슐리펜 계획의 핵심적 실행 방법은 '선(先) 프랑스 후(後) 러시아'였다. 프랑스와 러시아 양국을 동시에 상대해야만 하는 상황에서 승리의 요건은 병력동원 속도가 상대적으로 빠른 프랑스를 6주 이내에 먼저 격파하고, 이어서 철도로 병력을 동부전선으로 이동시켜서 러시아군의 공격에 대응하는 데 있었기 때문이다. 이를 위해 동부전선에는 현상유지에 필요한 병력만을 남겨둔 채 대부분의 병력을 프랑스와 대치하고 있는 서부전선에 투입해야만 했다. 또한 서부전선에 배치된 병력을 지형적으로 평지인 우익(右翼)에 집중 배치한 후 밀물처럼 쇄도해 들어가서 단시일 내에 프랑스군을 제압한다는 복안이었다.

전쟁 발발 초반 독일군은 긴 세월 동안 공들여 다듬어온 슐리펜 계획에 따라 중립국 벨기에를 경유, 프랑스의 수도 파리를 향해 진격했다. 마침내 9월 초경에 카를 폰 빌로(Karl von Bülow) 장군이 이끈 독일군 제2군의 선두부대가 파리 외곽 40마일(64킬로미터) 지점까지 진출하면서 6주 안에 파리를 점령한다는 슐리펜 계획은 성공하는 듯했다. 그러나 마른강을 사이에 두고 작은 지류(支流) 및 습지가 널려 있던 지역에서 기적 같은 일이 벌어졌다. 양측 합계 약 50만 명의 사상자가 발생할 정도로 치열하게 전개된 6일 간의 공방전(1914. 9. 6~12)에서 조프르 원수가 이끈 영국-프랑스 연합군이 독일군의 진격을 저지하는 데 성공한 것이었다.

---

1) 마이클 하워드, 최파일 역, 『제1차 세계대전』(교유서가, 2015), 53-53쪽; 슐리펜 계획에 대해 그 형성 과정부터 상세하게 이해하기 위해서는 존 키건, 조행복 역, 『1차세계대전사』(청어람미디어, 2009), 48-59쪽을 참고할 것.

이른바 마른 전투(Battle of the Marne, 1914. 9)였다. 독일군은 마른강 위쪽의 엔강까지 후퇴했다. '우익 강화'라는 슐리펜의 유언과 달리 그를 계승한 참모총장 소(小)몰트케가 오히려 우익을 약화시킨 것이 독일군 패배의 주요인이었다.[2] 직접적으로는 40일 안에 파리를 점령해야 한다는 강박관념에 집착하여 진격을 서두른 탓에 독일의 제1군과 제2군 간격이 과도하게 벌어져 형성된 빈 공간으로 프랑스군이 쇄도해 들어갔기 때문이었다.

이로써 기동전을 추구한 슐리펜 계획은 무산되고 곧 알프스에서 북해까지 전선을 따라 참호가 구축되면서 전쟁양상은 진지전으로 변했다. 이후 적군 진지를 돌파하려는 지속적인 정면 공격 시도로 서부전선은 포연과 피비린내가 진동하는 살육의 장으로 변했다. 어쨌든 초전에 연속적인 패배의 수렁에서 벗어난 영국-프랑스 연합군은 기나긴 소모전을 견디어낸 후 종국에는 전쟁을 승리로 이끌 수 있었다. 이러한 맥락에서 마른 전투를 '세계사에서 가장 중요한 전투들 중 하나'로 꼽은 윈스턴 처칠(당시 해군장관 역임: 1911~1915)의 평가는 타당하다고 볼 수 있다.[3]

이 장에서는 대륙에서 영국원정군이 실제로 치른 전투들에 대해 살펴본다. 우선 대전 발발 이전에 영국군의 대전 준비에 대해 고찰하고, 이어서 대전의 주전장이던 서부전선에서 영국군이 주공(主攻)으로서 실제로 벌인 대표적인 전투들—이프르 전투, 솜 전투, 파스샹달 전투—에 대해 살펴본다. 마지막으로 서부전선이 교착상태에 빠지면서 다른 곳에서 전황 타개를 목표로 영국군이 시도한 갈리폴리 원정작전(Gallipoli Campaign,

---

2) 크레펠트는 슐리펜 계획 실패의 핵심 요인 중 하나로 인적 자원은 물론이고 특히 물적 자원의 보급, 즉 병참의 문제가 원활하게 이뤄지지 않은 데서 찾고 있다.(마르틴 반 크레펠트, 우보형 역, 「보급전의 역사」(플래닛미디어, 2010), 198-212쪽을 볼 것)

3) Winston S. Churchill, *The World Crisis*(New York: Charles Scribner's Sons, 1949), p. 164.

1915)에 대해 알아본다.

2. 대전 이전 영국군의 전쟁준비

제1차 세계대전이 발발하기 이전에 영국은 어떻게 대(大)전쟁에 대비해왔을까? 영국군의 전력은 어느 정도였고, 어떠한 군사정책으로 이를 뒷받침하고 있었을까? 19세기 이래 가속화된 영제국의 팽창은 직접적으로 해상교통로 확보와 해외식민지 획득에 집중되어 있었다. 이것이 바로 영국이 전통적으로 지상군이 아닌 해군력 증강에 주력한 이유이기도 하다. 당시 해군력은 세계적 차원에서 전개된 경제적 및 군사적 패권 경쟁에서 우위를 점하기 위해서는 전략적으로 필수불가결한 수단이었기 때문이다. 영국의 해군 증강계획은 "트라팔가르 해전에서 영국에 승리를 안겨준 상징"처럼 인식되고 있던 전함(戰艦)의 전력에 그 토대를 두고 있었다. 전 세계 해군력에서 영국이 차지한 비중은 19세기 전체로 볼 때 약 절반에 해당했으나, 이는 1890년을 기점으로 떨어지기 시작했다. 해군 군사비의 가파른 증가에도 불구하고 영국은 양적 측면은 물론이고 질적인 측면에서도 경쟁국들을 압도할 만한 해군력을 유지할 수 없었다. 특히 독일 해군의 빠른 증강은 영국의 군사전략과 경제 전반에 중요한 영향을 미쳤다.

당시 영국과 독일의 관계에서 산업경쟁은 군사적 경쟁과 불가분의 관계에 있었다. 영국은 대서양 너머에 있던 미국과 단지 경제적으로만 경쟁하면 됐던 데 비해, 유럽에서는 경제적 및 전략적 측면 모두에서 독일의 도전에 대응해야만 했기 때문이다. 세계전략이라는 차원에서 해군력을 증강한 것과는 대조적으로 유럽에 대한 영국의 군사적 개입은 상대적으로 미약했다. 유럽 대륙 문제에 적극적으로 개입하지 않겠다는 영국의 정책은 1890년대까지는 세력균형 원리에 힘입어서, 그리고 이후로는 유럽 대륙국가들과 맺은 복잡한 동맹체제에 힘입어서 그런대로 효과를 볼 수 있었다.

유럽의 복잡한 정치지형을 잘 활용한 덕분에 영국은 상대적으로 소규모의 지상군을 유지할 수 있었다. 또한 이러한 군사정책은 정치적, 경제적 측면에서 전통적으로 상비군의 유지를 반대해온 영국민들의 성향에 기인한 점도 있다. 영국민들은 상비군을, 산업발전을 저해하고 영국의 자유주의적 정치체제를 위협하는 존재로 인식해왔기 때문이다. 지상군의 증강은 정치적 허용 범위를 넘어서는 고율의 세금부과를 초래할지도 모른다는 우려가 일찍부터 잠재되어 있었다. 심지어 애덤 스미스(Adam Smith)조차 그의 경제이론에서 평화 시에 지상군을 비(非)생산적이고 불필요한 존재로 평가절하하고 있었다. 이로 인해 19세기 동안 육군에 대한 영국인들의 호의적이지 않은 태도는 19세기 말에 보어전쟁으로 충격을 받을 때까지 지속됐다.

그러나 19세기 말 이래 새로운 전략적 압력에 직면하게 된 영국은 육군을 증강 및 재조직할 필요성에 직면했다. 세기의 전환기에 독일군이 영국 본토를 기습적으로 침공할지도 모른다는 루머가 퍼지면서 육군의 전력증강을 지지하는 여론이 국내의 정치 및 군사 분야에서 표출되기 시작했다. 이러한 논쟁이 육군의 실제적 증강으로 연결되지는 못했으나 지상군에 대한 국가적 관심을 제고하는 데 기여했다. 보어전쟁이 끝난 후 본격적으로 점화된 육군개혁은 우여곡절을 겪으면서도 이어져서 1900년대 중반에 홀데인의 군제개혁이라는 성과를 얻었다. 이는 병력의 신속한 기동 및 장비 구비 역량을 강화한 대(對)유럽 대륙 전략이라는 틀에서 육군의 군 구조와 작전계획을 재검토하는 작업이었다. 하지만 홀데인의 개혁작업은 본질적으로 미봉적 성격의 개혁에 불과했기에 1914년 8월 대전 발발과 더불어 영국은 대규모 병력의 동원과 유럽 대륙 파병이라는 난감한 문제에 직면할 수밖에 없었다.

제1차 세계대전이 다가오면서 영국은 자국의 군조직과 전략이 큰 규모의 전쟁을 수행하기에 매우 미흡하다는 현실을 깨달았다. 이제 영국군은 '영국 본토와 제국방어'라는 두 가지 임무를 동시에 수행해야만 했다. 더불어 해군은 물론이고 육군의 비용도 크게 늘려야만 했다. 본토방어를 위해 최악의 경우 독일이나 프랑스에 버금가는 군사비를 감당해야만 했다. 그렇지 않아도 광대한 식민지 방어에 필요한 육군과 해군의 유지비용은 영국의 군사비에 이미 상당한 부담을 안겨주고 있었다. 하지만 이는 당시까지는 선박운송과 해외교역은 물론이고 자본 및 금융 서비스의 수출을 안전하게 보호할 필요가 있었기에 정당화될 수 있었다. 서구 열강들 간에 정치적, 군사적으로 대립이 심화되면서 각국은 경쟁적으로 군사비를 증액하기 시작했다.

이처럼 유럽 전체적으로 보불(普佛)전쟁 이후 유럽 열강들은 대외적으로는 식민지 확보에, 내부적으로는 군사력 증강에 매진했다. 각국은 보불전쟁을 통해 대규모 병력의 확보와 이의 무장이 무엇보다 중요하다는 생생한 교훈을 얻었다. 군사력 증강을 위해 각국이 특히 심혈을 기울인 분야는 출산율을 높이고 철도를 부설하는 일이었다. 대규모 병력을 얻기 위해서는 무엇보다 풍부한 인구가 필요했다.

출산율을 높이기 위한 국가적 노력에 힘입어 실제로 1870~1914년에 유럽의 인구는 빠르게 증가했다. 동시에 인력동원 수단도 마찬가지로 체계화됐다. 19세기 초반 약 2억 명을 웃돌았던 유럽의 인구가 20세기 초에는 거의 5억 명에 육박할 정도로 늘어났다. 이러한 인구증가를 토대로 각국은 경쟁적으로 군대 규모를 확대했다. 특히 대표적 육군국가로서 경쟁관계에 있던 독일(1870년 약 130만 명 → 1914년 약 500만 명, 이 중 정규군 약 60만 명)과 프랑스(1870년 50만 명 → 1914년 약 400만 명, 이 중 정규군 58만 2000명)의 병력증강이 두드러졌다.[4]

당시 각국이 채택하고 있던 징병제가 이를 가능하게 만들었다. 프랑스혁명 중 첫 선을 보인 국민개병제는 이후 프로이센을 시작으로 빠르게 유럽 전역으로 확산됐다. 제1차 세계대전 직전에 이르면 섬나라 영국을 제외한 대부분 국가들이 채택했을 정도로 일반적인 추세가 됐다. 각국은 기존 장기 복무병 중심의 전문직업군제도를 축소하거나 폐기하고 국민개병제로 전환함으로써 대규모 인적 자원 확보책을 갖추었다. 이제 유럽 열강들은 조국 수호라는 미명 아래 20세 이상, 심지어 18세 이상의 자국 남성들을 소집하여 다가올 '아마겟돈 전쟁'에 대비했다.

소집된 병력을 전쟁터로 신속하게 이동시킬 수 있는 수단으로 철도의 중요성이 대두됐다. 아이러니하게도 평화로운 여행 수단인 철도가 최신의 무기로 무장한 대병력을 싸움터로 빠르게 운송할 수 있는 길을 열어줬다.[5] 더구나 당시 확산된 산업화 덕분에 각국은 징병제로 동원된 수백만 명의 젊은이들을 전국 각지의 공업지대에서 대량생산한 신형무기들로 무장시킬 수 있었다. 역사상 이처럼 대규모 인원이 단시일 안에 동일한 화기로 무장한 경우는 없었다. 19세기 초반 이래로 유럽의 열강들이 경쟁적으로 추구해온 산업화가 바로 유럽 문명의 대(大)파국을 몰고 온 '총력전'의 토대를 제공했다. 각국이 사활을 걸고 벌여온 산업발전과 군비경쟁이 결국에는 유럽 문명의 총체적 파국이라는 비극을 잉태하는 아이러니가 벌어졌던 것이다.

---

4) 박상섭, 『근대국가와 전쟁: 근대국가의 군사적 기초, 1500-1900』(나남, 1996), 263-264쪽.
5) 정명복, 『무기와 전쟁 이야기』(지문당, 2013), 201-202쪽.

전통적으로 영국은 유럽 대륙에서 벌어진 전쟁에 개입할 의사도 그럴 만한 능력도 없었다. 나폴레옹 전쟁에서 승리한 이후 영국은 막강한 해군력으로 세계의 바다와 식민지를 지배했으나, 유럽 대륙의 전쟁에는 적극적으로 관여하지 않았다. 영국은 나폴레옹이 몰락한 이후 위협세력이 부재한 상황에서 해군력만으로 이른바 '팍스 브리타니카'를 향유해왔다. 19세기 말에 이르러 독일과 '건함경쟁'을 벌였으나 향후 유럽 대륙에서 전쟁이 발발할 경우, 지상군은 파병하지 않은 채 우월한 해군력을 활용한 간접접근으로 승리한다는 전략을 고수했다. 불가피한 경우 소규모 병력만 벨기에 부근에 파병하고, 본격 군사행동 이전에 외교적 수단으로 충돌을 피하고 실익을 챙긴다는 복안이었다.

그러나 이로부터 한 세대도 지나지 않아서 영국은 대규모 지상군 파병으로 선회할 수밖에 없었다. 1914년 8월 초 전쟁이 발발했을 때 영국은 독일의 희망과 달리 신속하게 참전을 결정했다. 독일이 자국의 숨통을 겨누는 전략적 요충지인 벨기에를 불법적으로 침공하여 자국의 안보를 심각하게 위협했기 때문이다. 다행히 대전 발발 직전에 영국은 홀데인 육군장관의 주도로 어렵사리 육군개혁을 단행하여 해외원정군을 신설한 바 있었다. 그 덕분에 영국은 독일군의 서부전선 진격에 맞서서 1914년 8월 하순까지 약 10만 명의 지상군을 프랑스 전선으로 파병할 수 있었다.[6]

---

6) 다른 열강들 내부에서 진행되고 있던 상황과는 대조적으로 영국에서는 1914년 7월 위기 동안 군사지도자들의 견해가 정부의 대책 논의 시 전혀 영향을 미치지 못했다. 사실상 당시 영국의 정치구조에서 애스퀴스 수상조차 내각 전체를 참전(參戰)과 같은 특정한 방향으로 이끌 만한 권한을 갖고 있지 못했다. 그가 그렇게 결심했다고 한들 의회에서 다수의 동의를 얻지 못하면 무용지물에 불과할 것이었다. 전쟁을 수행하기 위해서는 무엇보다 막대한 예산이 소요될 것이었기 때문이다. 그러다 보니 총참모부가 마련한 사전계획과 달리 내각에서는 영국이 참전을 선언한 지 이틀이 지난 후에야 프

3. 서부전선의 영국군

앞에서 언급했듯이 전쟁 발발과 동시에 독일군은 자신들이 이미 오래 전에 작성하여 지속적으로 발전시켜온 작전계획에 따라 중립국 벨기에를 경로로 파죽지세로 밀고 들어왔다. 기세 좋게 전개되어가던 독일군의 공세는 1914년 9월 초 마른강에서 프랑스군의 완강한 저항에 부딪쳐서 좌절되고 말았다. 이때부터 전쟁이 종반전에 접어드는 1917년 말까지 서부전선에서는 참호전과 이를 돌파하기 위해 진지 정면에서 쇄도하는 돌격전이 반복됐다. 결국 수많은 전상자들이 속출하는 살상전과 엄청난 분량의 물자를 쏟아붓는 소모전이 전쟁의 대표적 특징으로 나타났다.

자연스럽게 제1차 세계대전 기간 중에 무기는 주로 이러한 교착상태를 고수 및 타파하는 방향으로 발전했다. 전쟁양상이 참호전으로 변모한 이면에는 과학기술의 진보에 따른 방어용 무기의 발전이 크게 영향을 미쳤다. 1914년 말경부터 알프스 산맥의 끝단에서 북해까지 이어진 서부전선에서는 가시철조망과 기관총이 전장을 압도했다. 양측은 일단 참호를 구축하고 전방에 철조망을 설치하여 상대방의 접근을 막았다. 철조망을 관통하려는 적군의 시도는 참호 속에 웅크리고 있던 기관총 사수의 연발사격에 의해 여지없이 좌절됐다. 이러한 상황에서 특히 맥심 기관총이 이론(異論)의 여지가 없는 '전쟁의 총아(寵兒)'로 떠올랐다.[7]

1914년 9월 초 마른 전투를 통해 독일군의 진격을 격퇴하는 데 성공한 영국-프랑스 연합군은 전세를 더 이상 확대하지 못했다. 10월에 접어들

랑스로 지상군을 파병하기로 결정했다. 이마저도 애초 계획된 6개의 보병사단 중 2개 사단을 본토방어 병력으로 잔류시킨 채 4개의 보병사단과 1개의 기병사단만을 보내는 것으로 변경했다.

7) 맥스 부트, 송대범·한태영 역, 『전쟁이 만든 신세계』(플래닛미디어, 2007), 308-312쪽.

면서 전쟁은 기동전이 아니라 진지전 양상으로 변했다. 알프스 산맥의 북쪽 끝단에서 북해까지 철조망이 설치되고 참호가 구축됐다. 자연스럽게 교착상태가 이어졌다. 이제 승전의 길은 우회 기동과 정면돌파 중 하나뿐이었다. 이때 양측이 택한 방식은 후자였다. 당시 양측 모두 방어선을 우회할 만한 기동수단이 없었기 때문이다. 하지만 현대판 무기인 후장식 라이플, 기관총, 대포 등은 정면돌격하는 보병들의 공격정신을 사정없이 분쇄했다. 당연히 전장에서는 죽음이 일상사가 됐다.

실지(失地) 회복을 열망한 프랑스군은 1915년 2월 중순경부터 상파뉴 지방에 대한 공격을 시도했다. 하지만 무려 24만 명의 병력손실만 입은 채 별다른 성과를 얻지 못했다. 영국군 역시 3월 초에 시도한 기습공격이 초반에는 성공하는 양상을 보였으나 독일군의 격렬한 저항에 부딪혀 좌절되고 말았다. 이후 영국-프랑스 연합군의 공격이 잠시 주춤한 틈을 타서 독일군은 1915년 4월 22일 벨기에 남쪽에 형성된 영국-프랑스 연합군 전선의 돌출부에 위치한 이프르를 향해 대공세를 펼쳤다. 바로 이때 독일군은 신무기를 투입하여 단기적으로 효과를 보았다.

신무기는 다름 아닌 독(毒)가스였다.[8] 근대 전쟁 역사상 최초로 반(反)인륜적인 무기인 독가스가 전장에 그 섬뜩한 모습을 드러낸 것이었다. 독일군은 영국-프랑스 연합군 진지를 향해 집중포격을 가한 후 염소 가스를 흘려보냈다. 독가스 공격에 대한 대비책이 전혀 없었던 프랑스군 병사들이 공포에 질려 퇴각하는 바람에 인접한 캐나다 사단 좌측으로 폭 5마일 정도의 공간이 생기고 말았다. 바로 이곳으로 돌진한 독일군은

---

8) 제1차 세계대전 중 벌어진 화학전에 대해서는 A. Palazzo, *Seeking Victory on the Western Front: The British and Chemical Warfare in World War I*(Lincoln: Univ. of Nebraska Press, 2000); M. Girard, *A Strange and Formidable Weapon: British Responses to World War I Poison Gas*(Lincoln: Univ. of Nebraska Press, 2008)를 참고할 것.

당일 저녁에 이프르 전방 2마일 지점까지 진격할 수 있었다. 하지만 아무리 교착상태를 타파하기 위한 고육지책이라고 변명할지라도 이프르 전투를 출발점으로 이후 현대판 화학전이 전장을 휩쓸면서 이제 '신사적인' 전쟁을 전제해온 서양의 기사도 전통은 휴지조각이 되고 말았다.

영국-프랑스 연합군에게는 다행스럽게도 독일군의 전진은 여기까지였다. 신무기 독가스로 인해 이처럼 돌파 공간이 형성되리란 점을 독일군 스스로도 예상하지 못했다. 더구나 당시 독일군은 동부전선에서도 작전을 수행해야만 했기에 동원할 만한 예비대가 준비되어 있지 못했다. 독일군이 머뭇거리는 사이 프랑스군은 재집결하여 최초 전선에서 약 2~3마일 후방에 새로운 방어선을 구축할 수 있었다. 캐나다군도 전열을 정비한 후 독일군 공격에 대비했다. 이후 5월 25일까지 양측 간에 공방전이 지속됐으나, 최초 접전에서 형성된 전황으로부터 두드러진 변화는 없었다.[9]

1914년 8월 4일 열강들 중 마지막으로 대전에 뛰어든 영국은 처음에는 소규모 병력만을 유럽 대륙으로 파병했다. 이들은 서부전선의 맨 좌단에서 프랑스군과 연합으로 독일군에 대항했다. 하지만 프랑스군이 퇴각하면서 영국군도 뒤로 물러설 수밖에 없었다. 게다가 전쟁 초기에 영국군은 프랑스군에 준(準)배속된 형태로 작전을 수행했다. 영국정부로서도 대규모 지상전투를 회피하면서 주력인 프랑스군의 군사작전을 재정적으로 지원한다는 소극적인 전쟁전략을 지향했다. '최소의 비용으로 최대의 성과'를 달성한다는 영국인 특유의 장밋빛 청사진이었다. 프랑스 북부

---

9) 이프르 전투에서 독일군은 전상자가 약 3만 8000명이었는 데 비해 영국-프랑스 연합군은 거의 곱절이 되는 7만 명(이 중 영국군은 5만 8000명)의 인명피해를 입었다.(피터 심킨스 · 제프리 주크스 · 마이클 하키, 강민수 역, 『모든 전쟁을 끝내기 위한 전쟁: 제1차 세계대전 1914-1918』(플래닛미디어, 2008), 99쪽)

전선에 소규모 지상군만을 파병한 채 강력한 해군을 이용해 독일 해안을 봉쇄하는 것이야말로 자국이 할 수 있는 최선의 길이라고 판단했다.[10]

그러나 1914년 말에 이르면 이것이 현실적으로 불가능하다는 점이 분명해졌다. 이제 영국은 유럽 대륙의 전쟁에서 더 이상 망설이거나 발을 뺄 수 없는 상황에 이르게 됐다. 이에 영국군은 점차 프랑스군과 보다 긴밀한 협조체제를 구축하고 이를 토대로 연합작전을 전개하여 궁극적으로는 독일의 항복을 받아낸다는 적극적인 방향으로 전쟁목표를 재설정했다. 이에 따라 1914년 말부터 파병부대 규모가 크게 증가한 덕분에 영국군은 서서히 독자적으로 작전을 수행할 수 있는 전력을 구비할 수 있었다.

이의 첫 시험대가 바로 프렌치 장군의 경질 이후 후임 영국원정군 총사령관으로 부임한 헤이그 장군이 야심차게 시도한 솜 전투(1916. 7~11)였다. 이때 유럽 대륙에 발을 디딘 영국군은 무려 100만 명에 육박할 정도로 증원되어 있었다. 처음 주공(主攻)으로 결행한 솜 전투에서 영국군은 구태를 반복하는 방식의 공격작전으로 내세울 만한 성과도 없이 엄청난 인명피해만을 입었다. 역사상 최초로 제1차 세계대전 전장의 또 다른 신무기인 탱크[11]를 투입했음에도 불구하고 영국-프랑스 연합군의 공격은 겨우 11킬로미터 정도를 전진하는 선에서 멈춰 섰다. 후퇴한 선에서 독일군은 빠르게 새로운 진지를 구축하고 재차 방어태세에 돌입했다. 7월 초부터 11월 중순까지 약 5개월에 걸친 격전으로 양측이 입은 인명피해는 상상을 초월할 정도로 심대했다.[12]

---

10) 찰스 톤젠드 외, 강창부 역, 『근현대 전쟁사』(한울아카데미, 2016), 164쪽.
11) 초창기 탱크의 개발 및 전장 투입에 대해서는 P. Wright, *Tank: The Progress of a Monstrous War Machine*(New York: Viking, 2002), Part I, pp. 23~110을 볼 것.
12) 영국군 42만 명, 프랑스군 19만 5000명, 그리고 독일군 65만 명의 전상자가 발생했

솜 공세작전 실패 이후 영국은 '소모전'이라는 함정 속으로 빨려들어 갔다.[13] 방어 진영에 유리한 전장환경이었음에도 불구하고 공세작전을 지속한 것이 인명피해를 불러온 화근이었다. 1917년 4월 프랑스군이 단행한 이른바 니벨 공세마저 참담한 실패로 돌아갔다. 설상가상으로 의미 없는 살육전에 지친 프랑스군 내에서 항명사태가 잇따라 일어났다. 이로 인해 프랑스군 전력이 크게 약화되면서 영국군이 그 자리를 메워야만 했다.

서부전선에서 또 다른 대규모 살상전이 영국군을 기다리고 있었다. 그동안 프랑스와의 전략적 협력이라는 묵계에 얽매여 자신의 역량을 제대로 발휘해볼 기회를 얻지 못해 불만을 갖고 있던 원정군 총사령관 헤이그 장군(1915. 12. 10. 임명)에게 바라던 기회가 찾아온 것이었다. 그는 영국군이 희망해온 대로 유럽 대륙에서 영국 본토에 인접한 플랑드르 지방에 대한 탈환작전을 독자적으로 수행할 수 있는 기회를 맞았다. 마침내 1917년 7월 말에 공격작전에 불이 붙게 됐는데, 이것이 바로 제3차 이프르 전투라고도 불리는 파스샹달 전투(1917. 7. 31.~11. 10. 영어로 패션데일 전투)였다.[14] 이때 유럽 대륙에 파견된 영국군의 규모는 식민지에서 파병된

다.(육군사관학교 전사학과, 『세계전쟁사, 개정판』(황금알, 2004), 222쪽) 이처럼 엄청난 인명 피해가 발생한 솜 전투를 사례로 분석하여 트래버스는 제1차 세계대전 시 특히 서부전선을 '살육의 장소'라고 명명했다.(Tim Travers, *The Killing Ground: The British Army, the Western Front and the Emergence of Modern War 1900-1918*(Barnsley: Pen & Sword Military Classics, 2003))

13) 영국이 어떻게 점차 국가 자원을 총동원하는 전쟁으로 빠져 들어갔는가를 이해하기 위해서는 Peter Dewey, "Chapter 4 The New Warfare and Economic Mobilization," in John Turner(ed.), *Britain and the First World War*(London: Unwin Hyman, 1988), pp. 70-84를 참조할 것.

14) 파스샹달 전투에 대해서는 매슈 휴스·윌리엄 J. 필포트, 나종남·정상협 역, 『지도로 보는 세계전쟁사 1: 제1차 세계대전』(생각의 나무, 2008), 175-179쪽을 볼 것.

병력까지 합할 경우 무려 200만 명을 상회했다.

본국의 런던에서 군 수뇌부의 적극적인 지지를 등에 업고 로이드 조지 수상의 반대마저 이겨낸 헤이그는 대규모 공세작전 시도에 성큼 다가섰다. 1917년 7월 말 독일군이 점령하고 있던 이프르 동쪽의 파스샹달 마을을 탈환한다는 최종 목표를 설정했다. 마침내 7월 31일 허버트 고프 장군(General Hubert Gough) 휘하의 영국 제5군이 거의 3000문에 달하는 야포의 포격지원을 받으면서 공격에 돌입했다. 고프 장군은 개전 첫날 독일군을 최대한 강하게 압박하여 전장의 고지대였던 게루벨트 주능선을 점령코자 했다. 하지만 후속 부대의 진격이 지연되면서 독일군의 강력한 반격에 부딪쳐 실패하고 말았다. 이로 인해 원래 작전계획상 게루벨트 고원지대 돌파를 담당한 영국 제2군은 힘겨운 싸움을 벌여야만 했다. 육중한 벙커에 웅거한 독일군의 강력한 저항에 부딪쳐서 더 이상 전진할 수 없었다. 설상가상으로 폭우를 동반한 악천후가 계속되면서 영국군은 공격작전을 멈출 수밖에 없었다. 8월 내내 우기(雨期)가 지속되면서 전장은 진흙구덩이로 변했다.

겨우 9월에 접어들어서야 영국군의 공격은 재개될 수 있었다. 이후 일진일퇴를 거듭하면서 전투는 10월 말까지 이어졌다. 마침내 11월 6일 영국군 소속의 캐나다 사단이 원래 목표로 삼았던 파스샹달 진입에 성공하면서 거의 3개월 동안 지겹게 이어져온 전투가 일단락됐다. 마을에 들어선 영국군이 깜짝 놀랄 정도로 파스샹달은 거의 폐허로 변해 있었다. 4개월 동안의 전투에서 영국군은 약 30만 명의 인명손실을 입었다. 이토록 값비싼 대가를 치르고 영국군이 얻은 것은 겨우 8킬로미터의 전진이었다. 자연스럽게 제1차 세계대전 중에 치른 '최악의 전투'라는 불명예가 따라 붙었고, 총사령관 헤이그는 평생 무능한 장군이라는 비난에 시달려야만 했다.

솜 공세작전 실패 이후 서부전선에서 영국-프랑스 연합군은 인적 및 물적 자원의 고갈을 걱정해야만 했다. 화약무기의 비약적 발전으로 인해 본질적으로 방어 측에 유리한 전장환경이었음에도 무리하게 공세작전을 반복한 것이 화근이었다. 더구나 1917년 봄에 러시아에서 2월혁명이 일어난 탓에 동부전선의 방어 전력이 약화되고, 서쪽에서는 독일군이 필사적으로 벌인 잠수함작전으로 영국과 프랑스의 고민이 깊어지고 있었다. 하지만 같은 해 4월 미국이 협상 진영의 일원으로 참전한 덕분에 영국과 프랑스는 빠르게 전력을 재정비할 수 있었다. 이후 영국해군의 해상봉쇄로 인한 생필품과 자원 고갈로 기진맥진해 있던 독일군을 몰아붙여서 1918년 말에 최종적으로 승리할 수 있었다.

마침내 1918년 11월 11일 거의 4년 4개월 동안이나 지속된 전쟁이 끝났다. 세계적으로 총 30개 이상의 국가들이 참전하여 총력전으로 전개된 제1차 세계대전은 엄청난 피해와 후유증을 남겼다. 대전이 남긴 문제들을 해결할 목적으로 1919년 1월에 전승국 대표들이 프랑스의 파리에 모였다. 미국 대통령 윌슨이 제기한 '14개 조항'을 근간으로 영국 수상 로이드 조지, 프랑스 수상 클레망소 등 삼거두(三巨頭)가 회의를 주도했다. 약 6개월에 걸친 논의 끝에 1919년 6월 28일 독일과의 전쟁 종식을 공식 천명하는 베르사유조약이 체결됐다. 이제 평화에 대한 서구인들의 열망은 국제연맹 창설 및 워싱턴 군축회의와 같은 일련의 국제적 협력으로 구체화되기 시작했다.

4. 지중해 전선의 영국군: 갈리폴리 원정작전

제1차 세계대전 중 벌어진 많은 전투 중 영국군이 가장 치욕적인 참패를 당한 것은 1915년에 단행한 갈리폴리 원정작전이었다. 1914년 말에 이르러 서부전선이 교착상태에 빠지면서 전략적으로 다른 지역에서 전황의 돌파구를 찾게 됐다. 이때 대두된 곳이 바로 오스만튀르크 군대가 장악하고 있던 지중해 동부의 갈리폴리반도와 다르다넬스 해협이었다. 서부전선에 집중된 동맹 진영의 군사적 압박을 분산시키고 우방국 러시아와 직접 접할 수 있는 교통로를 마련한다는 것이 이 작전의 목표였다. 하지만 서둘러 추진된 탓에 수많은 사상자만을 남긴 채 총체적으로 실패하고 말았다.[15]

1914년 8월 초 제1차 세계대전이 발발했을 때 오스만튀르크는 중립 상태에 있었다. 하지만 19세기 말부터 본격화된 독일의 중동지역 진출 정책의 영향으로 실질적으로는 이미 독일 측으로 가담한 것이나 다름없었다.[16] 대전 이전부터 오스만튀르크는 무엇보다 군사적 측면에서 리만

---

[15] 영국군 공식기록에 의하면, 갈리폴리 작전에서 양측 사상자는 질병으로 죽은 인원까지 망라하여 약 50만 명(영국 및 오스트레일리아-뉴질랜드 연합군 20만 5000명, 프랑스군 4만 7000명, 그리고 오스만튀르크군 25만 1000명)에 달했다.(T. Travers, *Gallipoli 1915*(London: Stroud, 2004), p. 311)

[16] 오스만튀르크에 대한 독일의 지원은 나름대로 긴 역사를 갖고 있었다. 19세기 말 이래로 오스만튀르크 군대는 독일 군사고문단의 지도를 받아왔으며, 이로 인해 독일군 교리와 참모제도를 채택하고 있었다. 오스만튀르크군의 고급장교들 대부분은 독일군의 군사대학을 벤치마킹해 설립된 2년 과정의 고급 참모대학(War Academy)에서 수학한 경험을 갖고 있었다. 오스만튀르크군의 군단장이나 사단장들은 예하부대를 전적으로 자신이 책임지고 작전을 수행하는 독일 스타일의 리더십 훈련을 받았다. 따라서 비록 독일인이지만 잔더스 장군은 갈리폴리반도 방어를 책임진 오스만튀르크 제5군의 사령관으로 임명되어 전투를 수행하는 과정에서 자신의 작전의도와 계획을 실행으로 옮기는 데 오스만튀르크 군대 장교들과의 관계에서 별다른 어려움을 겪지 않았다. 당시 비슷한 상황에 있던 해밀턴 장군의 처지와 비교할 경우, 잔더스 장군은 인적 측면에서도 유리한 입장에 있었다고 볼 수 있다.(E. J. Erickson, "Strength against Weakness: Ottoman Military Effectiveness at Gallipoli 1915," *Journal of Military History*, Vol. 65(4), October 2001, p. 997)

폰 잔더스(Liman von Sanders) 장군이 영도한 독일 군사고문단의 지원과 훈련교육을 받고 있었다.[17] 충분히 예상할 수 있던 바대로 대전이 발발한 지 채 두 달도 안 되어 오스만튀르크 군대는 에게해에 기뢰를 부설하고 다르다넬스 해협을 폐쇄하는 고강도 조치를 취했다. 해협 주위의 중요 고지에는 해안포대까지 구축했다. 한 달가량이 지난 1914년 10월 31일 오스만튀르크 정부는 독일 진영 가담을 공식 선언하면서 제1차 세계대전에 뛰어들었다.[18] 오스만튀르크의 참전은 러시아와 긴밀한 협력관계 유지가 절실했던 영국에 심각한 고민거리로 대두했다.

1914년 11월 말경부터 런던에서 본격적으로 해결방안이 논의되기 시작했다. 토의 과정에서 당시 30대 중반이라는 약관의 나이로 해군장관직을 수행 중이던 처칠이 오스만튀르크의 갈리폴리반도에 대한 공격작전을 제안했다. 반도 점령에 성공할 경우 다르다넬스 해협의 통항 문제 해결은 물론이고 오스만튀르크의 수도 이스탄불마저 수중에 넣을 수 있었다.[19] 영국군 수뇌부도 이러한 처칠의 제안에 동의했다. 특히 육군장관 키치너는 "(이 작전은) 러시아와의 연결망을 재확립함은 물론 우리의 중근동 문제를 해결해줄 것이며, 그리스와 아마도 불가리아를 우리 진영으로 끌어들이고 현재 흑해에 봉쇄되어 있는 곡물과 선박의 활용을

---

17) 제1차 세계대전 이전부터 오스만튀르크에서 영국과 세력확대를 다투던 독일은 1913년 12월 오스만튀르크 군대의 재편성을 지원할 목적으로 잔더스 장군 휘하에 70여 명의 장교들로 구성된 군사고문단을 파견했다. 러시아의 군사적 위협이 가중되던 상황에서 오스만튀르크 정부가 군사력 증강책의 일환으로 독일에 지원을 요청했기 때문이다. 1914년 말경에 오스만튀르크 군대의 규모는 총 40개 사단에 이르렀고, 독일식 군사기술 및 훈련방식의 수용으로 전투력도 크게 향상되어 있었다.

18) 오스만튀르크의 제1차 세계대전 참전에 대해서는 다음 연구서가 유용하다: Mustafa Aksakal, *The Ottoman Road to War in 1914: The Ottoman Empire and the First World War*(Cambridge: Cambridge Univ. Press, 2008).

19) Public Records Office(이하 PRO), Cab. 19/1 3623, 25 November 1914.

가능하게 만들어줄 것이다."라는 희망적 견해를 피력했다.[20]

1915년 1월 초 배후에서 오스만튀르크를 공격해달라는 러시아 측의 요구가 전해지면서 논의는 더욱 탄력을 받았다. 처칠은 해군력만으로도 현안 문제를 해결할 수 있다고 자신했다. 육군장관 키치너도 이에 찬성하면서 작전은 급물살을 탔다.[21] 합동작전을 수행해야만 했던 프랑스 역시 영국의 해군 원정작전에 별다른 이의를 제기하지 않았다.[22] 1915년 2월 중순경 지중해 함대사령관 색빌 카든 제독(Sackville Carden)의 지휘로 갈리폴리 원정작전의 막이 올랐다. 2월 19일 드디어 영국 해군함정에서 오스만튀르크군의 해안 방어요새를 향해 대형 함포들이 일제히 불을 뿜었다. 런던의 영국군 수뇌부에서는 낙관적 분위기가 지배적이었다.[23] 이를 입증이라도 하듯이 3월 초경 영국 해군함대는 오스만튀르크군의 해안 방어선 외곽을 제압하고 통로 개척에 성공했다. 영국 해군함정들이 이스탄불 근해에 출현할 경우, 이를 계기로 오스만튀르크 내부에서 혁명세력들이 봉기해 정부가 전복되고 급기야 동맹진영에서 이탈할 것이라는 기대가 곧 실현될 것처럼 보였다.

그러나 이러한 희망이 무산되는 데는 그렇게 많은 시간이 걸리지 않

---

20) PRO, Cab. 22/1 3623. 8 January 1915.
21) 전략적 관점에서 볼 때, 1915년 초에 단행된 갈리폴리 원정작전은 오스만튀르크의 독일 진영 가담에 대한 대응책으로 시도됐다. 이는 교착상태에 빠진 서부전선에서 벗어나 동맹 진영 국가들 중 취약지점을 공격함으로써 전쟁에서 승기를 잡을 수 있다고 판단한 이른바 '동부전선 우선주의자들'인 정치가 및 전략가들의 주장에서 그 근원을 찾을 수 있다.
22) Churchill College Archive, Char 2/74/56, Letter in French from Victor Augagneur(French Minister of Marine) to WSC indicating Agreement with British Proposals for Anglo-French Naval Co-operation, 31 January 1915.
23) Meeting of the War Council, extract from Secretary's Notes, in M. Gilbert, *Churchill*, Vol. III, Part I, pp. 555-561에서 재인용.

았다. 원정 함대는 예상치 못한 오스만튀르크군의 강력한 대응에 직면해야만 했다. 지속적인 함포포격에도 불구하고 갈리폴리반도의 오스만튀르크군 방어부대의 전력은 건재했고, 해협에는 여전히 기뢰가 부설되어 있었다. 오스만튀르크군은 기동성이 양호한 해안포를 이용하여 대응사격을 했다. 적군의 이동 상황을 포착하기가 힘든 상황에서 영국 해군 함대의 포격은 뚜렷한 성과를 내지 못한 채 전투는 지루한 공방전으로 빠져들고 말았다. 결정적으로 3월 중순에 런던의 수뇌부에서 지속적으로 우려해온 사태가 터지고 말았다. 영국 함정 세 척이 해협에 부설된 기뢰에 부딪혀 침몰하고 말았던 것이다. 이로써 해군 단독작전의 한계가 여지없이 드러났고, 처칠로서는 더 이상 변명할 여지가 없었다.

이제 지상군을 투입할 수밖에 없는 막다른 골목에 이른 것이었다. 이제 육군이 작전의 주도권을 장악하고 상륙작전을 추진하기에 이르렀다. 해군장관 처칠과 막역했던 이언 해밀턴 장군(Sir Ian Hamilton)이 영국 지중해원정군(Mediterranean Expeditionary Force) 사령관으로 임명됐다. 거의 80척에 달하는 각종 함정에 7만여 명의 대병력을 태우고 갈리폴리반도 인근에 도착한 그는 곧 상륙작전 계획을 수립했다.[24] 이때 작전지역 내의 고지대인 반도 중앙부의 킬리드 바(Kilid Bahr) 고원을 주공(主攻) 목표로 설정했다. 마침내 4월 중순 영국원정군은 갈리폴리반도 남단의 헬레스곶(Cape Helles)과 에게해의 가바 테페(Gaba Tepe)에 동시에 상륙했다. 공격 초반에 오스만튀르크군의 저항은 미약했다. 그래서 상륙작전은 별다른 어려움 없이 순조롭게 진행되는 듯했다. 하지만 이는 잠깐의 착각이었을 뿐, 곧 오스만튀르크 수비군의 거센 저항에 직면해야만 했다.

---

24) 갈리폴리반도에서 벌어진 개별 전투들에 대한 자세한 이해를 위해서는 Peter Hart, *Gallipoli*(Oxford: Oxford Univ. Press, 2011)를 참고할 것.

오스만튀르크군은 장기간에 걸쳐서 만반의 전투준비를 한 채 상륙부대를 기다리고 있었다. 영국군의 다르다넬스 해협에 대한 공격이 가시화되면서 오스만튀르크군은 갈리폴리반도를 특별 작전구역으로 선포하고 전력을 대폭 증강시켰다. 독일 군사자문단 책임자였던 잔더스 장군을 제5군 사령관으로 임명하여 약 8만 5000명의 갈리폴리반도 주둔 병력을 지휘하도록 조치했다. 그는 기존의 선(線) 방어 대신에 기동방어를 택했다. 적군의 상륙 예상지점에 신속하게 증원병력을 보충하는 시스템을 구축한 것이었다. 예하 전 병력을 3개로 나누어 상륙 예상 지점에 배치시키고, 필요시 기동력을 발휘하여 이동할 수 있도록 훈련시켜 놓았다. 더불어 적의 상륙 예상지점을 사전에 선정한 후 전면에 철조망을 설치하고 후면에 엄폐호 진지를 구축하여 필요 시 기관총을 발사할 수 있도록 준비했다.

상황이 이렇다 보니 해안에 상륙한 원정군 병사들은 더 이상 내륙으로 전진하지 못한 채 비좁은 해안가에서 웅거할 수밖에 없었다. 목표물에 대해 여러 차례 공격을 시도했으나 수많은 사상자만 남긴 채 실패했다. 결국 최초에 확보한 해안가의 교두보로부터 크게 벗어나지 못한 채 전투는 점차 서부전선과 같은 참호전 형태로 변하고 말았다.

점차 불리해지는 상황을 타개하기 위해 원정군은 대병력을 동원하여 제2차 상륙작전을 준비했다. 이를 위해 우선 1915년 7월 말까지 병력을 총 14개 사단으로 증강했다. 해밀턴은 상륙작전의 주공(主攻) 방향을 갈리폴리반도 서북쪽의 안작만(Anzac Cove)으로 결정했다. 갈리폴리반도 초입의 헬레스곶 교두보에 오스만튀르크군의 관심이 집중되어 있는 틈을 이용하여 새로운 방향에서 기습작전을 감행코자 시도한 것이었다. 1915년 8월 6일 한 시간에 걸친 준비포격 직후 주공을 담당한 안작군단의 공격이 시작됐다. 격렬한 접전 끝에 오스만튀르크 수비대의 방어선을 돌파하는 데 성공했다. 이어서 이튿날 새벽에는 원래 주공 목표였던 사리배어 능선에 대한 공격을 개시했다. 하지만 이번에도 오스만튀르크 군 증원부대의 역습을 받아서 공격작전은 타격을 입었고, 결국에는 설정된 공격목표를 탈취하는 데 성공하지 못했다.

그해 10월 중순경 그동안의 패배 책임을 물어 해밀턴 장군이 해임됐다. 후임 사령관에 취임한 찰스 먼로(Charles Monroe) 장군은 전세를 냉철하게 분석한 후 런던에 원정군 철수를 건의했다.[25] 직접 현장을 확인할 목적으로 11월 3일 키치너 장관이 직접 갈리폴리반도를 방문했다. 진퇴양난에 처한 전장의 상황을 목도한 키치너마저 더 이상 작전수행이 불가능함을 인정함에 따라 철수 논의가 본격화됐다. 이후 1915년 말부터 1916년 1월 초에 걸쳐서 은밀하게 모든 병력이 갈리폴리에서 철수를 완료했다.

원래 다르다넬스 해협 장악이 목표였던 갈리폴리 원정작전은 영국군의 참담한 패배로 종결됐다. 원정작전에 무려 총 48만여 명이나 동원되어 엄청난 사상자까지 냈으나 내세울 만한 성과는 거의 없었다. 특히 안작만(灣) 전투에서는 3만 4000명에 달한 오스트레일리아-뉴질랜드 장병들이 목숨을 잃었다. 상당량의 군 장비도 오스만튀르크 군대의 수중으로 떨어졌다. 당시 세계 최대의 식민제국이던 영국의 위상은 커다란 손상을 입었다. 이와 대조적으로 영제국의 침략을 격퇴하는 데 성공하면서 오스만튀르크군의 사기와 오스만튀르크 국민들의 자존감은 매우 높아졌다. 갈리폴리 방어전에서 무려 30만 명에 달할 정도로 많은 인명피해를 입었으나, 이는 '위대한 조국'을 외적으로부터 지키기 위해 지불해

25) C. Nicolson, *The Longman Companion to the First World War: Europe, 1914-18*(London: Longman, 2001), p. 123.

야만 했던 고귀한 희생으로 인식됐다.

5. 최종승리는 서부전선에서

세기말에 아프리카 최남단에서 벌어진 보어전쟁이 영국사회에 미친 충격과 불확실한 국제관계의 변화로 인해 영국에서 군 개혁은 이제 더 이상 미룰 수 없는 과제가 됐다.[26] 실제로 1900~1914년 사이에 영국 육군은 특별한 전환기를 맞고 있었다. 영국군은 제국을 방어하고 식민지 전쟁을 수행하는 것이 주 임무였던 전통적인 소규모 지원병 군대로부터 유럽 대륙에서 전쟁을 수행하고 현대무기로 무장한 대규모 군대로 발전해가는 단계에 있었다. 하지만 전통적인 군대에서 전문화된 군대로의 전환은 수월하지 않았다. 변화를 저해하는 전통의 힘은 강했고, 개혁을 위해 사용 가능한 시간은 부족했다. 결과적으로 영국군은 전통의 틀을 유지한 채 제1차 세계대전에 돌입해야만 했다.[27]

1914년 9월 초 마른 전투 이래로 서부전선에서 참호전이 시작됐으나 초기에 영국군 수뇌부는 이러한 교착상태를 일시적인 현상으로 인식했다. 즉 대전 이전의 전쟁에서 자신들이 경험한 일종의 '정상적인' 충돌

---

26) 이 시기에 제기된 군사 문제는 피셔의 해군개혁, 홀데인 경의 육군개혁, 그리고 로버츠 경의 국민개병제연맹에 의한 징병제 채택운동 등 세 가지로 요약될 수 있다. 피셔의 강력한 리더십 아래 해군은 드레드노트 전함을 주축으로 한 군비확장에 심혈을 기울였으나 이는 불가피하게 육군과의 갈등을 초래했다. 각 군은 서로 복잡하게 엉켜 있었을 뿐만 아니라 각 이슈마다 민간사회 내의 지지세력과 긴밀하게 연결되어 있었다. 이에 따라 대중매체를 통한 선전활동과 목적을 관철하기 위한 정치적 로비가 치열하게 전개됐다.

27) H. Tooley, *The Western Front: Battle Front and Home Front in the Great War*(Basingstoke: Palgrave Macmillan, 2003), p. 20.

상태에서 잠시 벗어난 것으로 생각했다. 따라서 이들은 여전히 가장 유효한 군사기술은 공격이고, 가장 유용한 무기는 부대원들의 사기와 결의에 바탕을 둔 돌격작전이라고 믿었다. 당시 대부분의 군대가 비슷한 성능의 화기로 무장하고 있었기에 전투는 접전 양상을 보일 것으로 추측됐다. 따라서 이러한 경우 최종승리는 확고한 전투의지를 발휘하는 쪽으로 결판날 것으로 예상했던 것이다.

1914년 8월부터 1918년 11월까지 4년 이상이나 지속된 제1차 세계대전은 점진적으로 영국민 전체를 전쟁 상황 속으로 끌어들였다. 당시에 처칠이 예견했듯이, 이는 과거 왕정시대에 벌어졌던 전쟁들보다 훨씬 참혹한 인민들 사이의 전쟁이었다.[28] 국민 전체가 예외 없이 이전에는 상상할 수도 없는 규모로 동원돼야만 했고, 전쟁수행을 위해 구성원들의 애국심을 고무할 수 있는 강력한 지도력이 요구됐다. 전쟁 초반 영국민의 심중에 전시 지도자로 부상한 인물은 19세기 말에 벌어진 제국주의 전쟁 과정에서 이미 살아 있는 전설로 알려진 바 있던 키치너 장군이었다.[29]

대전 초기에 육군장관 직책에 임명되어 영국민들을 안심시켰던 키치너는 곧 한계를 드러냈다. 평생 군대에서 잔뼈가 굵은 군인 출신임을 감안하더라도 그는 너무 사교성이 부족하고 성격마저 독단적이었다. 이러

---

28) John Grigg, "Chap. 1 Lloyd George and Ministerial Leadership in the Great War," in P. H. Liddle(ed.), *Home Fires and Foreign Fields: British Social and Military Experience in the First World War*(London: Brassey's Defence Publishers, 1985), p. 1.

29) 키치너는 영제국을 방위하고 확장하는 데 군 생활의 대부분을 보낸 전형적인 야전군인으로서, 식민지 시대 영제국의 군대를 대표하는 인물이었다. 그는 1892~1899년에 이집트 주둔 영국군 사령관으로 근무하는 동안에 수단에서 벌어진 '고든 장군 구출작전'을 진두지휘하면서 영국 육군의 상징적 존재로서 전국적인 명성을 얻었다. 제1차 세계대전이 발발하자 이러한 식민지 전쟁을 통해서 얻은 유명세를 후광으로 그는 곧바로 군사전략 분야에서 주목받는 전국적 인물로 부상했다.

한 성향은 의회의 협력을 구할 필요가 있을 경우에 더욱 두드러졌다. 설상가상으로 애스퀴스 수상조차 전쟁 상황에 대응하는 면에서 결단력 부족이라는 약점을 갖고 있었다. 전시 각료회의는 부정기적으로 열렸고, 어쩌다 소집된 경우에도 토론만 반복할 뿐 현안은 결정조차 못하는 사례가 비일비재했다. 이로 인해 전쟁수행은 별다른 제약도 없이 전적으로 최전선에 있던 장군들에 의해 이뤄졌다. 그런데 문제는 장군들이 줄기차게 집착하고 있었다는 점이다.

런던에서 애스퀴스 수상을 대신하여 위기에 처한 국가를 영도할 인물이 절실하게 요구되고 있었다. 이때 등장한 인물이 바로 로이드 조지였다. 이미 재무부장관에 취임한 지 수개월도 지나지 않아 상당한 업적[30]을 쌓으면서 주목을 받고 있던 그가 위기에 처한 영국을 이끌 만한 정치가로 부상했던 것이다. 1916년 12월에 신임 수상에 취임한 그는 5명의 각료로 구성된 전시내각을 신설했다. 전시내각 이외에도 기존의 정부구조와 인원에 대폭적인 손질을 가해 특수 분야를 전담할 5개의 부서를 신설했다.[31]

대전 후반기에 이르러 영국군 지휘관들도 기존의 전투 개념에서 탈피하여 현대전의 전장 특성에 적응할 수 있었다. 1917년 말 이후 인명손실을 줄이는 방향으로 작전을 전개하여 마침내 1918년 11월 독일군을 무찌르고 승리할 수 있었다. 하지만 전쟁으로 인한 엄청난 인명피해는 이미 회피할 수 없는 현실이 되어 있었다. 특히 1916년 솜에서, 그리고 1917년 파스샹달에서 벌어진 살육전은 제1차 세계대전에 대해 무익한 전쟁이라

---

30) 그는 런던의 금융가를 안정시켰으며, 전쟁 발발로 초래된 재정위기를 신속하게 해결했다.

31) 이때 신설된 정부조직의 구성 및 역할 등에 대해서는 K. Burk(ed.), *War and the State: The Transformation of British Government 1914-1919*(London, 1982)를 볼 것.

는 지울 수 없는 이미지를 덧씌워놓았다.

그렇다면 갈리폴리 원정작전의 실패는 과연 누구의 책임일까? 리델 하트와 더불어 20세기 영국을 대표하는 전략가 중 한 명으로 꼽히는 풀러는 갈리폴리 작전을 전략 자체만으로는 훌륭한 시도로 평가하면서도 이것이 안고 있던 현실과의 괴리를 지적했다.[32] 전후 작전의 전모를 조사한 다르다넬스 위원회 역시 개념과 이를 실행에 옮길 수 있는 실제적 수단과의 격차를 실패의 근본요인으로 꼽았다.[33] 첫 단추를 잘못 꿴 탓에 갈리폴리 원정은 1915년 1월에 본격 논의된 이래로 상륙작전이 결행되기 이전까지 수시로 기본 개념이 변경됐다. 그 결과 정확하고 현실성 있는 계획을 마련하지 못한 채 서둘러 상륙작전이 결정됐고, 작전이 개시된 이후에는 진퇴양난의 상황에서 지루하게 시간을 끄는 바람에 피해만 누적됐던 것이다.

---

32) J. F. C. Fuller, *Decisive Battles*, Vol. 3(London, 1956), p. 235.

33) PRO, Cab. 19/1 3623. The Final Report of the Dardanelles Commission, Part ii, Conduct of Operations, General Conclusions(i).

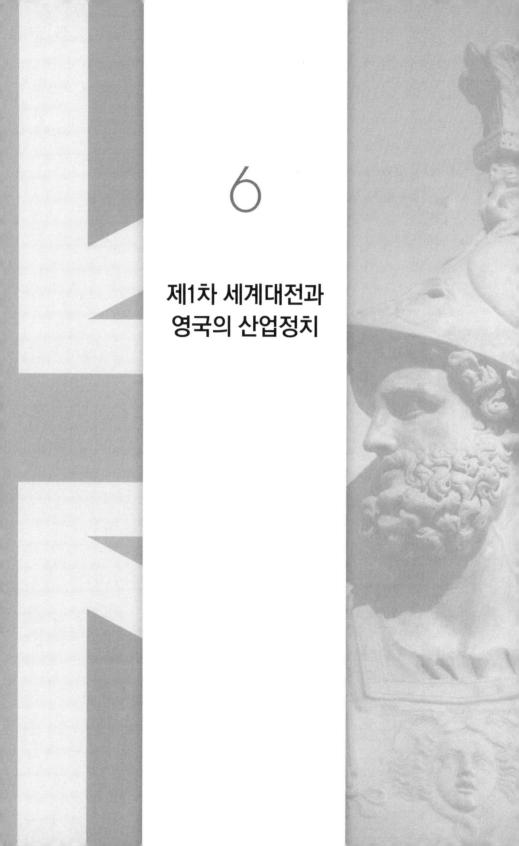

6

제1차 세계대전과 영국의 산업정치

1. 총력전 속 자본과 노동

영국 현대사에서 중요한 주제 가운데 하나가 국가와 사회의 관계를 고찰하는 것이다. 무엇보다 20세기에 접어들어 사회가 급속도로 산업화 및 전문화됨에 따라 전통적으로 유지되어온 국가-시민사회의 관계가 새롭게 설정됐다. 이러한 변화 중 매우 특징적인 것으로 정부의 정책결정 과정에 자본(capital)과 노동(labour)의 참여가 가능해진 점을 꼽을 수 있다. 더욱이 경제 영역에 대한 국가간섭이 빠르게 확대되면서 정치와 산업 간의 관계가 중심을 이루는 '산업정치(industrial politics)'는 영국 현대사를 이해하는 중요한 주제로 대두했다.

그동안 이 분야에 대한 관심은 주로 제2차 세계대전 이후의 시기에 집중되어왔다.[1] 하지만 이른바 '합의정치(politics of consensus)'의 기본구조가

---

1) 논쟁은 지속되고 있으나 영국사에서 1945~1960년대 말은 '합의정치시대'로 정의된다.

형성된 시점은 이보다 더 거슬러 올라간다고 볼 수 있다. 삼자(三者)관계에 기초한 산업정치에서 가장 중요한 변수는 국가의 역할이고, 좀 더 실제적으로는 산업 분야에 대한 국가개입의 방식이었다. 따라서 산업정치가 가능하기 위해서는 기본적으로 산업계의 견해를 대변할 수 있는 전국 차원의 단체가 존재해야 함은 물론이고 정부에서도 이러한 이해집단의 대표조직을 정책결정 과정에 참여시킬 의도와 필요성을 갖고 있어야만 했다. 미약하나마 영국에서 이러한 산업정치의 기본구도가 대두하기 시작한 것은 전선으로의 병력동원과 군수물자의 증산 요구가 산업 문제에 대한 정부의 적극적 개입을 불가피하게 만들었던 제1차 세계대전 시기였다. 전쟁 동안에 정부는 군수물자를 포함한 산업생산에서 기업가와 노조의 긴밀한 협조를 필요로 했으며, 실제로 산업계의 지도급 인사들이 중앙정부의 전쟁수행 과정에 직접적으로 참여했다.

무엇보다 이러한 변화는 노동 진영의 대표조직으로 19세기 중엽에 결성되어 활동해온 노동조합평의회(Trades Union Congress, TUC)에 상응하는 기업가 단체의 결성을 자극했다. 이는 곧 자본 진영의 전국조직이라고 할 수 있는 영국산업체연합(Federation of British Industries, 1916년, FBI)과 기업가단체전국연합(National Confederation of Employers' Organizations, 1919년,

이 시기에 정당정치 면에서 보수당과 노동당 사이에 케인스식 혼합경제, 완전고용, 복지국가 실현 등과 같은 주요 정책에 대한 공감대가 유지됐음은 물론이고 특히 산업관계 측면에서 정부의 중요 정책결정이 정부·자본·노동으로 대표되는 이른바 '삼자구조(三者構造, tripartite structure)' 아래에서 이뤄졌다고 보기 때문이다. 관련 연구로는 "Symposium: The Decline of Post-War Consensus," *Contemporary Record*, Vol. 2(1988), pp. 28-34; "Controversy: Is the 'Post-War Consensus' a Myth?" *Contemporary Record*, Vol. 2(1989), pp. 12-15; P. Keller, "Adapting to the Postwar Consensus," *Contemporary Record*, Vol. 3(1989), pp. 11-15; D. Kavanagh and P. Morris(eds.), *Consensus Politics from Attlee to Thatcher*(Oxford: Blackwell, 1989); D. Dutton, *British Politics since 1945: The Rise and Fall of Consensus*(Oxford: Blackwell, 1991) 등을 꼽을 수 있다.

NCEO)의 등장으로 이어졌다.[2] 장차 영국 산업계를 대변할 두 대표조직('peak' organization)의 출현은 제1차 세계대전으로 초래된 중요한 결과들 중 하나였다. 정부 · 자본 · 노동으로 구성되는 산업관계의 삼자구조가 태동하기 시작했기 때문이다. 미들마스(R. K. Middlemas)가 지적한 대로, 그동안 한낱 로비 단체에 불과하던 산업계 단체들이 점차 정부정책 결정 과정에 주요 파트너로 참여하는 일종의 '통치기관(governing institution)'으로 전환되기 시작한 것이었다.[3]

이 시기에 정부와 산업 간의 관계를 새롭게 정립하는 데 중추적 역할을 한 인물은 로이드 조지였다.[4] 대전을 전후한 시기에 그는 영국 정계의 핵심인물로 활동하면서 대전 기간 중에 배태된 산업정치를 특징짓는 중요한 정책결정에 깊숙이 관여했다.[5] 그는 1915년 3월에 정부와 산업계 대표들 간의 협상을 주관하여 이른바 '재무부 협약[6]'을 이끌어냈

---

2) C. Wrigley, "Introduction: The First World War and State Intervention in Industrial Relations, 1914-18," in C. Wrigley(ed.), *A History of British Industrial Relations*, Vol. 2: 1914-39(Aldershot: Gregg Revivals, 1987), p. 4. 여기에서 자본이라고 할 때 이는 주로 산업자본(industrial capital)을 의미하고, 같은 맥락에서 노동의 경우에는 공인된 노동조합('official' trade unions)을 지칭한다.

3) R. K. Middlemas, *Politics in Industrial Society: The Experience of the British System since 1911*(London: A. Deutsch, 1979)의 '서론'을 볼 것.

4) W. S. Adams, "Lloyd George and the Labour Movement," *Past & Present*, No. 3(1953), p. 55.

5) 로이드 조지는 상무부장관(1905~1908)을 시작으로 재무부장관(1908~1915), 군수물자부장관(1915~1916), 전쟁부장관(1916)을 거쳐 수상(Prime Minister)까지 역임(1916. 12~1922. 10)했다. 이러한 경력에 걸맞게 그동안 다양한 분야에 걸쳐서 그의 활약에 대한 연구가 축적되어왔다. 그런데 주로 정치, 군사 및 외교 면에서 그가 행한 역할에만 관심이 집중됐고, 이러한 분야에 못지않은 활약을 한 경제 면(특히 산업관계)에 대해서는 상대적으로 관심이 소홀했다. 그의 생애에 대해서는 M. Pugh, *Lloyd George*(London: Longman, 1988); K. O. Morgan(ed.), *The Life and Times of David Lloyd George*(London: Headstart History Publishing, 1991); C. Wrigley, *Lloyd George*(Oxford: Blackwell, 1992) 등을 참고할 것.

6) 재무부장관 시절 로이드 조지가 노조대표들과 맺은 결정으로 중재에 의한 산업분규의 타결, 노조 진영이 생산 측면에 부과해온 전통적 규제의 잠정적 정지 등이 핵심내

음은 물론이고, 전시 산업관계 형성에 큰 영향을 미친 전시군수물자법 (Munitions of War Acts)의 입안과 실행 과정에서도 핵심적 역할을 했다. 1916년 12월에 애스퀴스 후임으로 수상이 된 이후에도 그가 영도한 연립정부는 점차 어려워진 군수물자 조달과 인력보충 문제의 해결을 위해 지속적으로 자본 및 노동 진영과 접촉했다. 특히 종전 직후인 1919년 2월에는 정부·기업가·노동자의 대표로 구성된 전국노사관계회합 (National Industrial Conference, NIC)을 소집, 전시의 협력관계를 재정비코자 시도했다.[7] 초기의 관심 및 열정과 달리 이 모임은 노사 간의 의견 대립과 국가개입의 범위를 축소하려 한 정부의 태도 변화로 인해 결국에는 실패로 끝나고 말았다. 기대와 달리 종전 후 곧 경제 상황이 악화되면서 노동운동이 격화되자 정부는 파업 파괴조직을 운용하는 등 노동 진영에 대해 강경한 입장으로 선회했던 것이다.

그동안 영국 현대사에서 20세기 전반기에 합의정치의 존재 여부와 그 정도에 대한 논의가 연구자들 사이에서 이뤄져왔다.[8] 미들마스로 대표되는 보수적 성향의 역사가들에 의하면, 제1차 세계대전이라는 국가적 위기 속에서 등장한 자본과 노동의 전국조직들이 그 이후 정부의 정책결정 과정에 참여하고 노사 상호 간에 대립을 초래할 수도 있는 과격한 행동을 가능한 한 자제하려는 모습을 보여줬다는 것이다. 그리고 이러한 합의정치로의 편향 덕분에 영국은 전간기(戰間期)에 산업관계에서 상

용이었다. Public Record Office(PRO), MUN 5/10/18017에 회합의 진행 과정에 대한 기록이 있음.

7) R. Lowe, "The Failure of Consensus in Britain: The National Industrial Conference, 1919-21," *Historical Journal*, Vol. 21(3)(1978), pp. 649-675.

8) 논쟁에 대한 개괄적인 이해를 위해서는 "Corporate Bias: Fact or Fiction"(by R. Lowe) & "Corporate Bias: A Response"(by R. K. Middlemas), *Social Science Research Council Newsletter*, 50(Nov., 1983), pp. 17-21을 볼 것.

대적으로 안정된 모습을 유지할 수 있었다고 주장한다. 반면에 로드니 로우(Rodney Lowe)로 대표되는 마르크스주의적 성향의 역사가들은 합의 정치의 존재 자체에 대해 의문을 제기한다. 이들에 의하면, 이 시기에 합의의 객관적 조건들이 산업계와 정부, 그리고 무엇보다 자본과 노동 사이의 상호 불신과 이해 부족으로 인해 그 존재조차 의심스러웠다는 것이다. 따라서 이러한 주장은 실제가 아닌 환상이며, 굳이 정의한다면 일종의 '의사(擬似) 자유주의(sort of bastardized liberalism)'에 불과한 것으로 평가했다.[9)]

이러한 맥락에서 이 장에서는 삼자관계에 기초한 산업정치의 구조가 제1차 세계대전을 경험하면서 대두되는 과정을 주로 로이드 조지의 역할 및 그의 연립정부 활동을 중심으로 고찰한다.[10)] 이를 위해 우선 제1차 세계대전 초기에 영국 산업계가 처했던 일반적인 위기상황과 이에 대한 자유당 정부의 반응을 살펴본다. 이어서 정부와 산업계 간의 종래 관계가 대전의 충격으로 인해 변화되는 양상을 로이드 조지 연립정부의 전쟁수행 정책과 이에 대한 산업계의 반응을 중심으로 분석한다. 마지막으로 전후 국가역할의 축소와 경제불황이라는 상황변화에 직면하여 합의로 지향됐던 대전 중 산업정치가 자본 진영에 좀 더 유리한 쪽으로 굴절하는 이유와 과정을 검토한다. 넓은 관점에서, 이 장에서는 제1차 세계대전 기간을 통해 합의정치의 기본조건이랄 수 있는 삼자구조의 산

---

9) J. E. Cronin, "Coping with Labour 1918-26," in J. E. Cronin and J. Schneer(eds.), *Social Conflict and Political Order in Modern Britain*(London: Croom Helm, 1982), pp. 113-145.

10) 로이드 조지가 본격적으로 산업계와 관계를 맺기 시작한 것은 1905년 그가 상무부 장관(President of the Board of Trade, 1905~1908)으로 일하면서부터였다. 그러나 여기에서는 국가역할의 변화가 보다 구체화되고 그에 따라 산업관계가 새롭게 형성되는 측면에 중점을 두어 연구의 범위를 전쟁이 발발한 1914년부터 그가 실각하는 1922년까지로 한정했다.

업정치가 미약하나마 그 기본골격을 갖추게 됐음을 밝히고 있다.

2. 대전의 충격과 기존 정책 수정

1911~1914년에 영국은 내부적으로는 노동자들의 격렬한 파업으로, 외부적으로는 아일랜드 독립주의자들의 준동으로 심한 혼란 상태에 빠져 있었다. 이 시기에 노동조합에 가입하는 노동자들이 급증했고 강도 높은 산업소요가 전국의 공장지대를 휩쓸었다. 이러한 난제는 국가 엘리트들 사이에서 영국 국가체제(System of the British State) 자체의 위기로까지 인식됐고, "전체가 공멸하는 파국을 막기 위해서는 서로 적절한 선에서 타협해야만 한다."는 분위기가 암묵적으로 형성됐다. 하지만 이러한 움직임이 구체적인 행동으로 옮겨지는 것은 제1차 세계대전 기간을 통해서였다. 제1차 세계대전은 영국의 산업관계(industrial relation) 측면에서 하나의 전환점이었다. 왜냐하면 이후 영국 내에서 산업정치의 본질을 특징짓는 중요한 요인들이 대부분 이 시기에 배태됐기 때문이다.

전쟁이 발발한 이후에도 정부는 여전히 '평시처럼' 원칙에 기초한 기존의 경제정책과 산업정책을 유지했다. 하지만 당초의 예상과는 달리 전쟁이 총력전으로 확대되면서 정부는 곧 예기치 못한 많은 난제에 직면하게 됐다. 기존 정책으로는 전쟁을 효율적으로 수행할 수 없음이 분명하게 드러나기 시작했다. 이제 모든 군사적 결정은 민간인들의 사기, 국가재원의 활용 정도, 인력의 배분 등과 같이 군 수뇌부 독자적으로는 결정할 수 없는 국가 차원의 사안으로 격상됐다.[11] 무엇보다 중요한 것

---

11) D. R. Woodward, "Britain in a Continental War: The Civil-Military Debate over the

은 이러한 목표 달성을 위해 정부가 담당해야 할 역할이었다. 기존 시스템을 유지한 채 문제를 해결해보려던 정부도 결국에는 그동안 고수해온 자유방임주의 정책을 포기하고 민간기업들의 경제활동에 광범위하게 개입하기 시작했다. 특히 1915년 5월 군수물자부의 신설을 계기로 군수물자 생산과 관련된 산업 분야에 대한 적극적인 개입정책으로 전환했다.[12]

1914년 8월 키치너 장군이 육군장관(Secretary of State for War)으로 임명되면서 '평시처럼' 정책은 더 이상 지속하기가 어렵게 됐다. 영국의 해군력과 경제력에 의존하는 대신에 키치너는 영국도 대륙국가들처럼 강력한 지상군을 보유해야 한다고 주장했기 때문이다. 그는 전쟁 발발 전에 이미 대륙국가의 모델에 입각해 영국을 '전원무장(nation in arms)'의 상태로 전환시키려는 의도를 갖고 있었다. 그의 신병모집 방법은 지원병제도에 기초하고 있었으나 1914년의 마지막 5개월 동안에 육군을 대폭 강화하는 데 크게 기여했다.[13] 이러한 과업을 달성하는 과정에서 키치너는 자유방임주의적인 자유당 정부의 기존 정책기조를 허물어뜨렸다. 대전 발발 직후부터 물밀 듯이 지원병들[14]이 몰리면서 국가적으로 엄청난 인적 및 물적 자원을 잠식했다. 국가경제의 정상적인 운영을 거의 불가

Strategical Direction of the Great War of 1914-18," *Albion*, Vol. 12(1980), pp. 37-65를 참고할 것.

12) C. Wrigley, "The Ministry of Munitions: An Innovatory Department," in K. Burk(ed.), *War and the State: The Transformation of British Government 1914-1919*(London: Routledge, 1982), pp. 32-56.

13) 1914년 말에 10만 명의 인도군 외에 약 100만 명 이상에 달하는 새로운 병력이 지상군에 편입됐다. 전쟁 발발 1년 후인 1915년 7월에 이르면 그 숫자는 거의 200만 명에 육박했다.

14) 키치너의 애국적인 호소가 이들의 자원입대를 크게 고무했기에, 이때 모집된 병력들은 통상 키치너의 '신군(New Armies)'이라 불렸다.

능하게 만들 정도였다.

당시 기계공업 분야는 정부로부터 다량의 주문이 쇄도하고 있었음에도 불구하고, 이러한 대규모의 신군(新軍) 병력을 단기간 안에 무장시킬 수 있는 생산능력을 갖추고 있지는 못했다. 이미 대전 이전에 상호 신뢰를 상실한 상태였기에 기업가와 노조가 생산증가를 위한 제반 조건들에 자발적으로 합의를 달성할 가능성은 희박했다. 상무부의 상임 산업분쟁 조정자였던 애스크위드 경(Sir G. Askwith)은 정부가 개입하여 숙련노동자들을 타협으로 이끌어야만 한다고 조언했다.[15] 초과시간 노동금지 문제를 둘러싸고 1915년 2월 글래스고의 대표적 공업지대인 클라이드사이드(Clydeside)에서 대규모 파업사태가 발생했다 이때 로이드 조지는 정부가 모든 산업분규에 개입하여 중재를 단행해야 하며, 이러한 정부조치에 저항하는 노동자들은 처벌받아 마땅하다고 주장했다.[16] 궁극적으로 그는 정부가 당장 '평시처럼' 정책을 포기하고 총력전 체제로 돌입함으로써 키치너가 추진하는 '국민 전체의 무장(武裝)'이 실현되길 기대했다.

전쟁 발발 이전에 상무부에서 익힌 경험을 바탕으로 1915년 초반부터 로이드 조지는 군수물자 생산량을 최대한 확보할 목적으로 군수산업 분야를 대표하는 노조들과 협상을 개시했다. 당시까지 유지되어온 자유계약에 기초한 노동시장체계는 이미 많은 숙련공들이 참전을 위해 작업현장에서 이탈한 데다가 전쟁물자 생산요구마저 급증하면서 여러 산업 분야에서 거의 와해된 상태였다. 더구나 전쟁 초반에 정부가 낙관한 노동계급의 애국적인 참여와 협력의 분위기마저 빠르게 생계비가 높

15) D. French, *British Economic and Strategic Planning 1905-1915*(London: G. Allen & Unwin, 1982), p. 159.

16) E. David(ed.), *Inside Asquith's Cabinet: From the Diaries of Charles Hobhouse*(Basingstoke: Palgrave Macmillan, 1977), p. 224.

아지면서 급속도로 약화되고 있었다. 3월에 내각은 본격적으로 군수물자 생산작업에 돌입하기 이전에 노동자들의 양해와 협조를 구할 목적으로 로이드 조지에게 노조 접촉 임무를 부여했다.[17] 그는 3월 17~19일에는 TUC 및 노동조합총연합(General Federation of Trade Unions), 그리고 다른 핵심 노조의 대표들과 회합을 가졌다. 3월 25일에는 전쟁물자 생산과업에서 자신들의 특별한 역할을 내세우며 별도 회합을 주장한 기계공노조(Amalgamated Society of Engineers, ASE) 대표들과도 만났다. 이러한 연쇄모임을 통해서 로이드 조지와 노조 진영의 대표들은 원활한 군수물자 생산을 보장하는 데 필수적인 몇 가지 사항에 합의할 수 있었다. 정부와 노조 사이에 이른바 '재무부 협약'이 맺어진 것이었다. 다른 측면에서 이는 핵심 산업체의 노조지도자들이 제한적이나마 정부의 정책결정 과정에 참여할 수 있게 됐음을 의미한다.[18]

그러나 채 몇 개월 지나지도 않아서 자발성에 기초한 재무부 협약은 거의 실패로 끝나고 말았다. 합의의 주체들이 완벽한 대표성을 구비하지도 않은 채 중앙 차원에서 합의된 사항을 다양한 이해관계로 엉킨 개별 산업 분야와 예하 산업체에 수용시키는 문제는 초반부터 난항에 직면했다. 전통적인 권한의 유보를 전제로 체결한 협약의 내용에 대해 각 산업 분야에서 특히 숙련공들이 거세게 반대했다. 이처럼 군수물자 생산 측면에서 당면한 심각한 애로사항[19]과 군사적으로 서부전선 및 동부전선에서의 교착상태는 산업생산 분야에 대한 국가의 적극적 개입을 불

---

17) C. Wrigley, *Lloyd George and the British Labour Movement: Peace and War*(Aldershot: Gregg Revivals, 1976), pp. 91~92.

18) 내면적으로 정부는 군수산업을 국가의 통제 아래에 놓기 전에 노조지도자들과 원만한 협력관계를 구축하는 것이 긴요하다고 판단했던 것이다.

19) P. Fraser, "British 'Shells Scandal' of 1915," *Canadian Journal of History*, Vol. 18(1983), pp. 69~86.

가피하게 만들었다. 결국 5월에 '평시처럼' 정책을 고수하던 자유당 단독 정부가 더 이상 유지되지 못하고, 애스퀴스 수상은 거국적인 연립내각을 구성할 수밖에 없었다. 곧 군수물자 생산과 보급 문제를 총괄하는 군수물자부가 설립되고, 이어서 강제조항을 전제로 한 전시군수물자법이 제정됐다. 6월 말에 신설 부서의 책임자로 임명되어 재무부를 이임하는 자리에서 로이드 조지는 기존의 전쟁수행 정책을 대폭적으로 수정할 생각임을 시사했다.[20]

3. 국가역할 증대와 노동의 위상 증대

전쟁수행을 위한 대규모 노동자들의 징집으로 초래된 숙련노동자 부족, 급증하는 군수물자 생산 요구, 그리고 정상적인 경제활동의 와해 등은 국가간섭을 정당화하기에 충분했다. 산업분규 해결의 일환으로 재무부 협약이 맺어졌으나, 이는 본질적으로 '자발적(voluntary)' 합의에 기반하고 있었기에 효과적으로 노조를 통제하기가 어려웠다. 전통적인 작업장 관행을 철폐하는 문제를 둘러싸고 노사 간에 합의점 도달에 실패한 후, 정부는 본격적으로 경제 분야에 대한 통제대책을 추진했다.[21]

1915년 6월에 군수물자부가 신설됐을 때, 의회는 기존의 재무부 협약에 법적인 구속력을 부여했다. 하지만 이러한 미봉책으로는 군수물자 생산 과정 중 도출되는 난제들을 극복할 수 없었다. 결국 정부는 강제력

---

20) R. J. Q. Adams, *Arms and Wizard: Lloyd George and the Ministry of Munitions 1915-1916*(College Station: Texas A&M Univ. Press, 1978), p. 2.

21) P. J. Maguire, "Politics and Industrial Conflicts: Government, Employers and Trade Union Organization 1915-22"(Unpublished Ph. D. Thesis, Univ. of Sussex, 1983), p. 3.

과 법적 근거를 강화한 전시 산업관계 전략으로 전환했다. 국토방위법 (1915. 3), 전시군수물자법(1915. 6), 그리고 의무병역법(Military Service Acts, 1916. 4)과 같은 일련의 법률 제정은 산업 문제들에 대한 국가개입 정도 가 점차 강화됐음을 암시한다. 이러한 제반 조치의 핵심은 군수물자 생 산작업 시 파업이나 공장폐쇄를 피하면서 생산량을 최대한 확보한다는 의도 아래 '강제조정(compulsory arbitration)'을 합법화한 것이었다.[22]

무엇보다 갈등을 초래한 사안은 필요한 작업장에 노동자를 강제로 재배치하는 일과 '숙련공의 일감을 분업화하여 미(未)숙련공에게 맡기 는 문제(dilution)'였다. 초기에 이를 실행에 옮기려던 정부의 시도는 기계 공노조의 완강한 반대에 부딪혀 별다른 실효를 거두지 못했다. 하지만 징병제의 도입으로 인적 자원의 부족 현상이 더욱 심화되면서 숙련공을 미숙련공으로 대체하는 현상이 빠르게 늘어났다. 군수물자 생산공장에 대한 이러한 강제적 인력조정은 전쟁이 끝날 때까지 계속하여 파업사태 를 초래했다.[23] 동시에 이러한 현상은 산업분규를 해결한다는 명목으로 정부가 산업 문제에 대한 개입의 범위를 확대하는 빌미로 작용했다.

국가간섭이 점증하는 상황에서 정부와 노조 사이의 관계는 어떻게 형성됐을까? 군수물자의 원활한 생산과 공급이라는 국가적 당면 과제 의 해결을 위해서는 무엇보다 노조의 협조가 절실했다. 그리하여 정부 는 노조의 활동을 각종 형태로 지원했으며, 전쟁 발발 이전과 달리 이들 의 요구에 다소 관대하게 반응했다.[24] 정부의 지원에 힘입어 노동 진영

---

22) C. Wrigley, op. cit.(1976), pp. 110-121.

23) J. Hinton, "The Clyde Workers Committee and the Dilution Struggle," in A. Briggs and J. Saville(eds.), *Essays in Labour History 1886-1923*(London: Macmillan, 1971), pp. 152-158.

24) 상무부와 기업 측의 반대에도 불구하고, 로이드 조지 정부는 노동 측의 위상 제고라 는 취지를 내세우며 1916년 12월 노동과 산업 문제를 전담할 부서로 노동부를 신설했 다. 이제 노동 측이 내각 차원에서 정부 수뇌부와 직접 접촉할 수 있는 통로가 마련된

은 전쟁수행 기간을 통해 산업관계에서 한 축을 담당하는 세력으로 성장했다.[25] 이러한 위상변화와 전쟁수행을 위한 국가의 요구가 맞물리면서 단체교섭이 크게 확대됐고, 더욱 빈번하게 전국 차원의 협상(national negotiation)이 이뤄졌다. 이러한 접촉 과정에서 노동 진영의 전국조직으로서, 그리고 노조운동을 위한 일종의 공개토론장으로서 TUC가 상당한 주목을 받게 됐다.

국가의 전쟁수행과 관련하여 다른 누구보다 TUC를 중심으로 한 노조지도부의 역할에 주목한 것은 신설 군수물자부의 책임자로서 애스퀴스 연립정부 내에서 산업관계의 핵심인사였던 로이드 조지였다. 1915년 9월 TUC 연례 모임에 초청된 그는 "이는 물자전쟁이며, 정부는 노동자 여러분의 협조가 없다면 전쟁에서 패할 수도 있다."고 단언할 정도로 노동 측 역할의 중요성을 강조했다.[26] 그는 정부의 전쟁수행 과업에 가능한 한 많은 수의 노조지도자들을 직접 참여시키고 최대한 이들의 협력을 이끌어내려고 했다.

국가적 차원에서 정부의 전쟁수행에 대한 노조지도자들의 협력은 이미 전쟁 초반부터 시작됐다. 실제로 이들 중 다수가 전쟁수행을 위해 설치된 다양한 정부부처 산하 합동위원회에 적극 참여해 전쟁승리에 일익을 담당했다.[27] 1915년 봄에 ASE를 대표한 헨더슨은 "만일 숙련공을

셈이었다. 자세한 내용은 R. Lowe, *Adjusting to Democracy: The Role of the Ministry of Labour in British Politics 1916-1939*(Oxford: Oxford Univ. Press, 1986)를 참고할 것.

25) 노동 시장에서 높아진 노동 측의 위상은 노조 가입 회원 수의 급증으로 나타났다. 예컨대, 1914년에 414만 5000명에서 1918년에 653만 3000명으로 증가한 인원은 급기야 1920년에 이르면 834만 8000명으로 최대치를 기록했다.(C. Wrigley, "Chap. 4 Trade Unions and Politics in the First World War," in B. Pimlott and C. Cook, eds., *Trade Unions in British Politics*, 2nd ed., (London: Longman, 1991), p. 69)

26) C. Wrigley, op. cit,(1976), p. 137.

27) 로이드 조지는 군수물자부 장관으로 재직할 때 헨더슨(A. Henderson, 기계공업 분야 노

미숙련공이나 여성노동자로 대체하는 일이 추진되어야 한다면, 우리가 집행 과정 전체를 담당하여 이 계획을 책임지고 수행해야만 할 것이다.”고 말했다.[28] 이러한 호의적 분위기 아래 정부는 1915년 여름에 대표적인 노조지도자들과 군수물자부 관료들로 구성된 군수물자생산노동자 조달위원회(Central Munitions Labour Supply Committee)를 설치했다. 이외에도 급증하는 군 병력 충원[29]을 위해 정부가 설치한 각종 전문기구에 노조지도자들이 가담했다. 의무병역제가 채택된 이후 이들은 1916년에 설립된 인력배분국(Manpower Distribution Board), 1917년 초반 체임벌린(N. Chamberlain)의 주도하에 등장한 국민의무병역부(National Service Department), 그리고 게디스(A. Geddes)가 이끈 국민의무병역부 산하 모병자원단에서 활동했다.

각종 위원회와 행정부서 내에서 대표적인 노조지도자들은 노동 분야

조지도자)을 차관이자 정부의 비공식 노동 문제 조언자로 연립정부에 입각시켰다. 이외에도 클리니스(J. R. Clynes, 광산노조 지도자), 토머스(J. H. Thomas, 철도노조 지도자), 터너(B. Turner), 애플턴(W. A. Appleton, 노조연합 사무총장), 베빈(E. Bevin, 전국 운수노조 지도자), 시트린(W. Citrine, 전기노조 지도자) 등과 같은 노조의 지도적 인사들과 반스(G. Barnes, 노동당 의원), 호지(J. Hodge, 노동당 의원) 등과 같은 노조출신 정치가들이 정부 업무수행에 적극 참여했다. 자세한 내용은 J. Turner, "Cabinets, Committees and Secretariats: the Higher Direction of War," in K. Burk, op. cit.(1982), pp. 57-83; J. Turner, "Chap. 11 'Experts' and Interests: David Lloyd George and the Dilemmas of the Expanding State, 1906-1919," in R. M. MaCLeod(ed.), *Government and Expertise: Specialists, Administrators and Professionals 1860-1919*(Cambridge: Cambridge Univ. Press, 1988), pp. 203-223; K. Grieves, *The Politics of Manpower, 1914-1918*(Manchester: Manchester Univ. Press, 1988), pp. 149-176을 참고할 것.

28) C. Wrigley, op. cit.(1976), p. 139.

29) 제1차 세계대전 동안에 전체 1500만 명 정도의 남성 노동인력 중 육군(497만 명), 해군(40만 7000명), 그리고 공군(29만 3000명)이 실전에 투입됐다. 이로 인해 필수적인 전쟁물자 생산에 요구되는 숙련노동인력의 가용자원이 크게 제한을 받았다. 자세한 숫자에 대해서는 P. E. Dewey, "Military Recruiting and the British Labour Force during the First World War," *Historical Journal*, Vol. 27(1984), pp. 199-223을 볼 것.

전문가로서 정부에 조언하고 경우에 따라서는 실무책임자의 역할도 수행했다. 특히 실행단계에서 이들은 예하 노동자 단체들의 반대에도 불구하고 숙련공을 미숙련공으로 대체하는 민감한 정부의 정책을 적극 지지했다.[30] 이처럼 이들은 정부와 기업가를 상대로 노조원들의 애로사항을 대변하던 종래의 역할에서 오히려 노조의 특권적 고유권한을 규제하는 정부정책 실행자로서 전면에 나서야만 하는 난감한 상황에 처해 있었다. 이들의 협조에 힘입어서 정부는 군수물자 생산에서 당면한 난제들을 차츰 해결해 나갈 수 있었다. 이처럼 로이드 조지는 정부의 산업정책 수립 시에 노동 진영의 '공적인(official)' 조직이라고 할 수 있는 TUC의 지도자들을 활용하고, 이를 통해 노동 진영의 반대세력을 고립시킬 수 있었다.

그러나 전쟁이 참호전으로 전환되면서 산업체에 대한 요구가 과도하게 늘어나자 산업관계의 여건이 정부에 불리하게 변했다. 노조지도자들은 정부정책의 원활한 실행을 돕기 위한 적극적 참여로 인해 정부에 대한 반감 못지않게 자신들이 일반 노동자들로부터 적대시되고 있음을 깨닫게 됐다. 정부정책에 대한 반감이 기계공업 분야는 물론이고 다른 산업 분야에서도 점차 고조되고 있었다. 무엇보다 전쟁으로 초래된 인력부족현상은 산업계의 기존 장인전통(craft traditions)을 위협함으로써 특히 기계공업 분야에서 작업장 내부의 노동분화를 크게 자극했다. 다시 말

---

30) C. Wrigley, op. cit.(1976), p. 141. 총력전 수행에 요구되는 엄청난 양의 전쟁물자 생산을 위해 군수공장에서 일하는 인원이 급증했다. 남성 노동자의 경우 1914년 7월에 186만 9000명에서 1918년 11월에 230만 9000명으로 늘어났고, 동일한 기간에 여성노동자의 수는 21만 2000명에서 94만 5000명으로 증가했다. 전체적으로 대전 기간에 120만 명의 노동자가 새로 고용됐다.(K. Burgess, "The Political Economy of British Engineering Workers during the First World War," in L. Haimson and C. Tilly, eds., *Strikes, Wars, and Revolution in an International Perspectives*(Cambridge: Cambridge Univ. Press, 1989), p. 289)

해, 숙련공을 미숙련공 혹은 여성노동자로 대체하는 조치가 지속되면서 이로 인해 그동안 현대적 생산방식의 영향을 덜 느끼고 있던 전통적 산업 분야의 숙련공들이 심각한 타격을 받았던 것이다.[31]

노동 측의 불만 고조와 비례하여 그동안 수세에 처해 있던 비공식 노동자 세력이 전면으로 나서기 시작했다. 불안정한 고용상황과 열악해지는 생활여건은 정부정책에 대한 신뢰를 무너뜨렸다. 직접적으로 이는 일반노동자들로 하여금 기존 노조지도부에 반기를 들도록 고무했다. 그동안 정부의 전쟁정책 실행에 참여했던 노조지도자들의 입지가 약화되고 상대적으로 비공식 조직이던 작업장 내 노동자대표들(shop stewards)의 발언권이 상당한 호응을 얻었다. 지도부에 불만을 가진 작업장 내 노동자들을 통제하는 권위는 자연스럽게 이들에게로 넘어갔다. 동시에 클라이드사이드와 같은 일부 기계공업 중심지에서는 작업장 노동자대표운동(shop stewards' movement)이 재차 활기를 띠었다.[32] 이러한 움직임이 노동자들의 폭넓은 지지를 받으면서 점차 노동 진영의 진정한 대변자로 부상했다.

핵심 산업지역에서의 이러한 상황변화는 산업관계에서 정부정책의 변화를 요구했다. 1917년 5월에 기계공들이 주도한 파업이 전국을 휩쓸고, 연말에는 러시아마저 혁명으로 전선에서 이탈하면서 산업관계에서 대립국면은 더욱 악화됐다. 1916년 12월 이후 연립정부의 수반에 오른 로이드 조지는 교육개혁, 주거조건의 향상 등을 포함한 전후 사회재건의 비전을 제시함으로써 이러한 소요사태의 근본원인을 해결코자 했다. 이때 점증하는 비공식 노조운동과 노동자에 의한 작업장 통제 요구

---

31) 대전 발발 전에 기계공업 분야에 고용된 전체 노동력은 숙련공(60%), 반숙련공(20%), 미숙련공(20%)의 비율로 나타났다.(K. Burgess, op. cit., p. 295)

32) J. Hinton, op. cit.

에 대응할 목적으로 각 산업 분야에서의 의사결정에 노동자의 참여 비율을 높이는 방안을 제시했다. 이처럼 정부의 강압적 모습을 완화하고 재차 노사 간에 협력정신을 고무해 산업관계를 정상화시킬 의도로 정부는 내각의 전후재건위원회(Reconstruction Committee) 산하에 노사관계위원회(Committee on Relations between Employers and Employed)를 설치했다.[33]

이른바 휘틀리위원회(Whitley Committee)로 더 잘 알려진 이 일시적 조직[34]은 1917~1918년에 무려 다섯 번이나 조사보고서를 제출했다. 일련의 보고서를 통해서 일관되게 제기된 핵심 이슈는 '산업적 조화와 효율'을 높이기 위해 산업 분야마다 기업가와 노동자가 함께 참여하는 조직을 만든다는 것이었다. 구체적으로 이는 임금, 노동조건, 그리고 산업 분야에서 발생하는 제반 문제들을 논의할 수 있는 권한을 지닌 합동협의기구의 설치를 의미했다. 이 조직은 개별 산업 분야의 노사대표들로 구성될 것이었다. 1917년 5월 기계공업 분야에서 파업사태가 벌어졌을 때 특별조사단을 파견해 분규의 원인을 파악한 휘틀리위원회는 "아직껏 이러한 기구가 없는 제반 산업 분야의 노사 조직에 노사대표로 이뤄진 합동상설산업협의회(joint standing industrial councils)를 설치해야만 한다."고 정부 관련부서에 건의했다.[35]

휘틀리위원회의 건의사항은 다수의 대표적인 기업가와 노조지도자들로부터 지지를 받았다. 언론의 반응도 호의적이었다. 하지만 초기의 호

---

33) J. H. Horne, *Labour at War: France and Britain 1914-1918*(Oxford: Oxford Univ. Press, 1991), pp. 245-249.

34) 자유당 소속 의원으로 책임자였던 휘틀리(J. H. Whitley)의 이름을 붙인 위원회는 4명의 핵심 산업 분야 대표, 4명의 노조지도자, 그리고 4명의 경제학자와 사회사업가로 구성됐다.

35) The Whitely Committee's First Report on Joint Standing Industrial Councils, Cd. 8606, July 1917.

응과 달리 실제적인 차원에서 휘틀리위원회가 제안한 계획을 실행으로 옮기는 일은 또 다른 문제라는 점이 곧 드러났다. 일부 기업가와 노조지도자들은 개별 산업 분야에서 노동과 자본이 공동의 이해 증진을 위해 서로 협조할 수 있다는 위원회의 전제에 의문을 제기했다. 대표적으로 석탄, 철도 및 운송산업 분야에서는 휘틀리위원회의 계획을 노골적으로 반대했다. 노사협조를 근간으로 한 산업관계를 전후까지 지속시키려는 의도 아래 휘틀리위원회는 핵심 제안사항을 강제할 수 있는 법적 조치를 취하지 않았다. 위원회가 제안한 합동협의회는 구태여 정부가 강제력을 동원하지 않더라도 '자발성'의 원칙하에 작동할 수 있으리라 기대했다. 1917년 중반 노동부장관 로버츠(G. H. Roberts)는 기업가 단체 및 일부 노조에 휘틀리위원회 보고서를 회람시켰다. 이때 그는 산업 분야에서 노사 간에 단체교섭이 진행되고 있다면, 불가피한 경우를 제외하고 정부가 강제력을 동원할 의사가 없음을 밝혔다.[36] 하지만 전쟁수행에 필요한 인력 및 군수물자 수요가 산업계에 강한 압박을 가하면서 노동계의 반발은 더욱 강해졌다. 자발성에 기반을 둔 위원회의 계획은 빠르게 그 매력을 상실했다.

새로운 시도조차 실효를 거두지 못하자 정부는 종전 시까지 공식적 노조의 지도력에 의존할 수밖에 없었다. 특히 로이드 조지는 작업장 내 노동자 대표 혹은 다른 부분적 대표성만을 지닌 대표자들이 아니고 오직 '공식적인(official)' 차원의 노조지도자들과만 협의하는 정책을 고수했다. 동시에 그는 정부정책에 반대하며 파업을 조장하는 과격 노동자들에 대해서는 강경하게 대처할 것임을 거듭 천명했다.[37] 하지만 이러한

---

36) *The Industrial Council Plan in Great Britain*(1919), p. 32.
37) C. Wrigley, op. cit,(1976), p. 148.

정부의 강압적 접근방식은 오히려 더 많은 산업분규를 조장했다. 설상 가상으로 과격한 비공식 노동운동의 입지만 강화시켜준 탓에 전쟁 종반 기에 로이드 조지 연립정부의 산업정치는 더욱 난관에 봉착하게 됐다.

4. 국가역할 증대와 자본의 세력화

국가간섭의 확대에 대해 기업가들은 어떻게 반응했을까? 정부는 전 시경제를 조직할 때 필요한 전문가의 조언을 듣기 위해 간혹 기업가들 을 접촉한 바 있었다. 전쟁국과 특히 군수물자부는 전쟁물자의 체계적 인 보급지원을 위해 기업가들을 정부 행정부서의 주요 직책에 임명했 다. 잉글랜드의 북동방면 철도회사 책임자였던 게디스, 기계공업 기업가 연합(Engineering Employers' Federation, EEF)의 실세였던 스미스(A. Smith), 그리고 글래스고의 대표적 기업가인 위어 경(Lord Weir) 등은 생산 및 산 업정책 측면에서 핵심적 영향력을 행사했다.[38] 지방 차원에서도 기업가 들은 해당 지방 군수물자조달위원회(Local Munitions Committee)를 통해서 기계공업 분야에서 생산능력을 조직화하는 데 주도적 역할을 담당했다.

그러나 다른 한편으로 기업가들에게 제1차 세계대전은 정부와의 관

---

38) P. K. Cline, "Eric Geddes and the 'Experiment' with Businessmen in Government 1915- 22," in K. D. Brown(ed.), *Essays in Anti-Labour History*(London: Macmillan, 1974), pp. 74- 104; J. Turner, op. cit..(1988), pp. 203-223을 참고할 것. 이들 이외에도 로이드 조지에 의해 해당 분야 전문가(expert)로서 신설 부서의 책임자 및 고위직에 임명된 기업가들 은 다음과 같다: 피셔(H. A. L. Fisher, 교육부장관, 전직 셰필드 대학교 부총장), 프로더로 (R. E. Prothero, 농림부장관, 전직 Duke of Bedford 부동산 회사 대표), 매클레이 경(Sir Joseph Maclay, 조선분야 책임자, 글래스고의 대표적 조선업자), 데번포트 경(Lord Devonport, 식량문 제 책임자, 대표적 양곡업자), 스탠리 경(Sir Albert Stanley, 상무부장관, 런던 지하철 책임자), 론 다 경(Lord Rhondda, 지방정부 책임자, 금융가이자 기업가) 등(C. Wrigley, op. cit.(1992), p. 84).

계에서 실망스러운 기간으로 인식됐다. 전쟁물자의 긴박한 필요와 노조의 급속한 부상에 직면해 정부 내 관련부서들 안에서 자신들의 이해관계가 소홀히 취급되고 있다고 판단했다. 비록 군수물자법 제정을 계기로 정부는 산업분규를 해결할 경우에 자본 진영을 지원했으나 기업가들은 정부의 각종 전시(戰時) 규제로 인해 자신들의 고유한 '관리권한(freedom to manage)'이 상당한 제역을 받았다고 인식했다. 실제로 1915년 3월에 체결된 재무부 협약에 따라 군수물자부에서 파견된 검열관이 생산작업에 대한 기업가의 통제를 금지했다. 특히 노동자의 고용과 해고에 대한 기업가의 권한을 제한함은 물론 임금협상을 위한 조건들마저 정부가 결정했다. 1915년 7월에 웨일스 남부의 탄광지대에서 일어난 불법파업을 해결하는 과정에서 로이드 조지가 광부들이 제시한 요구조건을 대부분 수용했을 때, 이러한 정부의 태도에 기업가들은 크게 당황하고 불안해했다. 무엇보다 기업가들의 단결을 자극한 요인은 노동 진영이 노동조합평의회를 중심으로 노사 문제에서 단일한 목소리를 내기 시작했다는 사실이었다.

이처럼 노동 진영의 세력이 증대하자 기업가들은 노사관계에서 상대적으로 자신들이 수세적 위치에 있음을 깨닫게 됐다. 1916년 7월 FBI 창립회의를 주재한 피트 경(Sir W. Peat)이 "우리는 노동 진영으로부터 배울 점이 많다."고 언급했을 때, 그의 논평은 회의 참석자들로부터 전폭적인 공감을 불러일으켰다.[39] 이러한 위기감은 지방 차원에서도 실감됐다. 이스트 앵글리아(East Anglia) 지방의 한 기업가는 전쟁 동안에 국가의 각종 기구 내에서 "노동자의 이해관계는 최상으로 반영된 데 비해, 기업가

---

39) Modern Records Centre(MRC) MSS 200/F/3/D1/1/6 Proceedings of the Inaugural Meeting, 20 July 1916.

의 이해관계는 철저하게 무시됐다."고 불평했다.[40] 이러한 위기감과 역학관계의 변화에 직면한 기업가들은 자신들의 분산된 힘을 결집할 필요성을 느꼈다. 이는 곧 전국 차원에서 자본 진영의 이익을 대변할 기업가단체의 결성으로 이어졌다.[41]

이러한 분위기에서 대두된 것이 바로 1916년 말에 형성된 FBI[42]와 종전 직후인 1919년에 등장한 NCEO였다. 나중에 노동 진영이 평가한 바와 같이, FBI는 기업가들의 이해관계를 수호하는 '영국자본의 두뇌집단(brain centre of British capital)'의 역할을 수행했다.[43] 실제로 결성 직후부터

---

40) R. K. Middlemas, op. cit.(1979), p. 111에서 재인용.

41) 영국에서는 19세기 중반 이래로 석탄·기계·조선 등 주요 기간산업 분야를 시작으로 원초적 형태나마 기업가조직이 출현하기 시작했다. 이후 1914년에 이르기까지 전국적으로 산재된 약 2000여 개의 군소 기업가조직들 사이에서 전국 차원에서 각자의 산업 분야를 대표할 수 있는 단체를 구성하려는 움직임이 일어났다. 그 결과 대전 발발 전까지 Engineering Employers' Federation, Associated British Chambers of Commerce, British Electrical and Allied Manufacturers' Association, Midland Employers' Federation, British Manufacturers' Association 등과 같은 기업가단체들이 등장했다. 그러나 영국 산업계 전체를 망라하는 기업가조직을 결성하려는 여러 번의 시도는 모두 실패했다. 1914년 이전에 대부분의 기업가들은 어떤 형태로든 자신들의 경제활동에 강제력을 행사할지도 모를 대규모 조직의 출현에 여전히 비호의적이었고 이로 인해 공동의 이해를 결집하기가 매우 힘들었다.

42) FBI의 결성에 산파역을 담당한 인물은 BMA를 이끌던 더들리 더커(F. Dudley Docker) 였다. 원래 이름난 금융전문가였던 그는 뛰어난 수완을 발휘하여 대규모 기업가조직들 사이에 내재하던 갈등을 해소하고 통합단체의 출현을 성사시켰다. 비록 일부 개별 기업가조직들이 자체의 독립성이 침해된다는 이유로 신생 FBI에 대해 반감을 드러냈으나 FBI는 빠르게 성장하여 이미 1917년에 494개의 개별 기업체(firm) 및 73 개의 군소 기업가단체를 멤버로 갖게 됐다.(S. Blank, *Industry and Government in Britain: The Federation of British Industries in Politics 1945-65*(Lexington: Saxon House, 1973), pp. 13-15; J. Turner, "The Politics of 'Organised Interest' in the First World War," in J. Turner, *Businessmen and Politics: Studies of Business Activity in British Politics 1900-45*(Ashgate: Ashgate Publishing Ltd., 1984), pp. 36-37)

43) Labour Research Department, *The Federation of British Industries*(1923), p. 55.

FBI의 실무자들은 정부 관련부서의 관료 및 각료들에게 FBI가 기업가 진영의 견해를 대변하는 나름대로 권위 있는 기구임을 인식시키기 위해 노력했다. 1917년 5월에 FBI의 실무책임자였던 누겐트(R. T. Nugent)는 집행위원회(Executive Committee) 위원으로 있던 해드필드 경(Sir R. Hadfield)에게 "최근에 일어난 사태들은, 만일 FBI가 빠른 시간 내에 어느 정도로나마 정치적 영향력을 확보하지 못할 경우, 우리의 의견은 정부로부터 충분한 고려를 받지 못할 것이다."고 조언했다.[44]

물론 정부가 어느 정도나 진정한 자세로 FBI로 대변되는 기업가 진영의 견해를 경청코자 했는지는 의문의 여지가 있다. 하지만 이들의 의견이 소홀히 취급되지 않았음을 암시하는 증거들을 어렵지 않게 찾을 수 있다. 예컨대, 전쟁 중 로이드 조지에 의해 셰필드 대학교 부총장에서 교육부장관으로 영전한 피셔(H. A. L. Fisher)가 마련한 교육개혁안 중에 정시제학교(Day Continuation Schools)와 관련된 내용이 산업계에 상당한 영향을 미칠 것으로 예견됐다. 이를 인식한 FBI는 집행위원회 산하에 이를 집중적으로 연구하여 기업가 측의 입장을 도출할 교육위원회(Education Sub-Committee)를 임명했다. 설문조사 형식으로 2000여 개에 달하는 기업들의 의견을 수렴한 FBI는 이를 간략한 유인물로 발간했다.[45] 동시에 교육부장관과의 면담을 통해 "새로운 정부의 교육정책이 산업활동을 위축시켜서는 곤란하다."는 자본 진영의 입장을 전달했다.[46]

FBI를 비롯한 기업가단체의 설립과 성장은 정부와의 관계에서 기업가들에게 보다 강력한 협상수단을 제공했다. 물론 노조 가입 회원 수의

44) MRC MSS FBI/D/Nugent/5a Letter from Nugent to Hadfield, 14 May 1917.

45) MRC MSS 200/F/4/33/2 FBI Publication: Memorandum on Education, January 1918.

46) MRC MSS 200/F/3/D1/4/4 Interview Reports: Memorandum on the Deputation of the FBI to the President of the Board of Education, 6 February 1918.

증가와 과격세력의 등장이 기업가단체의 성장을 촉진시킨 중요한 요인
으로 지적될 수 있지만, 반면에 정부 입장에서도 노조 세력에 상응할 수
있는 기업가단체의 등장을 암묵적으로 환영했다. 산업 분야를 조직화
하는 과업에 점진적으로 개입하는 과정에서 중앙정부 역시 가능하면 고
위차원(high level)에서 노동 및 자본 진영과 협상할 필요성을 느꼈던 것
이다. 따라서 기업가들과의 자문적인 관계를 진전시킴은 물론 정부와의
협의사항을 전체 산업계로 전파하고 통제할 수 있는 기업 측 대표조직
의 출현을 적극 지원하려는 자세를 보였다. 전쟁 중 산업계 대표들과 면
담하는 자리에서 로이드 조지 자신도 이 점을 분명하게 표명했다.

정부는 기업가 여러분들과 논의하기를 원한다. 정부와 접촉 시 노동 진영
은 보다 일치된 목소리로 자신들의 요구사항을 제시하는 데 비해, 기업가들
은 담당해야만 할 의무와 위치를 제대로 자각하지 못하고 있다. 따라서 여러
분은 동료 기업가들을 설득하여 한목소리를 낼 수 있도록 해야만 한다. 만일
여러분이 산업계 전체를 대표하는 기업가로서 정부에 의견을 개진할 경우,
정부는 이를 경청하고 가능한 모든 범위에서 여러분의 도움과 협조를 환영
할 것이다.[47]

정부 및 노동 진영과의 협상 시에 자본 측의 입장을 보다 권위 있게
대변할 수 있는 기업가단체의 필요성은 종전 직후 경제불황이 엄습하면
서 더욱 절실하게 됐다. 이는 FBI에 더해 또 다른 전국조직인 NCEO의
신설로 이어졌다. 다양한 기업가단체들을 통틀어 규모가 가장 크고 그
구성도 특이했던 조직은 바로 NCEO였다. 다른 단체들과는 대조적으로

---

47) MRC MSS 200/F/3/D1/1/9 Proceedings of the AGM, 30 October 1918.

NCEO는 회원의 자격을 개별 회사나 기업이 아니라 기업가조직체로 제한했다.[48] 설립될 당시 상황이 NCEO로 하여금 이러한 구성상의 특징을 갖도록 했으나 설립의 필요성과 기본 개념은 이미 전시에 형성된 제반 조건에 뿌리를 두고 있었다.[49]

직접적으로는 1919년 2월의 전국노사관계회합을 계기로 대두했으나 실제로 NCEO 출현의 모체가 된 것은 기계공업분야 기업가조직 (Engineering Employers' Federation, EEF)이었다. 최대 노동자 고용산업으로서 정부의 강제적 산업정책에 불만을 갖고 있던 EEF의 실력자 스미스 (A. Smith)가 자신들의 이해를 보다 잘 반영할 목적으로 새로운 조직인 NCEO를 결성했던 것이다. 이러한 기원상의 특징으로 인해 NCEO의 주요 관심은 산업 및 노동 문제에 집중되어 있었다.[50] 결성 초기에 직면했던 조직과 재정 측면의 어려움을 극복하고 NCEO는 각종 노사 문제와

---

48) NCEO를 구성한 대표적인 단체로는 기계공업 기업가연합(EEF), 조선업 기업가연합(Shipbuilding Employers' Federation), 광업산업자연합(Mining Association), 그리고 섬유공업 기업가연합(Federation of Cotton Spinners' and Manufacturers' Association) 등과 같이 주로 수출주도형 기간산업(staple industries)이었다.(T. Rogers, "Employers' Organizations, Unemployment and Social Politics in Britain during the Inter-War Period," *Social History*, Vol. 13(1988), p. 316)

49) MRC MSS 200/B/1/7/1 "Historical Background of NCEO," in the NCEO's Annual Report for the Administrative Year(1922); MRC MSS 200/B/4/3/2 BEC Publication, "NCEO: A Short Description of Its Work,"(1932); 개괄적인 이해를 위해서는 H. Gospel, "Employers and Managers: Organization and Strategy 1914-1939," in C. Wrigley, op. cit.(1987), p. 161 을 볼 것.

50) 전간기에 FBI가 체계적인 기업가조직의 구성, 유용한 경영정보의 수집과 제공, 세금 및 금융정책에 대한 정책적 제안 등에 관심을 기울인 반면에, NCEO는 임금·노동시간과 노동조건·노동조합법·실업보험 등 노동 및 사회 문제에 관심을 집중했다. 같은 맥락에서 FBI는 정부부처 중 주로 상무부나 외무부와 접촉을 유지한 채 노사 문제는 거의 취급하지 않은 데 비해 NCEO는 노사 문제가 핵심 관심사였기에 주로 노동부와 접촉했다.(T. Rogers, op. cit.,, p. 315-317)

관련해 자본 진영의 '공식 창구(official voice)'로서 자타가 인정하는 위상을 차지하기에 이르렀다.[51]

로이드 조지의 강력한 전시 영도력 아래 정부는 노조와 기업 측의 영향력과 유용성을 인식하고, 점차 이들을 정부의 정책결정 영역으로 흡수하고자 했다. 전쟁 동안에 정부는 노동자 문제에 대해서는 노조의 협력을, 산업현장 운용이나 기타 필요한 기술적 조언과 관련해서는 기업가의 도움을 구했다. 구체적으로 로이드 조지의 연립정부는 효율적인 전쟁수행을 위해 이들 이익단체의 지도급 인사들을 정부의 여러 부처 내에 설치된 다양한 정책자문위원회 위원으로 임명했다. 이처럼 세계대전 기간을 통해 TUC는 노동 진영의 대표조직으로 확고하게 위상을 정립했다. 동시에 FBI와 NCEO도 필요시 정부의 관련 부처와 지속적으로 접촉을 가지면서 산업계와 관련된 정책이 입안 및 실행될 경우에 의견을 개진하는 대표성을 지닌 단체로 격상됐다. 미들마스의 표현과 같이, "이전에는 단순히 사적인 이익집단에 불과하던 단체들이 정치 영역으로 흡수되어 이제는 확대된 국가의 일부분으로 변모하고 있었던 것"이다.[52]

5. '합의정치'의 뿌리내리기

총력전으로 전개된 제1차 세계대전은 국가의 전 분야에 걸쳐서 엄청

---

51) 내부 조직과 가입요건 등이 재정비된 시기인 1922년까지 NCEO는 동료 기업가들로부터는 물론이고 노동 측이나 정부로부터도 자본 측을 대표하는 최대 조직으로 인식됐다. 1920년대 말에 이르러 NCEO는 총 700만 명 이상의 노동인력을 고용하고 있는 40개 이상의 개별 기업가 단체들(employers' federations)을 회원으로 거느린 영향력 있는 조직이 됐다.(MRC MSS 200/B/3/2/C4 NCEO, Annual Report 1929-1930, NC 3000)

52) R. K. Middlemas, op. cit.(1979), p. 373.

난 충격을 가하면서 동시에 새로운 변화를 초래했다. 무엇보다 전쟁으로 인한 막대한 양의 군수물자와 인력의 요구는 기존의 산업관계를 근본적으로 변화시켰다. 전쟁 동안 경제 분야에 대한 정부의 간섭은 노동자 문제에 관해서는 노조의, 산업체 운영 측면에서는 기업가의 협조를 받으면서 이뤄졌다. 이는 중앙정치 차원에서 노동과 자본이 정부와의 산업정치(industrial politics)에 긴밀하게 얽히게 됐음을 의미한다. 이를 위해 노동 진영에서는 TUC의 영향력과 위상이 높아졌다. 더불어 자본 진영에서는 FBI 및 NCEO처럼 전국단위로 기업가들을 대표하는 단체가 출현했다. 이들은 점차 중앙정부와 지속적인 접촉을 갖고 제한적이나마 정부의 정책입안 및 결정 과정에 참여했다. 결국 정부·자본·노동의 삼자관계에 기초한 산업정치 구조가 등장했고, 이는 이후 20세기 영국의 정치경제 흐름을 특징짓는 기본구도로 구체화되기 시작했다.

이러한 새로운 산업정치 구조의 형성 과정에서 주도적 역할을 담당한 인물은 로이드 조지였다. 산업 문제와는 거리가 먼 웨일스 서부의 비국교도(非國敎徒) 농촌급진주의의 영향이라는 사상적 제약에도 불구하고 전쟁 동안 그는 산업 문제를 성공적으로 다룰 수 있었다. 산업관계에서 초래되는 문제들을 그는 설득, 강압, 그리고 인센티브 제공이라는 세 가지 방법을 사안에 따라 교묘하게 혼합하는 방식으로 해결했다. 상황에 따라 접근방법을 달리하기는 했으나 산업정치에서 그가 견지한 기본 신념은 실용주의와 엘리트주의에 기초한 '국가적 효율성(national efficiency)' 추구였다.[53] 이러한 원칙에 입각해 그는 다수의 기업가와 노조지도자들을 전시 경제운용을 담당한 연립정부 내부의 행정부서에 책임자나 전문

---

53) R. J. Scalley, *The Origins of the Lloyd George Coalition: The Politics of Social Imperialism, 1900-1918*(Princeton: Princeton Univ. Press, 1975), pp. 22-24.

가로 영입해 활용했다.

그러나 종전 후 그는 곧 전시 중 형성된 국가통제 상태를 지속하기가 매우 어렵다는 사실을 깨달았다. 전쟁 중 제시된 "영웅들이 생활하기에 적합한 국가건설(a land fit for heroes to live in)"이라는 신기루는 곧 사라지고 말았다. 노동자들의 깊은 실망감은 그동안 잠재되어 있던 노조 내부의 과격성 표출로 이어졌고, 산업관계는 대립국면으로 치달았다. 경제불황과 이로 인한 심각한 실업상태는 '웨일스의 마법사'라고 불린 로이드 조지조차 해결할 수 없는 난제로 인식됐다. 1922년 말 그동안 큰 불평 없이 연립정부에 협조하던 보수당 의원들이 반기를 들면서 로이드 조지의 시대도 대단원의 막을 내릴 수밖에 없었다.

그렇다면 이처럼 대전 기간을 통해 등장한 새로운 산업관계는 어느 정도나 합의(合意)에 기초하고 있었을까? 본질적으로 화합이 어려운 노동과 자본이 정부와 한자리에 앉아서 어느 정도나 서로의 견해를 경청하고 수용하려고 했는지, 또한 노사와의 접촉에서 정부의 역할이 얼마나 공정했는지 등을 가늠하기는 쉽지 않다. 이러한 근원적 어려움을 반영이라도 하듯이, 기존 연구들은 합의의 유무에 대해 다소간 극단적인 주장을 내세우고 있다. 즉 보수주의 역사가들은 합의의 존재 및 전후 이의 연속성을 강조하는 반면에, 노동 분야의 역사가들은 합의의 존재 자체를 부정하고 있다.

이 장에서의 논의는 두 주장 모두 합의의 차원과 정도를 너무 단선적으로 파악하고 있음을 보여준다. 미시적 관점에서 전시에 미숙련공의 작업장 배치를 놓고 자본과 노동 진영 간에, 또는 각 이해집단의 내부에서 초래된 분규 및 특히 종전 직후 도래한 경제불황에 직면해 산업정치가 대결 양상으로 치달은 점에 주목할 경우, 합의의 존재 자체를 부정하는 주장이 보다 타당성을 지닌 듯하다. 반면에 거시적 관점에서 각 이해

집단의 대표적인 전국조직 상층지도부로 범위를 제한하고, 동시에 합의의 정도를 이해집단 당사자들 사이의 완전한 의견일치보다는 파국을 피하고 가능하면 결론을 도출하기 위해 서로 타협하려는 태도나 분위기로 다소간 느슨하게 규정할 경우에 최소한 '합의정치로의 편향(corporate bias)'이라는 공감대가 존재했음을 부인하기 어렵다.[54]

1926년의 총파업에서 엿볼 수 있듯이, 노사 간에는 갈등과 반목이 상존했다. 그렇다고 하더라도 전후에 벌어진 노동운동이 대전 중 배태된 '합의 분위기'의 지속적 발전을 완전히 단절시켰다고 보기는 어렵다. 전간(戰間) 시대를 통해 집권한 보수당과 노동당 정부는 산업과 관련된 제반 문제에 대해, 비록 만족할 만한 합의점 도출에 성공하지는 못했을지언정, 산업계의 전국조직과 협의하는 전시(戰時)의 관행을 지속적으로 답습했다.[55] 구체적으로 자본 진영에서는 FBI와 특히 NCEO를, 노동 진영에서는 TUC를 협상 파트너로 인정하고 접촉했던 것이다. 또한 이해집단의 전국규모 단체들도 정부 내 관련 부처를 직접 방문하거나 간접적으로는 조직의 의견을 개진하는 목적의 유인물 발간을 통해 제한적이나마 정부정책의 입안과 결정 과정에 영향을 미치고자 했

---

54) R. K. Middlemas, op. cit.(1979), pp. 371-385. 특히 거버는 이 시기에 영국은 물론이고 미국에서도 합의의 분위기가 팽배했다고 주장한다.(L. G. Gerber, "Corporatism in Comparative Perspective: The Impact of the First World War on American and British Labour Relations," *Business History Review*, Vol. 62, 1988, pp. 93-127)

55) 예를 들면, 영국경제를 총체적으로 진단할 목적으로 글래스고의 대표적 기업가였던 위어 경의 건의로 1924년 노동당 정부에 의해 설치된 밸푸어위원회(Balfour Committee)는 상무부의 지원하에 당대의 대표적인 기업가, 노조지도자, 그리고 경제학자로 위원들을 구성했다. 또한 1927~1933년에 전개된 이른바 '몬드-터너(Mond-Turner) 회담'이 암시하듯이, 노동 및 자본 측의 지도급 인사들은(비록 그 결과는 실망스러웠으나) 산업계에서 협력의 정신을 고무하려고 노력했다.(G. W. MacDonald and H. Gospel, "The Mond-Turner Talks 1927-1933: A Study in Industrial Co-operation," *Historical Journal*, Vol. 16, 4, 1973, pp. 807-829를 볼 것)

다.[56] 이러한 협력관계가 양차 대전 기간을 통해 미약하나마 유지되어 제2차 세계대전이라는 또 다른 국가위기를 경험하면서 더욱 폭넓고 심도 있는 '합의정치(politics of consensus)'로 표면화됐다고 볼 수 있다.

56) 기간 중 발간된 소책자는 다음과 같다: NCEO, *Report on Unemployment Insurance*(1924); FBI, *Memorandum on Industrial Policy*(1930); NCEO, *The Industrial Situation*(1931); FBI, *Report of the Committee on the Organization of Industry*(1935); TUC, *Education and Democracy*(1937). 이외에 2차 자료 성격의 연구로는 R. F. Holland, "The Federation of British Industries and the International Economy, 1929-39," *Economic History Review*, Vol. 34(2)(1981), pp. 287-300; A. J. Marrison, "Businessmen, Industries and Tariff Reform in Great Britain, 1903-1930," *Business History*, Vol. 25(2)(1983), pp. 148-178; T. Rogers, op. cit., pp. 315-341 등이 있다.

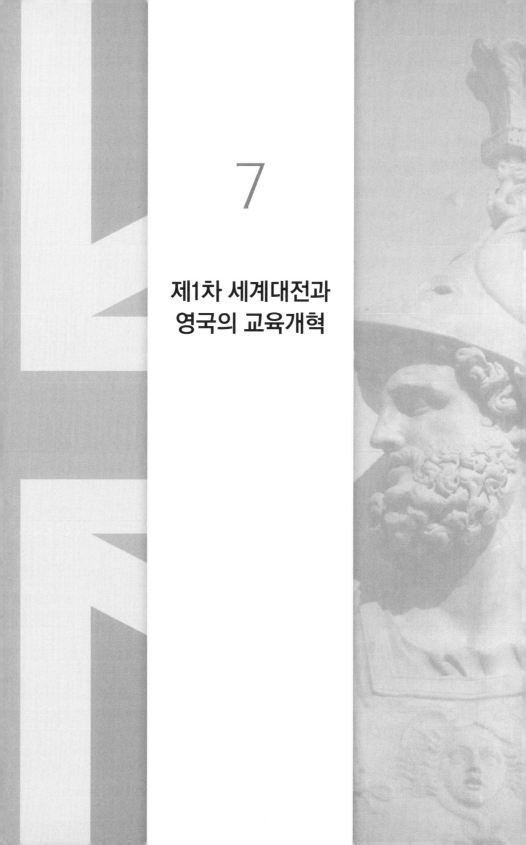

7

제1차 세계대전과
영국의 교육개혁

1. 전쟁과 청소년 문제

1902년 교육법 제정을 계기로 중등교육 분야에서 주목할 만한 성과가 있었으나 정작 혜택을 받은 인원은 대상자 수백만 명을 고려할 경우 여전히 그 비율이 미미했다.[1] 더욱이 20세기 초부터 가열된 국가적 효율성 운동으로 과학기술 분야에 빠른 발전이 요구됐으나, 기술교육은 상대적으로 홀대를 받아온 탓에 이 분야에서는 내세울 만한 발전이 거의 없었

---

1) 국가보조금 지급 학교의 학생수가 9만 4698명(1905년)에서 19만 8884명(1914년)으로 증가했으나 1911~1912년에 14~18세 사이의 청소년 270만 명 중 81.5%에 달하는 약 220만 명이 주·야간을 불문하고 어떠한 교육기관에도 출석하지 않고 있었다.(Board of Education, *Final Report of the Departmental Committee on Juvenile Education in Relation to Employment after the War, Vol. I*, HMSO, 1917, p. 3) 또한 당대의 조사에 의하면, 잉글랜드와 웨일스에서 매년 약 50만 명 이상의 아동들이 초등학교를 졸업하지만, 이들 중 3명에 1명꼴로만 어떠한 형태로든 차후 지속적으로 교육 기회를 가질 뿐 나머지는 그냥 방치된 채로 사회의 생활전선으로 나아갔다.(M. E. Sadler(ed.), *Continuation Schools in England and Elsewhere*(Manchester: Manchester Univ. Press, 1907), p. xii)

다.[2] 무엇보다 미흡한 중등교육제도와 그로 인한 초등학교 졸업생들의 제한된 지식은 높은 수준의 기술교육 습득을 어렵게 만들었다. 설상가상으로 전통적인 기술인력 양성 과정인 도제제도의 급속한 퇴조로 인해 산업체에서 교육받는 견습공 숫자가 감소하면서 상황은 더욱 악화됐다.[3]

따라서 주간 정시제학교(晝間 定時制學校, part-time day continuation school)가 정규 학교교육과 직업보완교육(further education) 사이의 틈새를 메꿈으로써 '비(非)학구적'인 청소년들에게 교육기회를 제공할 수 있는 유용한 해결방안으로 주목을 받았다. 특히 단순히 초등교육만을 이수한 후 학교를 떠나는 청소년들은 주간에 파트타임으로 운영될 정시제학교에 출석하여 다양한 일반교양지식과 더불어 산업체에서 필요로 하는 실질적인 기술을 습득할 수 있었다. 이러한 차원에서 정시제학교는 성공적으로 운영될 경우, 청소년 대상의 기술교육과 훈련제도를 발전시키는 데 크게 기여할 것으로 주목을 받았다.[4]

---

2) C. Barnett, "Technology, Education, and Industrial and Economic Strength," *Journal of the Royal Society of Arts*, 5271(1979), p. 123. 1908년의 한 조사에 의하면, 잉글랜드 전체를 통해 단지 31개의 기술학교에 2768명의 학생들만이 재학하고 있는 실정이었다.

3) R. A. Bray, "The Apprenticeship Question," *Economic Journal*, Vol. 19(1909), pp. 404-415를 볼 것.

4) 정시제학교의 성격에 대해서는 정부·자본·노동 사이에 다소간 차이가 있음을 느낄 수 있다. 피셔와 교육부 관리들은 정시제학급을 중등학교 미(未)진학 아동들을 위한 초등교육의 확대로 인식한 반면에, 노동 측은 이를 기존 야간학급의 개선된 형태로 이해했다. 기업가들은 이를 일반 정규교육보다는 직업교육의 연장 차원으로 인식하려는 경향이 짙었다. 이러한 인식의 차이는 불가피하게 정시제학교의 커리큘럼을 둘러싼 논의와 연결됐다. 교육부는 도덕, 윤리 등 훈육과 관련된 일반교양과목과 더불어 산업관련 직업교육이 어느 정도 균형 있게 진행되어야 한다고 생각했다. 이에 비해 기업가 측은 직업 및 기술교육 측면이 강조되길 기대한 반면에, 노동계급은 일반교양교육이 정시제학교 과목의 주류가 되어야 한다고 주장했다. 이처럼 정시제학급의 커리큘럼 문제가 이해당사자들의 태도를 이해하는 데 참고가 됨은 분명하지만, 초반부

독일 교육제도의 영향 아래 정시제학교에 대한 아이디어는 이미 제1차 세계대전 이전부터 제기되어왔다. 하지만 이에 대한 본격적 논의는 전쟁 동안에 이뤄졌다. 국가적 생존이라는 절박한 상황에서 정부는 국민의 교육개혁 요구에 직면했다. 1916년 12월에 신임 수상에 오른 로이드 조지가 피셔(H. A. L. Fisher)를 신임 교육부장관으로 임명하면서 교육개혁은 구체화되기 시작했다. 엄청난 예산투입을 필요로 하는 피셔의 교육개혁에 대한 전시내각의 적극적 지원은 교육이 정부정책의 최우선 과제임을 확신시켰다.

마침내 피셔는 1917년 8월 10일에 교육법안을 하원에 상정했다. 이때 여러 개혁 내용 중 크게 주목받은 것은 "정규 중등학교 교육을 받지 못하는 청소년들은 18세까지 매년 총 320시간을 정시제학교에 출석하여 교육받아야 한다."는 조항이었다. 당시 독일에서는 14세에 정규교육을 마치고 상급학교에 진학하지 못하는 학생들은 의무적으로 직업교육훈련에 참여해야만 했다. 그런데 독일의 제도와 대조적으로 그동안 영국에서 전통적으로 시행되어온 정시제학급은 '자발성'의 원칙 아래 이뤄졌다. 하지만 피셔는 교육법안에서 '의무성'을 강조함으로써 영국의 기존 교육전통에 변화를 시도했다.

교육법안의 내용이 여론에 알려지면서 무엇보다 정시제학교 문제가 크게 주목을 받았다. 일부 개명된 기업가들은 이의 실행을 지지했으나 주로 저임금 청소년 노동력에 대한 의존도가 높았던 면방직업, 석탄산업, 조선업, 그리고 농업과 같은 전통적 기간산업 분야의 기업가들이 거세게 반발했다. 이는 곧 자본가 진영의 전국조직이던 FBI의 구체적인 활

터 논쟁의 초점이 정시제학급의 존폐와 관련된 금전 문제에 놓여 있었기에 이는 각자의 기본 입장에 별다른 영향을 미치지 못했다. 그 때문인지 이 시기에 정시제학교의 커리큘럼을 둘러싼 논의와 관련된 자료들은 매우 드물다.

동으로 이어졌다. 치열한 논쟁 끝에 피셔는 산업계에 대한 충격을 완화하는 방향으로 정시제학교 관련 최초 안에 수정을 가했다. 피셔의 양보에도 불구하고 산업계의 강한 반대와 종전 후 도래한 경제불황으로 인해 정시제학교 설립은 1922년까지 단지 워릭셔에 위치한 럭비(Rugby) 학교의 경우만을 제외하고 실패했다.

이러한 맥락에서 이 장에서는 제1차 세계대전 시기에 제정된 1918년 교육법의 교육개혁 중 가장 주목을 받은 의무출석 주간정시제학교의 부침(浮沈)을 정부와 핵심 이해당사자인 기업가 측의 반응이라는 측면에서 고찰하려고 한다.[5] 왜냐하면 초등학교 졸업 후 곧바로 직업전선으로 진출하는 14~18세 사이의 청소년들에게 1주일에 8시간씩 주간에 일반교양지식 및 기술교육을 이수토록 규정한 정시제학교 조항은 피셔의 교육개혁 전체 과정을 통해 청소년 고용 문제에 민감하던 기업가들의 깊은 관심과 논쟁을 불러일으켰기 때문이다. 우선 대전 전에 주간 정시제교육이 교육 분야의 핵심 의제 중 하나로 대두한 배경을 살펴보고, 이어서 제1차 세계대전의 충격으로 이것이 1918년 피셔교육법에 반영되는 논의 과정을 분석한다. 마지막으로 이러한 시도가 종전 후 실패로 귀결된 요인을 고찰할 것이다.

넓은 관점에서 이 장에서는 제1차 세계대전이 사회변화에 미친 영향의 정도가 특히 교육 문제에 관한 한 상대적으로 매우 제한적이었고, 이렇게 된 주요인은 금전 문제를 둘러싼 정부와 산업계 사이에 이해관계

---

5) 물론 노동계급 역시 정시제학급에 대해 나름대로 견해를 제시하고 있으나 이 주제에 관한 한 기업가들의 활동과 비교해볼 때 매우 미약했다. 아마도 산업계에서 실질적인 힘을 갖고 있는 계층이 기업가들이고 더불어 정시제학급 설립에 대한 논의가 주로 재정 문제를 중심으로 이뤄졌기에, 활발하게 의사를 개진할 기회가 상대적으로 적었으리라 짐작된다.

의 상충이 있었음을 보여준다. 영국과 같은 자유민주주의 국가에서 전시에 고조된 사회개혁의 열망을 실천으로 옮기기 위해서는 무엇보다 소요 재원의 확보가 관건이었다. 궁극적으로 이는 국가역할의 범위 문제와 밀접한 관련이 있는 사안이었다.

2. 대전 이전 정시제학교 논의

전통적으로 영국에서 정규학교를 떠난 청소년들에 대한 교육은 주로 야간학급의 형태로 이뤄졌다. 지방교육당국(Local Education Authority) 및 일부 개명 기업가들에 의한 지원에도 불구하고 대부분의 산업지역에서 야간학급에의 출석률은 극히 저조했다. 물론 여기에는 긴 작업시간, 불규칙한 초과노동 등 제반 이유들이 있었으나 말 그대로 야간학급은 종일토록 일한 후에 이뤄진다는 점이 가장 큰 제약 요인이었다. 각자 일터에서 피곤한 하루 일과를 보낸 대부분의 청소년들은 야간학급에 출석하길 꺼렸다.[6] 이처럼 이러한 유형의 교육은 구조적으로 어려움에 처할 수밖에 없었다.

그리하여 야간학급 문제를 해결할 수 있는 방안으로 주간 정시제학

---

6) 1915년 기계공업협회에서 열린 한 토론회에서 한 회원은 야간학급에 내재된 애로점을 다음과 같이 말했다: "기계공업 분야에서 견습공들은 예전이나 지금이나 오전 6시까지 작업장에 도착하기 위해 집에서 5시에 일어나야 한다. 종일 일한 후에 그는 저녁 6시까지 피곤한 상태로 귀가하여 재빨리 몸을 씻고 옷을 갈아입은 후 7시나 7시 반까지 야간학급에 출석해야만 한다. 약 9시 45분경에 수업을 마치고 10시 15분 정도에 집에 도착해 이후 약 6시간의 수면을 취한 후 이튿날 새벽 5시에 또다시 기상해야만 한다."(G. W. Roderick and M. D. Stephens, *Education and Industry in the Nineteenth Century: The English Disease?*(London: Longman, 1978), p. 138에서 재인용)

교의 필요성이 제기됐다. 이는 세기말에 벌어진 보어전쟁 직후 심각하게 대두한 청소년 문제와 병행하여 개혁가들의 주목을 받았다.[7] 초등학교 졸업 후 12세쯤부터 잔심부름 등의 일을 거들며 임시직으로 일하기 시작하는 아동들은 이후 별다른 기술훈련을 받을 기회가 없었다. 그로 인해 어느 정도 나이가 들면 실업자로 전락할 가능성이 농후했다. 중등학교에 진학하지 못한 대다수 청소년들이 이러한 처지로 떨어졌다. 상황이 점차 악화되면서 궁극적으로 국가의 교육제도에 심각한 문제가 있는 것으로 의문시됐다.

1907년에 발간된 마이클 새들러(Michael Sadler)의 저작(*Continuation Schools in England and Elsewhere*)은 정시제학교에 대한 관심을 더욱 고조시켰다. 맨체스터 대학의 교육사 및 교육행정 담당교수였던 그는 청소년 노동자의 정신적, 도덕적, 그리고 신체적 조건이 그가 수행하는 장시간의 노동에 의해 심각하게 손상되고 있음을 실증적으로 제시했다. 신속한 혁신적 변화를 요구하지는 않았으나 그는 독일과 같이 어느 정도 '의무성'에 기초하여 정시제학교를 운영할 경우에만 문제를 해결할 수 있다고 주장했다.[8]

제1차 세계대전 발발 직전까지 정시제학교는 초등학교를 졸업한 대다수 아동들의 교육적 필요를 해결할 수 있는 중요한 방안으로 인식되기 시작했다. 끈질긴 논의는 마침내 보완교육에 대한 자문위원회의 광범위한 조사와 이를 분석한 보고서 발간으로 이어졌다. 애클랜드(A. C.

---

7) 이에 대한 자세한 내용은 H. Hendrick, "A Race of Intelligent Unskilled Labourers: The Adolescent Worker and the Debate on Compulsory Part-Time Day Continuation School 1900-22," *History of Education*, Vol. 9, No. 2(1980), pp. 159-173을 참고할 것.

8) M. Sadler, *Continuation Schools in England and Elsewhere*(Manchester: Manchester Univ. Press, 1907), p. xx.

Acland)의 주도로 약 2년에 걸친 조사를 마친 후 위원회는 다음과 같이 단정했다: "인생의 가장 중요한 시기에 초등학교를 졸업한 대부분의 아동들이 어떠한 교육적 지도나 보살핌도 받지 못하고 있다. 이러한 소홀함으로 인해 장차 이 나라 주인공들의 인력이 낭비되고 있으며, 이들의 인격에 손상마저 입고 있다. 또한 이는 산업적 효율을 감소시키고 시민으로서의 각종 의무감을 약화시키고 있다."[9] 따라서 1909년에 발간된 보고서는 정규 초등학교 교육과 연계하여 아동들에게 지속적인 교육기회를 제공할 수 있는 제도가 절실하다는 점을 강조했다.

이러한 분위기에 힘입어 교육부장관 런시먼(W. Runciman)은 1911년에 '정규학교와 정시제학급에의 출석'이라는 법안을 의회에 제출했다. 이법안의 목표는 크게 두 가지로서 우선 의무교육 연령을 13세로 상향 조정하고, 다음으로 정규 초등교육을 마치고 상급학교에 진학하지 못하는 아동에 대해 그가 16세가 될 때까지 의무적으로 정시제학교에 출석시키는 권한을 지방교육당국에 부여하는 것이었다.[10] 그러나 이러한 제안은 여론수렴에 필요한 기간의 부족과 실업 및 건강보험과 같은 당대의 더욱 민감한 현안들에 밀려서 제대로 논의조차 되지 못한 채 사장되고 말았다.

이처럼 전쟁 이전부터 정치적인 관심을 받아왔으나 별 성과가 없던 정시제학교를 국가적인 이슈로 부각시키는 데 결정적으로 기여한 사건이 바로 제1차 세계대전이었다. 전쟁은 단기전일 것이라는 예상과 달리 승리를 위해 국가의 전 역량이 동원되어야만 하는 총력전으로 발전했다. 전쟁으로 초래된 엄청난 변화는 교육개혁에 호기로 작용했다. 왜냐

---

9) Board of Education, *The Report of the Consultative Committee*(1909), p. 16.
10) Bill No. 229, *Parliamentary Papers*(1911), Vol. I, p. 983.

하면 전쟁은 영국이 과학기술교육 분야에서 상당한 결함이 있음을 분명하게 드러냈기 때문이다. 1914년 8월 이래 전쟁의 전개와 더불어 영국군은 그동안 독일이 과학기술 분야에서 이룩한 비약적인 발전의 실상을 절감하게 됐다.

전쟁의 충격으로 과학기술 분야 전체가 새롭게 주목을 받았다. 그 와중에 전쟁이 초래한 가장 중요한 관심 분야는 청소년 문제였다. 전쟁 이전부터 청소년 고용에 대해 지속적인 관심을 기울여왔으나 상황은 전쟁 발발 이후에 더욱 악화됐다. 총체적인 전쟁 동원과 절실한 인력 소요 요구로 인해 수많은 청소년들이 농장이나 군수품 공장에서 일하기 위해 속수무책으로 학업을 포기하고 있었다. 정부의 지속적인 대책에도 불구하고 사태는 더욱 악화됐다. 왜냐하면 아동들은 공장주나 농부에게 저임금 노동력의 원천이었기 때문이다.[11]

청소년 문제의 시정을 요구하는 여론이 점차 거세게 일어나자 교육부는 1916년 4월 의회담당 서기였던 허버트 루이스(Herbert Lewis)의 책임 아래 청소년 교육 문제에 대한 조사위원회를 설치했다. 초반부터 위원회는 특별히 청소년 계층과 관련하여 교육의 중요성을 강조했다.[12] 위원회는 전후에 적합한 직업을 구하기가 힘든 산업 분야에 부당하게 고용되어 있거나 별도의 직업훈련이 필요한 청소년들에 대한 이슈를 중점적으로 조사했다. 청소년 임금노동자들에게 영향을 미치는 여러 조건

---

11) 1916년 10월까지 약 20만 5000명에 달하는 남녀 아동들이 군수품 생산공장에서 일하고 있었다. 특히 영국의 대표적 군수공장이던 울리치 조병창에는 이미 1916년 초반경 약 1만 명에 달하는 소년들이 고용되어 있었다.(*History of the Ministry of Munitions*, HMSO, 1922, Vol. 5, p. 5) 또한 1916년까지 1만 5753명에 달하는 아동들이 농장 일에 종사할 목적으로 학업을 중단한 것으로 집계됐다.(G. E. Sherington, *English Education, Social Change and War 1911-20*(Manchester: Manchester Univ. Press, 1981), p. 49)

12) Board of Education, op. cit., pp. 1-2.

들을 면밀히 검토한 위원회는 1917년에 발간된 최종보고서에서 두 가지 해결책을 제안했다. 우선 정규 초등학교 출석을 의무화하여 기존 제도를 강화하고, 이어서 정시제학교 출석을 의무화함으로써 정규학교 교육과 연결점을 마련하는 것이었다. 후자와 관련하여 위원회는 정규 중등학교에 재학 중이지 않은 14~18세의 모든 청소년을 1년에 40주 동안 매주 최소한 8시간씩 의무적으로 정시제학교 수업에 참석시키는 안을 건의했다.

보고서는 재건위원회를 비롯한 각계의 깊은 관심을 끌었다.[13] 하지만 궁극적으로 정시제학교 문제를 국가적 안건으로 만드는 데 크게 기여한 인물은 피셔였다. 그의 교육부장관 임명은 1916년 12월 애스퀴스의 후임으로 로이드 조지가 연립내각의 수상에 취임하면서 이뤄졌다. 전후 재건사업에서 교육의 중요성을 인식하고 있던 로이드 조지 정부는 교육개혁을 이끌어갈 적임자로 당시 셰필드 대학교 부총장이던 피셔를 영입했던 것이다.[14] 그의 장관직 임명은 여론의 전폭적인 지지를 받았다. 바야흐로 교육개혁을 위한 구심점이 마련된 셈이었다.

입각 전부터 피셔는 정시제학교에 대해 나름대로 관심을 갖고 있었다. 1916년 7월 *Times Educational Supplement*(이하 TES로 약칭)에 기고한 글에서 그는 당시 영국의 교육제도가 안고 있는 중요 문제점으로 14~18세 사이의 청소년들을 위한 의무 출석에 기초한 주간 정시제학급 제도

---

13) Public Record Office(PRO) Ed 24/1175 Memorandum of the Reconstruction Committee on the Lewis Report, March 1917.

14) H. A. L. Fisher, *An Unfinished Autobiography*(Oxford: Oxford Univ. Press, 1940), pp. 91-92. 물론 정치에 전혀 무관심했던 것은 아니지만 피셔는 실제로 정치활동을 한 경험이 거의 없었다. 처음에 로이드 조지의 연립정부에 가담하길 매우 망설였던 그는 장차 교육개혁에 소요될 정부예산이 확보됨은 물론이고 수상 자신이 교육개혁을 전폭적으로 지원할 것이라는 다짐을 받고서야 장관직을 수락했다.

의 결여를 꼽았다.[15] 정시제 교육에 대한 피셔의 관심은 교육부 내부 토론에서 더욱 분명하게 표명됐다. 1917년 1월 교육부 고위관리들과의 회의에서 그는 망설임 없이 주간 정시제 학급제도를 세심한 검토가 요구되는 '가장 중요한' 사안으로 거론하면서 이의 조속한 실행을 강조했다.[16]

3. 1918년 교육법과 정시제학교 설립 논쟁

1917년 2월 이래 내각에서 여러 차례 토론을 거친 후 그해 8월에 피셔는 의회에 교육법안을 제출했다. 언제나 예산 문제에 민감한 재무부가 반대 의견을 표명했으나 법안은 수용됐다.[17] 그가 제안한 개혁안의 핵심내용 중 하나는, 루이스 보고서에서 이미 건의된 바와 같이, 정규 중등교육을 받지 못하는 14~18세까지의 청소년들을 1년에 총 320시간 주간 정시제학급에 의무적으로 출석시킨다는 것이었다. 법안을 제출할 때 그는 이를 '매우 중요한 사안'이라고 강조했다.[18]

교육개혁을 둘러싸고 여론은 찬반양론으로 나뉘었다. 곧바로 정시제학교 문제가 논쟁의 핵심으로 부상했다. 물론 전쟁 발발 이전에도 '개명된(enlightened)' 기업가들의 주도로 주간 정시제학교들이 세워져 운영되고 있었다.[19] 그러나 이러한 경우는 극소수에 불과했다. 대부분의 기업

---

15) *The TES*, 19 July 1916, p. 426.

16) PRO Ed 24/1422 Conference on Education Bill and Continuation Classes, 9 January 1917.

17) PRO Cab 23/1 War Cabinet Minute, 75(10), 20 February 1917.

18) "Introduction of the 1917 Education Bill," H. C., 5th series, Vol. 97, 10 August 1917, in W. Van der Eyken,(ed.), *Education, the Child and Society: A Documentary History 1900-1973*(Harmondsworth: Penguin Books, 1973), p. 229.

19) H. C. Dent, *Part-Time Education in Great Britain: A Historical Outline*(London: Longmans,

가들은 전쟁 발발 이전부터 주간 정시제학급의 설치에 대해 냉담한 입장이었다. 무엇보다 저임금 노동력 상실을 우려한 기업가들이 즉각적으로 거세게 반발했다. 이들은 그렇지 않아도 전후에 영국의 산업계가 수많은 난제들에 직면하게 될 터인데, 활용할 노동력의 일부를 박탈한다는 것은 현명한 처사가 아니라고 주장했다. 이러한 분위기는 치열한 대외경쟁에 노출되어 있고, 18세 미만의 청소년들이 전체 고용노동자의 30%를 차지한 면공업 지대인 랭커셔주(Lancashire)에서 가장 강했다.

교육개혁안을 준비하는 초반부터 피셔와 교육부 관리들은 특히 잉글랜드 북부에 밀집해 있던 경공업 지역의 반대가 거셀 것으로 예상했다. 그리하여 피셔는 교육개혁의 당위성과 타당성을 설득하기 위해 지속적으로 심혈을 기울였다. 나중에 그는 "엄청난 노력이 청소년들을 위한 정시제 교육의 실행 가능성을 기업가들에게 확신시키기 위해 투입됐다. 수백 명의 기업가들을 면담했고, 그에 대한 상당한 분량의 기록이 보관되어 있다."고 기술했다.[20] 1917년 2월 피셔가 전시내각에 교육개혁안을 제출했을 때, 각료들 역시 주간 정시제학급 문제가 초래할 파장을 우려했다. 이들은 피셔에게 전국 차원에서 대표적인 기업가들과 사전에 의논해볼 것을 요청했다.[21]

이러한 맥락에서 교육부는 교육감독관 스펜서(F. H. Spencer)에게 교육개혁에 대한 산업계의 여론을 실사(實査)하는 임무를 부여했다. 전국적

1949), pp. 26-27을 볼 것. 예컨대 코코아와 초콜릿 제조업체였던 론트리 회사는 1906년 고용된 모든 청소년 노동자들이 18세까지 교육받을 수 있는 주간 정시제학교를 개설하여 주간 작업시간 중 일주일에 4시간씩 의무적으로 출석토록 했다. 버밍엄 소재의 캐드버리 회사(Cadbury Brothers Ltd.)의 경우 가끔씩 작업시간 중에 체육활동을 실시했으며 일과 후에는 의무적으로 야간학급 시간에 출석시켜 교육을 받도록 했다.

20) H. A. L. Fisher, op. cit., p. 107.
21) PRO Cab 23/1 War Cabinet Minute, 75(10), 20 January 1917.

으로 300여 회사를 방문조사하여 작성한 보고서에 의하면, 전체적으로 볼 때 산업계는 교육개혁을 환영했다. 다만 여성 및 나이 어린 노동자가 높은 비중을 차지하고 있던 랭커셔 면공업 지방은 완강하게 반대했다.[22] 면공업계 기업가 대표기구뿐만 아니라 심지어 노동자들조차 '개혁안에 대한 전적인 반대'를 외치면서 항의했다.

면공업계는 피셔가 의회에 교육법안을 제출하자 공개적으로 반대 입장을 표명하기 시작했다. 특히 랭커셔 지방의 기업가들은 반대세력의 조직화를 꾀했다. 심지어 면업 분야 노동자들의 반대집회마저 개최하려고 시도했다. 1917년 8월 말에 면방적업계의 실력자였던 존 매코널(John W. McConnel)은 《맨체스터 가디언(Manchester Guardian)》에 반대 이유를 설명하는 서한을 보냈다. 여기에서 그는 1917년 교육법안이 랭커셔와 그 주변의 면방적 및 방직업체로부터 고용인력의 8%에 해당하는 노동력을 빼앗아갈 것이기에 조업에 상당한 지장을 초래할 것이라고 진단했다.[23]

전통적으로 면공업은 청소년 노동자 문제에 대해 가장 민감한 입장에 있었다. 업종의 특성상 면공업은 생산공정이 덜 복잡한 노동집약적인 산업 분야였다. 따라서 기업가들은 청소년 노동자들을 고용하더라도 작업수행에 별다른 지장이 없는 것으로 인식하고 있었다. 무엇보다 저임금으로 청소년 노동자들을 고용할 수 있었기에 이로부터 상당한 이윤을 기대할 수 있었다. 이러한 이유들로 인해 이들은 피셔가 제안한 대로 14~18세까지의 고용 청소년들을 1년에 총 320시간 정시제학급에 출석시키는 것보다는 14~16세의 청소년들을 일과 후 야간 정시제학급에 보내

---

22) PRO Ed 24/1425 Report on the Effects on Industry of a Proposed System of Continued Education, 11 June 1917, "Introduction."

23) The Manchester Guardian, 3 September 1917.

는 일종의 타협안을 제시했다.[24)]

자신의 교육법안에 대한 여론의 동향을 탐지할 목적으로 피셔는 잉글랜드의 중남부 지방을 순회 여행했다. 1917년 9월 말에 면업 분야 종사자들이 운집한 맨체스터 시(市)의 무역회관에서 행한 연설을 계기로 시작된 그의 여정은 상당한 반향을 불러일으켰다.[25)] 면직업계가 반대세력을 조직화하고 있다는 사실을 알고 있었으나 피셔는 자신이 직접 대면하여 설명할 경우, 이들이 이 중요한 국가적 이슈의 다른 측면을 볼 수 있을 것이라고 생각했다.[26)] 1917년 10월 초 맨체스터 시청 홀에서 섬유공장 노동자연합회(United Textile Factory Workers' Association) 대표단과 면담했을 때, 피셔는 정시제학급에 대해 설명하면서 이것이 청소년 노동자들의 미래 설계에 크게 기여할 것이라고 자신 있게 언급했다.[27)]

정시제학급에 대한 산업계의 관심이 고조되면서 당시 대표적 기업가 조직으로 '영국자본의 두뇌집단(brain centre of British capital)'이라 불린 FBI가 교육개혁 문제에 관심을 갖게 됐다. 1917년 설립 초기부터 FBI는 교육 분야의 제반 이슈들에 대해 산업계의 의견을 체계적으로 개진해왔다. 교육법안 중 정시제학교 설립안이 산업계에 미칠 파장을 감지한 FBI는 1917년 초 집행위원회 산하에 이 문제를 심층 연구하여 기업가 측의 견해를 도출할 교육위원회(Education Sub-Committee)를 임명했다.

1917년 2월 전시내각에 교육개혁 관련 메모를 제출한 피셔는 곧 FBI

24) B. Doherty, "Compulsory Day-Continuation Education: An Examination of the 1918 Experiment," *Vocational Aspect*, Vol. 18, No. 39(1966), p. 44.

25) *The Manchester Guardian*, 26 September 1917.

26) Bodleian Library(Gilbert Murray Papers) 115(1) Letter from Fisher to G. Murray, 28 September 1917.

27) PRO Ed 24/667 Deputation to H. A. L. Fisher from United Factory Workers' Federation of Lancashire, 3 October 1917.

의 책임자였던 누겐트(R. T. Nugent)에게 자신의 제안들 속에 FBI의 견해를 포함시키고 싶다는 의향을 전했다.[28] 정부의 교육개혁 메모랜덤을 검토한 위원들은 사안이 매우 중요하고, 그것이 산업계에 미칠 영향이 만만치 않을 것임을 깨닫고 FBI의 공식 입장을 표명하기 전에 산하 기업들의 의견을 파악할 필요가 있다는 결론을 내렸다. 이에 따라 위원회는 1917년 8월 정부의 교육개혁안에 대한 FBI 자체의 설명문과 의견수렴 설문서를 전국의 회원 기업들에 배포했다.[29]

약 2000개에 달하는 회사들로부터 의견을 수집한 FBI는 1918년 1월 교육 분야의 장래 발전에 대한 기업가 진영의 공식 견해를 담은 보고서를 발간했다.[30] FBI 회원기업 대다수가 동의한 것으로 명시된 보고서는 1918년 1월 교육부에 공식 전달됐다. FBI는 교육법안에서 제기된 초등교육의 개선이나 14세까지 의무교육 연령의 상향조정 등 피셔의 아이디어에 대해 동의했다. 하지만 산업적 혼란을 초래할 것이라는 우려 탓에 의무 정시제학교 설립 안에 대해서는 반대입장을 분명히 표명했다.[31]

---

28) Modern Record Centre(MRC) MSS 200/F/1/1/171 Minutes of the Meeting of the Education Sub-Committee of Executive Council, 3 April 1917.

29) MRC MSS 200/F/4/32/1 FBI Publication: Memorandum on Education, August 1917. 교육위원회는 메모랜덤의 첫 장에 '필히 작성'을 당부하는 협조문을 첨부할 정도로 관심을 가졌다.

30) MRC MSS 200/F/4/33/2 FBI Publication: Memorandum on Education, January 1918.

31) 산업계의 입장을 보다 분명하게 제시할 의도하에 FBI는 여론조사 결과를 상세하게 밝혔다: "이 사안에 대한 설문에 응답한 2044개의 회사들 중 1186개 회사가 선발된 아동들을 위한 전일제 교육(whole-time education)에 찬성한 반면, 단지 23개 회사만이 정시제교육을 지지하고 있다. 그리고 면방직업계를 포함한 233개의 회사들은 두 제도의 결합을 제안했으나 이것도 선발된 인원으로 한정해야만 된다는 단서를 달고 있다. 많은 산업체들은 의무 정시제학급 제도가 채택될 경우 자신들의 장래 발전은 물론 심지어 회사의 존속 여부마저 크게 위협받지 않을까 우려하고 있다."(같은 문서, p. 3)

FBI 대표단과의 면담 이전에 피셔는 FBI 보고서를 교육부 관리들에게 회람시켜 자문을 구했다. 대부분 FBI의 견해에 반대했다.[32] 특히 옥스퍼드 대학교 교수이자 피셔의 교육자문관이던 머리(G. Murray)는 의무정시제학급에 대한 FBI의 견해를 다음과 같이 신랄하게 비판했다: "보고서 3쪽에서 FBI는 일주일에 8시간씩 청소년 노동자를 열외시키는 것이 산업 자체를 와해시킬 것이라고 말한다. 이에 대해 내가 할 수 있는 유일한 답변은 이러한 산업체들은 … 청소년들의 땀에 기생하고 있기에 국가가 그들의 기생충적인 행위를 중단하도록 요구하는 것은 당연하다."[33] 그러나 교육부 업무차관이었던 르웰린 스미스(H. Llewellyn Smith)는 다소 신중한 반응을 보였다.[34]

교육부 내부 의견을 청취한 피셔는 1918년 2월 초에 FBI 대표단을 접견했다.[35] 이때 작성된 장문의 대화록 속에서 FBI 대표단에 대해 피셔는 나름대로 예의를 갖추었으나 단호한 입장을 피력하고 있음을 엿볼 수 있다. 그러나 면담 전체를 통해 더욱 분명하게 드러난 것은 FBI가 표명한 우려와 경고였다. 길버트슨은 "이 법안이 담고 있는 큰 위험들 중 하나는 교육부가 청소년 노동자들을 빼앗아감으로써 우리의 산업 자체

---

32) PRO Ed 24/657 Memorandum to H. A. L. Fisher to W. N. D., 25 January 1918.

33) PRO Ed 24/657 Memorandum to Fisher from Professor G. Murray, 28 January 1918.

34) PRO Ed 24/657 Letter from H. Llewellyn Smith to Fisher, 30 Jan. 1918. 피셔에게 보낸 답신에서 스미스는 FBI 보고서에 대한 우려를 해결하는 데 자신이 나설 것을 약속하면서 서한 말미에 "FBI는 무시할 수 없는 영향력을 갖고 있는 조직인바 이의 반대는 심각한 사태를 초래할 수도 있다."고 조언했다.

35) PRO Ed 24/657 Deputation to the President of the Board of Education from the FBI, 6 February 1918. 7명의 참석자들 중 웨일스 남부지방 지멘스 강철협회(the South Wales Siemens Steel Association)의 대표였던 길버트슨(F. W. Gilbertson), 하원의원 코크런(C. A. Cochrane, M.P.), 그리고 매코널 회사의 책임자였던 매코널(J. W. McConnel) 등이 주목할 만한 인사들이었다.

를 파괴시키려고 한다는 점이다."고 주장했다. 대표단의 수석 대변자였던 매코널은 "청소년들은 정규학교보다는 작업장 내에서 더 잘 교육받을 수 있다."는 것이 산업계의 일반적 견해라고 단정하면서 특히 정시제학급은 재정 형편상 '실현 불가능한' 계획이라고 말했다. 그동안 정시제학급을 통해 청소년 노동자들의 작업시간을 단축시키고자 한 어떠한 시도에도 FBI가 줄기차게 반대한 핵심적 이유는 재정적으로 이를 감당할 수 없다는 점이었다. 피셔의 교육법안은 '합의된 조치'가 아님을 강조하면서, 대표단은 법안의 제출이 종전 때까지 유보되어야만 한다고 결론을 내렸다.

정시제학급 조항을 비롯한 교육 사안들에 대한 반대여론이 비등하자 상황의 심각성을 감지한 피셔는 교육법안 내용을 일부 수정하여 1918년 1월 이를 의회에 재차 상정했다. 이러한 일련의 과정이 교육개혁이 임박했다는 정황으로 비쳤기에 산업계의 반대는 더욱 가열됐다. 처음부터 정시제학급에 반대해온 면방직업자들에 조선업자, 탄광업자, 건축업자, 그리고 농부들까지 가세했다. 1918년 2월 말에 조선업자연맹(Shipbuilding Employers' Federation) 대표단이 피셔를 면담했을 때도 이들은 이구동성으로 정시제학급의 별도 설치보다는 기존 중등기술학교에서의 실시를 역설했다.

농업계 역시 의무 주간 정시제학교 계획에 대해 반대의 목청을 드높였다. 지주들은 농업 분야가 면업 분야처럼 상당한 정도로 저임금의 청소년 노동력에 의존하고 있기 때문에 정시제학급 시행이 초래할 고용상태의 악화를 염려했다.[36] 설상가상으로 소규모 지방산업체들조차 정시제학급 계획에 대해 비호의적이었다. 신문판매업자들은 자칫하면 문을

---

36) PRO Ed 24/1432 Letter to Fisher from F. Longworth, 3 June 1918.

닫아야 할 판이라고 호소했다. 우유업자들도 마찬가지로 생산에 지장을 초래할 수도 있다고 불평했다.[37] 한마디로 흡사 국가경제 전체가 14~18세 사이의 청소년 노동에 의존하고 있어서 일주일에 하루씩 교육받기 위해 자리를 비우는 것이 산업체 전체를 작동불능 상태로 빠뜨릴지도 모른다고 믿는 것처럼 보였다.

정시제학급에 대한 산업계의 반대는 랭커셔 지방 출신 국회의원들이 관련조항을 무효화시킬 목적으로 당파를 초월하여 의회에서 단합했을 때 더욱 분명해졌다. 이들은 의회에서 정시제학급에 대한 반대의견을 이끌고 있던 헨리 히버트(Sir Henry Hibbert, 랭커셔 지방 보수당의원이자 면방직업계 대변자)를 중심으로 단합했다. 정시제학급에 대한 면업계의 반대를 반영할 의도를 갖고서 히버트는 1917년 11월 의회에서의 발언 기회를 통해 일종의 타협안을 제시하고 이의 수용을 역설했다.[38]

처음에 피셔는 타협안을 수용 불가능한 것으로 판단하고 거절했다. 그는 이러한 건의는 단순히 기업가 측의 이해만을 고려한 것으로 만일 정시제학급 출석으로 인해 임금이 삭감될 경우 이는 분명히 노동자 진영의 엄청난 반발을 초래할 것이라고 말했다.[39] 그러나 그는 곧 의회에서 랭커셔 출신 의원들의 반대를 무마할 목적으로 16~18세 사이의 청소년들을 위한 정시제학급 설립의 연기를 제안했다. 피셔는 히버트 의원의 제안을 논박했으나, 결국 1918년 6월 법안 내용 중 세 가지를 양보하

---

37) N. Middleton and S. Weitzman, *A Place for Everyone: A History of State Education from the End of the 18 Century to the 1970's*(Gollancz, 1976), p. 136.

38) G. E. Sherington, op. cit., pp. 113-114. 타협안의 골자는 법안에 명시된 14~18세의 청소년들에 대해 일주일 8시간씩 출석 대신, 정부가 기존의 반일(半日)교육제(half-time system of education)를 16세까지 확대해 실시하는 권한을 지방교육당국에 허락하라는 요청이었다.

39) PRO Ed 24/652 War Cabinet Paper, 1 June 1918.

기로 결정했다.[40] 이에 대해 일부 자유당 의원들은 '교육 분야의 얼스터인 랭커셔에 대한 항복(surrender to the Ulster of Education-Lancashire)'이라고 비난했으나 피셔 자신은 원칙상 변경된 것은 없다고 생각했다.[41]

일단 정시제학급이라는 장애물을 넘어서자 교육법안은 수월하게 통과되어 1918년 8월 8일 국왕의 재가를 받았다. 이와 관련하여 TES는 다음과 같이 논평했다: "마침내 요단강을 건넜다. 이제 우리들은 700만 영국 청소년들을 약속의 땅으로 인도하기 위해 준비하고 있다. 아마도 피셔는 … 자신의 앞에 버티고 있는 온갖 장애물을 극복하길 소망할 것이다."[42] 피셔는 역사상 가장 위대한 교육부장관으로, 그리고 그의 교육법은 '아동들의 위대한 헌장(Children's Great Charter)'으로 기억될 것이라는 기대감이 팽배했다.

이러한 긍정적인 평가에도 불구하고 의회의 토론 과정에서 교육법의 장래가 순탄치만은 않을 것이라는 불길한 기운이 감돌았다. 교육법의 실행과 관련하여 가장 심각한 장애물은 최소한 매년 1000만 파운드(이 중에서 870만 파운드는 정시제학교 교육에 투입될 예산)가 소요될 것으로 예상되는 엄청난 비용이었다. 이러한 '무한정의 예산' 소요에 충격을 받은 상원은 교육부를 '재무부의 엄격한 통제' 아래에 두는 안을 지지했다.[43] 곧 하원에서도 피셔를 '우리 시대의 가장 값비싼 정치가들 중 한 사람'으

---

40) *Hansard*, Commons, 5th ser., 5 June 1918, Cols. 1644-1646. 우선, 지방교육당국에 1년에 최소한 320시간 이상으로 정시제학급 출석시간을 높일 수 있는 권한을 부과한 법안의 해당 조항을 삭제했다. 둘째로, 16~18세 사이의 청소년들에 대한 정시제교육은 법이 발효된 때부터 7년 동안 유보될 것이었다. 마지막으로, 처음 7년 동안에는 정시제학급 출석시간을 연 320시간에서 280시간으로 단축할 수 있는 권한을 지방교육당국에 허락하는 조항이 법안에 첨가됐다.

41) *Hansard*, Commons, Vol. 120, 5 June 1918, Cols. 1105-1111.

42) *The TES*, 8 August 1918, p. 339.

43) *Hansard*, Lords, 23 July 1918, Cols. 1007-1014.

로 평가하면서 냉소를 흘리기 시작했다.

4. 종전과 정시제학교 설립의 한계

전시에 제정된 1918년 교육법 중 정시제학교 실행 문제가 일반대중의 가장 깊은 관심을 끌었다. 왜냐하면 앞에서 제시된 바와 같이 정시제교육에 따른 산업계의 조정작업이 매우 힘들고, 특히 전국적으로 지역에 따른 산업적 조건이 매우 다양하여 산업상의 마찰과 조업중단 등의 사태를 고려해야만 했기 때문이다. 이러한 문제들을 극복하면서 정시제학급을 실행에 옮기기 위해서는 무엇보다 엄청난 예산이 요구됐다.[44] 실제 교육에 종사할 교사들을 단기간 안에 확보하는 문제 역시 커다란 걸림돌이었다.[45] 따라서 문제점을 최소화할 목적으로 점진적인 이행을 고려한 교육부는 지방의 현실을 감안하여 실행의 책임을 개별 지방교육당국으로 이관했다.

우선적으로 교육부는 자발적인 차원에서 정시제학교 설립을 고무하

---

44) 1919년 7월에 발간된 FBI 교육위원회 보고서는 의무 주간 정시제학급의 실행을 위해 첫 해에 600만 파운드, 이듬해에 1000만 파운드의 비용이 소요될 것으로 판단했다. 더구나 매년 소요예산은 큰 폭으로 증액이 불가피할 것으로 예상됐고, 교육법이 전국적으로 실행에 옮겨질 때는 매년 약 2000만 파운드의 예산이 필요하다는 계산이었다.(PRO Ed 24/657 Report of the FBI Education Committee on Compulsory Continued Education under the Education Act of 1918, July 1919, p. 1)

45) PRO Ed 46/19 Report of the Committee on the Supply of Teachers for Day Continuation Schools, 20 August 1918. 당시 교육부 공식보고서에 의하면, 정시제교육을 실시하는 처음 7년 동안 약 1만 6000명 이상의 교사가 필요할 것으로 예상됐다. 설상가상으로 자격을 갖춘 예비교사라 할지라도, 고용이 지속적으로 보장되지 않는 한, 당연히 교사자격 취득을 위한 교육과정에 등록하길 주저할 것이었다.

여 교육법에 명시된 주간 정시제학급의 실행 가능성을 과시하려고 했다. 1919년 4월에 발간한 회람에서 교육부는 교육법의 전면적 시행을 위한 선행단계로서 가능한 한 단기간 안에 각 지역에서 기업가와 지방교육당국의 긴밀한 협력을 통한 정시제학교의 설립을 촉구했다.[46] 1919년 6월에 주간 정시제학교와 관련하여 고등교육위원회의 장에게 보낸 서한에서 피셔는 "어떠한 어려움이 밀려온다고 할지라도 이를 지연됨이 없이 실행에 옮길 수 있도록 가능한 모든 노력을 기울일 것"이라고 기록했다.[47] 또한 그는 의회 토론에서 주간 정시제학교를 '1918년 교육법의 핵심 사안'이자 '영국 교육사에서 위대한 새 시대의 시작을 알리는 성과'로 자평했다.[48]

그러나 교육법이 의회를 통과한 직후부터 일반여론은 다른 이슈로 옮겨가고 있었고, 이는 종전 후 곧 가시화됐다. 1919년 6월 28일 베르사유조약으로 평화가 공식화됐으나 기대와 달리 전후의 상황은 매우 음울했다. 실제로 종전 직후 2년 동안에는 광부와 철도원은 물론이고 심지어 경찰까지 가세한 산업분규가 기승을 부렸다. 1921년 겨울에 이르러 전쟁 직후 반짝했던 경제적 호황이 멈추면서 산업활동은 위축되고 실업률은 상승했다. 이러한 상황 아래 정부는 '정상상태로의 복귀'를 선언하고 전쟁 중 확대된 국가간섭에서 벗어나 가능한 한 개입을 최소화하려고 했다.[49] 종전조약 체결 이전부터 재무부 산하의 위원회는 사회개혁 분야에 대한 예산투입의 자제를 요구했다.[50] 기회가 도래하자 정부는 기다

---

46) Board of Education, *Circular 1102*, 4 April 1919.

47) PRO Ed 24/1449 Memorandum by W. R. Davies on Day Continuation Schools, 1924.

48) *Hansard*, Commons, 5th ser., Vol. CXIX, 12 August 1919, Col. 1235.

49) R. Lowe, "The Erosion of State Intervention in Britain, 1917-24," *Economic History Review*, Vol. 31(1978), pp. 270-286을 볼 것.

50) *First Interim Report of the Committee on Currency and Foreign Exchange after the*

렸다는 듯이, 특히 교육을 포함한 사회봉사 분야에 대한 대대적인 예산 삭감을 시도했다.

1920년 말까지 교육예산은 주목의 대상이었다. 1919년 10월에 열린 예산 관련 하원 토론에서 로이드 조지는 전시에 과시된 교육의 중요성을 재차 강조하면서 이에 대한 지원을 역설했으나, 재무부는 지원 우선순위를 분명하게 갖고 있었다. 같은 해 말에 예산절감을 강조한 내각의 훈령에 대한 답변에서 피셔는 최근의 지출증가는 전적으로 인플레이션에 기인한 것임을 밝히는 설명문까지 첨부했다.[51] 하지만 그의 헌신적인 노력조차 재무부를 설득하는 데 실패했다. 교육예산의 증가에 놀란 재무부 장관 오스틴 체임벌린(Austen Chamberlain)은 향후 2~3년간 교육법 실행의 연기를 제안했다.[52] 1920년 12월 회의에서 내각은 "정부의 중점 추진사업을 제외하고 아직 시행되지 않은 사업들의 유보"를 결정했다. 이를 실행코자 할 경우 소요예산을 자체적으로 해결할 것을 명시한 내용문과 함께 각 지방교육당국에 하달했다.[53]

1921년 8월 게디스(Sir Eric Geddes)의 책임 아래 정부예산을 검토할 위원회가 임명되면서 교육개혁의 실행 가능성은 점차 멀어졌다. 기업가들로만 구성된 게디스위원회는 1922년 2월 발간한 최종보고서에서 정부예산 중 7500만 파운드의 절감을 건의했다.[54] 교육 분야 예산과 관련하여

War(Cunliffe Committee), Cd 9182(1918).

51) PRO Cab 24/97 23 December 1919.

52) 이미 1919년 말에 FBI 교육위원회는 정시제학급에 관한 교육법 제10항의 실행 연기를 결의한 바 있었다.(MRC MSS 200/B/3/2/c.185 pt.6 Letter with enclosed Memorandum from Charles Tennyson, Deputy Director of the FBI, to Secretaries of all Association, 10 Dec. 1920)

53) Board of Education, *Circular 1185*, 17 December 1920.

54) 게디스위원회에 대한 자세한 내용은 A. McDonald, "The Geddes Committee and the Formation of Public Expenditure Policy, 1921-22," *Historical Journal*, Vol. 32, No. 2(1989), pp. 43-74; K. Grieves, *Sir Eric Geddes: Business and Government in War and*

위원회는 1922~1923년 교육부 전체 예산 5000만 파운드 중 1800만 파운드의 삭감을 요구했다.[55] 장관직을 사임하겠다는 피셔의 위협에 직면한 [56] 내각이 이를 다소 조정하여 최종적으로 570만 파운드의 삭감을 결정했으나, 이로 인해 피셔의 교육개혁은 심각한 타격을 받았다.

전후에 주간 의무 정시제학급은 실제로 여러 지역에서 시도됐다. 1918년 교육법에서 교육부는 1920년 4월 1일을 정시제학급 조항의 시행일로 정했다. 이에 따라 교육부는 교과과정, 건물, 내부 비품 등에 대한 방침을 하달했다. 이어서 담당교사들을 모집하고 교육시키는 업무에 착수했다. 각 지방교육당국도 교실을 준비하고 필요한 직원들을 임명하는 등 실행을 위해 열성적으로 준비하고 있는 듯이 보였다. 1920년 12월까지 교육부는 전국적으로 8개 지역에서 선보일 정시제학급 실행을 승인했다.[57]

그러나 이들 지역에서조차 정시제학급은 재정 문제에 봉착하면서 곧 실행이 중단되고 말았다. 한 예로 1921년 초에 개교하여 매우 좋은 출발을 보였던 버밍엄의 정시제학교가 폐교됐다. 재정 문제에 직면한 버밍엄시 교육위원회가 개교한 지 3주도 안 된 정시제학교의 문을 닫기로 결정

Peace(Manchester: Manchester Univ. Press, 1990), pp. 100-107을 참고할 것.

55) *Third Interm Report of the Committee on National Expenditure*, Parliamentary Papers(1922), IX, Cmd. 1589, pp. 168-169.

56) House of Lords Records Office(Lloyd Geroge Papers) F/16/7/77 Letter from Fisher to Lloyd George, 10 January 1922.

57) 해당 지방교육당국 및 교육 개시 공식 지정일은 다음과 같다: (1) 워릭셔 스트랫퍼드 자치구(1920. 4. 11); (2) 워릭셔 럭비 읍(1920. 4. 13); (3) 버밍엄(1920. 8. 23); (4) 윌트셔 스윈든 자치구(1920. 9. 20); (5) 웨스트햄 카운티 자치구(1920. 10. 1); (6) 런던(1920. 10. 27); (7) 시 온 사우스엔드 카운티 자치구(1920. 11. 2); 켄트(1920. 11. 11)(출처: PRO Ed 46/15b Note upon the History of Continuation Schools, p. 3).

했던 것이다.[58] 무엇보다 수도 런던에서 정시제학교의 실패가 던진 의미는 컸다. 전쟁 직후 런던 시 위원회는 12만 명의 학생들을 수용할 22개의 정시제학교의 개교를 준비했다. 1921년 1월에 첫 정시제학교가 개설된 이래 이러한 실험은 의욕적으로 추진됐다. 하지만 곧 재정사정이 악화되면서 정시제학교는 위기에 봉착했다. 마침내 1922년 5월 시교육위원회의 정시제학급 의무조항 삭제 결정에 뒤이어서 그해 말까지 런던은 정시제학교 운영을 포기했다.[59]

5. 과연 누가 지불할 것인가

결과적으로 피셔는 교육법의 제반 개혁 중 14세까지 의무교육 연령을 상향조정하고, 교사 봉급을 인상하는 사안만 달성할 수 있었다. 전시에 한껏 고조됐던 교육개혁의 열기는 이해집단의 반발과 전후에 도래한 경제불황과 함께 빠르게 약화됐다. 심지어 전후 자발적으로 설립된 정시제학교들조차 1921년경에 이르러서는 대부분 문을 닫을 수밖에 없었다. 나중에 실패 사례들을 수집 분석한 전직 교육부 관리의 회고처럼, 이 시기에 교육계는 심각한 좌절감에 휩싸여 있었다. 실제로 이후에도 의무출석 정시제교육을 전국적으로 실행하려는 어떠한 시도도 성공하지 못했다.

---

58) PRO Ed 24/1449 Memorandum by W. R. Davies on Day Continuation Schools, 1924, Appendix.

59) GLRO EO/HFE/1/415 Further Education: London Day Continuation School 1932. 런던의 결정은 즉각적으로 다른 지역에도 영향을 미쳐서 유일하게 럭비(Rugby)만을 제외하고 웨스트햄(West Ham), 스트랫퍼드(Stratford on Avon), 스윈든(Swindon) 등에 개설됐던 정시제학교들도 문을 닫는 도미노 현상이 벌어졌다.

주간 정시제학교 설립 실패와 더불어 보어전쟁 이래로 고조된 청소년 교육에 대한 대중적 열망은 주목할 만한 실제 성과를 내지 못했다. 정부 위원회의 조사에 의하면, 1919~1920년에 교육부 보조를 받는 중등학교 재학생 수는 총 30만 명으로 이는 초등학교 졸업 아동수의 9.5%에 불과했다. 반대로 이는 국가적으로 거의 200만 명에 달하는 청소년들의 재능이 적절한 교육기회의 부재로 인해 여전히 낭비되고 있음을 의미했다.[60] 그 결과 영국은 전간시대를 통해 심지어 경제불황기에도 숙련노동력의 부족이라는 어려움에 시달리게 됐다.

정시제학급을 실행으로 옮기려던 시도는 왜 성공하지 못했을까? 앞에서 살펴본 바처럼 산업계의 반대가 가장 거셌는데, 그 근본적 요인은 재정 문제였다. 기업가들은 자신의 사업장이 겪을지도 모를 갑작스러운 곤란한 상황을, 그리고 노동자들은 예상되는 임금삭감으로 인한 가계수입의 감소를 우려했던 것이다.[61] 설상가상으로 전후에 사회경제적 여건이 악화되면서 정부 역시 정시제학교를 실행하려던 초반의 의지를 상실하고 말았다. 이처럼 주로 경제적 및 재정적 여건에 의해 좌우된 이해당사자들 사이의 경쟁이야말로 정시제학교 실패의 가장 실질적인 요인임이 분명했다. 따라서 향후 정시제학교가 성공하기 위해서는 이러한 교육 유형의 교육적 및 경제적 가치에 대한 산업계의 충분한 사전 인식이 불가결하다는 점이 드러났다.

결론적으로 당대에 직면한 애로가 무엇이었든 간에, 영국은 국가적 차원에서 청소년 노동인력을 정규 교육제도와 연계시키는 과업에서 별

---

60) *Report of the Departmental Committee on Scholarships and Free Places*, Cmd. 968(1920).

61) PRO Ed 24/1438 Note by the Ministry of Labour on the Effect of Day Continuation Schools upon the Juvenile Labour Market, November 1920, p. 1. 시간제로 일하는 직장의 경우 정시제학급에 출석하는 청소년들은 기존 임금의 5/6 정도만 받을 수 있었다.

다른 성과를 거두지 못했다. 이러한 맥락에서 후대의 한 역사가는 주간 의무 정시제학교 설립의 실패를 20세기에 영국정부가 교육 분야에서 자행한 '가장 중요한 기회의 상실'로 평가했다.[62] 무엇보다 "우리는 지불할 책임은 물론 능력도 없다."는 것이 이 시기를 관통하는 산업계의 일반적인 외침이었다. 정부 차원에서도 1921~1922년에 게디스위원회의 예산삭감으로 촉발된 긴축예산의 정신은 이후에도 계속하여 교육 분야에 적용됐다. 그리하여 영국의 경우, 국가 차원에서 교육 문제에 대한 관심을 재차 불러일으키기 위해서는 또 다른 총력전인 제2차 세계대전을 기다려야만 했다.

---

62) M. Sanderson, *Educational Opportunity and Social Change in England*(London: Faber & Faber, 1987), p. 26.

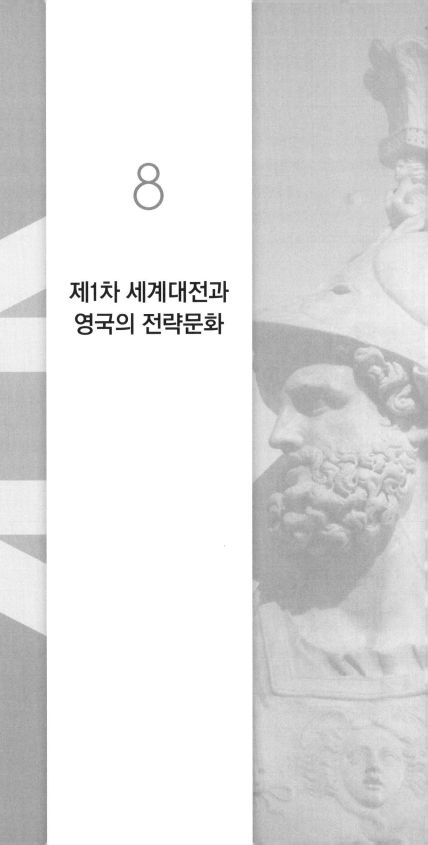

8

제1차 세계대전과
영국의 전략문화

1. 영국, 대륙과 이격된 섬

우리는 전쟁이라고 하면 흔히 굉음을 울리며 작열하는 포탄이나 지축을 흔드는 탱크의 엔진 소리, 그리고 전투기 조종사의 다급한 교신 음성 등을 연상한다. 또는 그 의미를 좀 더 확장한다고 해도 해당 국가의 정치나 외교, 경제 등과 관련된 것으로만 생각하는 경향이 있다. 하지만 1980년대에 접어들어 유행한 포스트모더니즘의 영향으로 한 국가의 전쟁방식을 해당 국가 또는 당사국이 속한 문화권의 역사적 전통과 연계하여 고찰하려는 경향이 대두했다. 그동안 이질적인 것으로만 여겨져 온 전쟁행위와 무형 유산인 문화라는 두 분야를 접목시켜 전자에 대한 이해를 보다 풍성하게 하려는 시도인 것이다. 이들은 역사적으로 형성되어온 각국의 고유문화가 해당 국가의 전략구상 및 전쟁방식 결정에 암암리에 영향을 미쳐왔다는 점에 주목하고 있다.[1] 한마디로 각국의 전

---

1) Patrick Porter, "Chapter 2 Rethinking War and Culture," in *Military Orientalism: Eastern*

통문화와 해당 국가의 전쟁수행 방식 사이에 상관관계가 내재되어 있음을 규명하려는 접근법이었다.

1970년대 중반 미국의 정치학자 잭 스나이더(Jack Snyder)에 의해 제기된 '전략문화'에 대한 논의는 이후 정치학의 범위를 넘어서 역사학의 영역으로까지 확대됐다.[2] 원래 전쟁방식과 전략문화는 각각 별개로 연구 발전되어왔다. 전자가 일찍부터 주로 역사가들의 관심 대상이었던 데 비해 후자는 주로 국제관계 분야 정치학자들의 주목을 받아왔다. 그러다가 1980년대 이후 문화에 대한 관심이 높아지면서 전쟁사가(戰爭史家)들도 전쟁의 문화적 측면을 주목하기 시작했다.[3] 더불어 국제정치학자들도 문화와 전쟁방식의 상관성에 보다 관심을 기울이는 경향을 보였다.[4]

근본적으로 '전략문화'가 무엇인가에 대해서는 아직껏 합의된 정의는 없다. 아마도 문화라는 것 자체가 불가시적인 것이기에 그 개념을 설정하기가 어렵기 때문일 것이다. 그럼에도 불구하고 '전략문화'를 중시하는 연구자들은 역사적으로 전쟁을 수행하는 방식, 시기, 그리고 이유 등과 관련된 신념, 가치, 그리고 전통 등은 국가마다 차이가 있다는 점에 동의하고 있다. 각국은 지리적 위치, 역사적 경험, 그리고 정치문화 전통 등이 융합되어 형성된 고유한 군대 활용원칙을 갖고 있는 것으로 상정한다.[5] 한 발 더 나아가서 이러한 요소가 해당 국가의 역사를 관통하면

War Through Western Eyes(London: Hurst & Co., 2009), pp. 55–84.

2) Jack L. Snyder, _The Soviet Strategic Culture: Implications for Limited Nuclear Operations_(Washington D. C.: The Rand Corporation, 1977).

3) V. D. Hanson, _The Western Way of War: Infantry Battle in Classical Greece_(Univ. of California Press, 1989); John A. Lynn, _Battle: A History of Combat and Culture_(Boulder: Westview Press, 2003); Jeremy Black, _Rethinking Military History_(London: Routledge, 2004).

4) 대표적으로 L. Sondhaus, _Strategic Culture and Ways of War_(London: Routledge, 2006)을 꼽을 수 있다.

5) Hew Strachan(ed.), _Big Wars and Small Wars: The British Army and the Lessons of War in_

서 지속적으로 계승 및 발전되어 정부의 군사행동에 영향을 미쳐왔다고 말한다.

18세기 중엽 이래로 제국주의 팽창을 통해 "해가 지지 않는 나라"라는 별칭을 들으면서 세계의 최강국으로 군림해온 영국도 예외가 아니었다. 유럽 대륙에서 일어난 전쟁의 역사를 통해 볼 때 영국의 전쟁방식은 가능한 한 대규모 지상군 병력은 파병하지 않은 채, 우월한 해군력을 이용한 우회적 방식으로 승리를 달성하는 것이었다. 또한 군사행동을 취하기 이전에 가능한 한 외교적 방법으로 충돌을 회피함으로써 궁극적으로 자국의 실익을 챙기려고 했다. 이러한 태도가 세월의 흐름과 더불어 유럽 대륙에 대한 영국의 군사정책결정 시 중요한 영향을 끼치는 저류(底流)로 자리 잡게 됐다.

영국에서 처음으로 전쟁방식의 문제를 체계적으로 고찰한 인물은 바실 리델 하트(Basil H. Liddell Hart, 1895~1970)였다.[6] 그는 1932년 유럽 대륙에 대한 영국군의 대응을 역사적으로 분석한 『영국의 전쟁방식(The British Way in Warfare)』을 발간하여 이 주제에 대한 관심을 촉발시켰다.

---

the Twentieth Century(London: Routledge, 2006), pp. 5-6.

6) 리델 하트에 대한 전기(傳記)로는 Alex Danchev, *Alchemist of War: The Life of Basil Liddell Hart*(London: Phoenix, 1998)가 유용하다. 혹자는 '영국의 전쟁방식'을 처음 제기한 인물로 20세기 초반 영국 해군의 작전전문가였던 줄리언 코벳(Sir Julian Corbett, 1854~1922)과 제1차 세계대전 직전에 그가 발간한 저서(*Some Principles of Maritime*, 1911)를 꼽기도 한다. 이 책에서 코벳은 해군 중심주의와 대륙 개입 간의 차이점에 대해 분석했다. 그러나 그는 주로 19세기 말 이전의 영국 해군에 대해서만 주목하고 있으며, 더구나 제1차 세계대전을 겪지 않은 상태였기에 '영국의 전쟁방식'을 분명하게 제기하는 데는 한계가 있었음은 물론 무엇보다 이 용어를 사용하지도 않았다. 그의 활동에 대해 알기 위해서는 Andrew Lambert, "Chapter 10 The Naval War Course, *Some Principles of Maritime Strategy* and the Origins of 'The British Way in Warfare'," in K. Neilson and G. Kennedy(eds.), *The British Way in Warfare: Power and the International System, 1856-1956*(Farnham: Ashgate, 2010), pp. 219-255를 볼 것.

그는 1930년대 중반 이래 《더 타임스》의 국방 문제 전문기자로 활약하면서 군사전문가이자 문필가로서 명성을 떨쳤다. 당시 육군의 고위장교들과도 긴밀한 친분관계를 유지했음에도 불구하고 제2차 세계대전 발발 시까지 그는 "영국은 유럽 대륙에서 벌어지는 전쟁에 대규모 지상군 파병을 피해야 한다."는 입장으로 일관했다. 이는 그가 제1차 세계대전에 대한 집중적 연구를 통해서 얻은 결론이기도 했다. 이러한 리델 하트의 선구적인 연구는 1970년대 이후 하워드(M. Howard) 등 저명한 전쟁사가들이 가세하면서 더욱 주목받는 논쟁으로 발전했다.[7]

이러한 맥락에서 이 장에서는 근대 이후, 좀 더 구체적으로는 19세기 말 이후 영국의 유럽 대륙에 대한 군사적 개입이 어떠한 모습을 보여왔고, 왜 그처럼 특이한 형태로 나타났는가를 살펴본다. 구체적으로는 1930년대 초반 '간접접근(indirect approach)'이라는 테제로 리델 하트가 공론화시킨 전쟁방식의 문제를 그 기저에 놓인 전략문화와 결합시켜서 고찰하고 있다.[8] 이를 위해 우선 해양 중시라는 영국적 전쟁방식의 형성 및 전개 과정을 살펴보고, 이어서 20세기에 접어들어 유럽 대륙에 대한

---

7) Michael Howard, *The Continental Commitment: The Dilemma of British Defence Policy in the Era of the Two World Wars*(London: Temple Smith, 1972); Hew Strachan, "The British Way in Warfare Revisited," *Historical Journal*, Vol. 26(1983), pp. 447-461 & "The British Way in Warfare," in D. Chandler and I. Beckett(eds.), *The Oxford Illustrated History of the British Army*(Oxford: Oxford Univ. Press, 1994), pp. 417-434; David French, *The British Way in Warfare, 1688-2000*(London: Unwin Hyman, 1990); K. Neilson and G. Kennedy(eds.), *The British Way in Warfare: Power and the International System, 1856-1956*(Farnham: Ashgate, 2010).

8) 오늘날 군사전략 분야에서 세계적인 명성을 얻고 있는 학자들 중 한 명으로 꼽히는 로렌스 프리드먼(Lawrence Freedman)은 최근 발간한 전략의 역사를 다룬 저술에서 다양한 전략의 유형들 중 하나로 '간접접근' 전략을 포함시키고 있다.(Lawrence Freedman, "Chapter 11 The Indirect Approach," in *Strategy: A History*(Oxford: Oxford Univ. Press, 2013), pp. 134-144)

대규모 지상군 파병의 필요성이 거의 당연시된 상황에서도 리델 하트가 여전히 이를 반대한 이유와 그 주장의 타당성을 검토한다. 마지막으로, 리델 하트가 내세운 간접접근 방식의 뿌리라고 할 수 있는 영국 전략문화 형성에 영향을 준 제반 특징들을 분석하여 전쟁방식과 문화적 전통과의 상관성을 도출한다.

2. 영국 전쟁방식의 이중성

앞에서 언급한 대로 20세기 영국의 대표적 전쟁사가인 리델 하트는 1932년에 『영국의 전쟁방식』을 발간했다.[9] 여기에서 그는 수 세기에 걸쳐서 영국민이 수행한 전쟁을 분석하여 전통적인 대전략의 흐름을 도출했다. 그는 제1차 세계대전에서 영국이 엄청난 피해를 입게 된 이유로 해군력에 기초한 전쟁수행이라는 전통적인 방식에서 벗어나 대규모 지상군을 서부전선에 투입했기 때문이라는 점을 핵심 테제로 제시했다. 16

---

[9] Liddell Hart, *The British Way in Warfare*(London: Faber, 1932). 이 책에 대한 언론의 반응은 대단했다. 리델 하트는 자신의 책에 대한 언론의 평가 중 중요한 문장들을 정리해 놓고 있는데 그중에서 몇 개를 인용하면 다음과 같다.(출처: Liddell Hart Centre for Military Archives, LH 9/10/4 Correspondence and Press Reviews of *the British Way in Warfare*, 1932): "리델 하트는 우리 시대의 가장 뛰어난 군사 분야 저자이며 이 책은 바로 이 점을 입증하고 있다."(*The National Review*); "독자들에게 강력하게 추천하고 싶은 중요한 책으로 한 마디로 아이디어가 풍부하고 명료하다."(*The Daily Mail*); "리델 하트에 의해 새로운 책이 발간된 것은 하나의 중요한 사건이다. 영국의 여러 저술가들 중 오직 리델 하트만이 전쟁 문제에 대해 참신하고 근원적인 생각을 유지하고 있기 때문이다."(*The Sunday Times*); "1914년 이전 영국의 전략 역사에 대한 뛰어난 정리서이다."(*The Times*); "리델 하트는 군사사 및 군사전략에 관한 한 모든 저자 중에서 으뜸이다."(*Boston Herald*) 이러한 긍정적 평가에 고무된 때문인지 그는 3년 후 다른 제목으로 이 책의 수정 증보판까지 발간했다.(*When Britain Goes to War: Adaptability and Mobility*, London: Faber, 1935)

세기 말 이래로 영국은 해양국가로서 힘을 키워왔고, 타국과의 경쟁에서도 해군력을 이용해 해안봉쇄 및 전략적 요충지를 기습 점령하는 방식으로 군사적 우위를 유지해왔다. 그런데 제1차 세계대전 중 과도한 개입 탓에 독자적인 정책 및 전략 수행방식을 상실하고 프랑스나 러시아와 같은 동맹국의 요구에 응할 수밖에 없었으며, 그 대가로 엄청난 인적, 물적 손실을 감수해야만 했다고 주장한다.[10]

이처럼 대규모 개입으로 인해 영국이 입은 막대한 피해를 고려할 경우에 리델 하트의 주장은 일견 타당성이 있는 것처럼 보인다. 하지만 당시 프랑스 및 러시아가 초전에 당한 패배로 기진맥진해 있던 실상을 감안할 경우 영국의 전폭적 개입 이외에 다른 대안이 없었으리란 점은 충분히 짐작할 수 있다. 제1차 세계대전 당시 독일이 처했던 경제적 여건을 고려할 경우 리델 하트가 내세운 해군력 중심의 '영국적 전쟁방식'의 한계는 더욱 분명해진다. 1915년 4월 유틀란트 해전 이후 영국 해군이 제해권을 장악하고 해안을 봉쇄함에 따라 독일은 해외로부터 천연자원 및 생필품을 공급받을 수 없었다. 따라서 해양전략 주창자들의 주장처럼 독일 국민들은 곧 심각한 경제적 고통에 직면하고 이로 인해 전투의지가 약화되어 종국에는 항복 단계로 넘어가야만 했다.

그렇다면 독일은 즉각적으로 수세에 몰리고 패색이 짙어졌을까? 결과는 그렇지 않았다. 당시 독일은 비교적 넓은 영토를 가진 대륙국가로서 전적으로 해외교역에 의존하지 않았다. 무엇보다 유럽 남동부로부터 필요한 자원 및 생필품을 공급받을 수 있었기 때문이다. 그 덕분에 독일은, 비록 일반국민들이 심한 생활고를 겪기는 했으나, 나름대로 장기간

---

10) A. Macmillan, "Strategic Culture and National Ways in Warfare: the British Case," *RUSI Journal*, Vol. 140(5)(October 1995), pp. 33-34.

영국 해군의 해상봉쇄에 대응하면서 전쟁을 지속할 수 있었다. 이처럼 해상봉쇄만으로는 승전하기에 불충분했고, 불가피하게 지상군 투입과 연계될 경우에만 승리가 가능한 상황에 있었다.

실제로 영국의 대(對)유럽 전쟁사를 일견해볼 경우 리델 하트가 말한 영국적 전쟁방식에 대한 실타래는 좀 더 복잡하게 엉켜 있음을 알 수 있다. 대륙의 상황전개에 따라 해군력을 이용한 간접접근과 지상군 파병이라는 직접개입을 번갈아 선택해왔음을 보여준다. 1688년 명예혁명 이전에 영국은 유럽 대륙에서 벌어진 전쟁에 개입할 의사도 없었고 그럴 만한 능력도 갖고 있지 못했다. 하지만 명예혁명 이후 국가적 위상이 고양되면서 영국은 대륙에서 일어난 갈등에 군사적으로 개입하는 경우가 늘어나게 됐다. 특히 18세기 동안에 유럽 대륙에서 무력충돌이 빈번해지면서 점차로 이를 방관할 수만은 없는 국제적 위상에 이르렀다. 이 기간 동안 영국은 유럽 대륙 및 다른 지역에서 일어난 주요 전쟁들—아우크스부르크 동맹전쟁(1688~1697), 스페인 왕위계승전쟁(1702~1713), 오스트리아 왕위계승전쟁(1739~1748), 7년전쟁(1757~1763), 미국독립전쟁(1776~1783) 등—에 일정 규모의 지상군을 파병하였다. 이러한 경향은 나폴레옹 전쟁이 벌어진 19세기 초반까지 이어졌다.[11] 해군력만으로 승리하기는 힘들다는 점을 단적으로 보여주는 사례는 앞의 제5장에서 살펴본 바 있는 1915년 봄부터 그해 말까지 진행된 영국군 갈리폴리 원정작전의 참담한 실패였다.[12]

---

11) 18세기 동안 영국이 대륙전쟁에 개입한 사례에 대해 알기 위해서는 David French, op. cit., '제1~3장'을 볼 것.

12) 공식기록에 따르면 갈리폴리 작전에서 죽거나 부상을 당한 인원은 두 진영을 합할 경우 무려 50만 명에 달했다: 영국 및 오스트레일리아-뉴질랜드 연합군 20만 5000명, 프랑스군 4만 7000명, 그리고 터키군 25만 1000명.(Tim Travers, *Gallipoli 1915*(London: The History Press, 2009), p. 311)

이러한 실제적 전황 전개에 더해 학문적으로도 '해양'보다 '대륙'의 중요성을 강조하는 목소리가 이미 20세기 초반부터 들려왔다. 1890년 등장하여 세계적으로 해군력 증강을 고무한 앨프리드 마한(Alfred. T. Mahan)의 『해양력이 역사에 미치는 영향(The Influence of Seapower upon History 1660-1783)』과는 대조적으로 영국의 저명한 지정학자였던 매킨더 (H. Mackinder)는 1904년 초에 발표한 글을 통해 "이제 해양 시대가 저물고 대륙 시대가 도래한다."고 역설했다.[13] 당시 대부분 러시아 영토에 속했던 중앙아시아 지역, 즉 '심장지대(heartland)'야말로 향후 세계사의 중심축이 될 것이며 바로 이곳을 장악하는 세력이 세계의 패권을 차지할 것이라는 논지였다. 물론 이러한 그의 논리는 너무 일방적이며 무엇보다 지리적 결정론으로 치우쳐 있었기에 학문적으로 상당한 약점을 갖고 있었다. 그럼에도 불구하고 그의 주장은 당시 영국을 비롯한 유럽인들에게 '대륙'의 중요성에 대한 관심을 일깨우는 데 기여했다.

영국 해군의 중요한 작전 수단 중 하나였던 '봉쇄(blockade)'의 유효성도 19세기 말에 접어들면서 의구심을 불러일으켰다. 무엇보다 철도망의 급속한 확대로 인해 유럽 대륙의 내륙교통망이 발달하면서 봉쇄작전으로 인한 생필품의 부족 문제를 해소할 수 있는 여지가 생기게 됐기 때문이다. 특히 독일의 경우에 체계적으로 부설된 철도망을 활용해 중부 및 동부 유럽 지역으로부터 필요한 원자재 및 생필품을 어느 정도 충당할 수 있었다. 이에 더해 농업의 기계화는 식량생산을 크게 증대시켜서 봉쇄의 충격을 상당한 정도로 완화시킬 수 있었다.

---

13) H. J. Mackinder, "The Geographical Pivot of History," *Geographical Journal*, Vol. 23(1904), pp. 421-444. 이 주제에 대한 자세한 이해를 위해서는 Paul M. Kennedy, "Mahan versus Mackinder: Two Interpretations of British Sea Power," *Militaergeschichtliche Mitteilungen*, Vol. 16(1974), pp. 39-66을 참고할 것.

더욱 직접적으로는 과학기술의 발전에 힘입어 20세기에 대함정용 신무기들—기뢰, 어뢰, 잠수함, 장거리 해안포 등—이 발명되면서 해안봉쇄 작전을 어렵게 만들었다. 특히 어뢰의 발명 이후 내해(內海)는 더 이상 쉽게 접근할 수 없는 곳으로 변했고, 잠수함과 항공기는 금과옥조처럼 신봉해온 거함거포주의(巨艦巨砲主義)에 일대 타격을 가했다.[14] 그래서 20세기 초에 영국에서는 유럽 대륙으로의 지상군 파병과 그 규모에 대해, 그리고 국방과 대외정책의 전반적인 방향을 둘러싸고 논쟁이 벌어지기 시작했다. 바로 여기에 향후 영국 해군의 성쇠(盛衰)가 달려 있었고, 해군의 우월성이 더 이상 영국 국방정책상의 상수가 아님을 깨닫는데는 그리 긴 시간이 필요하지 않았다.

1914년 8월 초에 제1차 세계대전이 벌어지고 영국정부가 즉각적인 참전 결정을 내리면서 영국은 더욱 '대륙적' 방향으로 기울게 되었다. 전통적인 해군력 중시 기류에서 완전히 벗어난 것은 아니었으나 이로써 국방에서 해군의 역할과 중요성은 상대적으로 약화됐다. 실제로 전쟁 발발 직후 개최된 전쟁위원회 회합에서 해군장관 처칠은 독일에 대한 육·해군 합동작전의 실행과 관련하여 관심을 촉발할 만한 방안을 제시하지 못했고, 그러다 보니 영국 대륙원정군의 파병에 대해서도 이의를 제기할 수 없었다. 이미 해군 수뇌부는 독일군의 대규모 침공에 맞서서 대응할 제1 순위의 군사력이 바로 지상군임을 자인하고 있었다.[15]

---

14) 폴 M. 케네디, 김주식 역, 『영국 해군 지배력의 역사』(서울: 한국해양전략연구소, 2010), 367-368쪽.
15) 전쟁 발발 직후 영국 수뇌부의 참전 논의에 대해서는 David French, *British Strategy and War Aims, 1914-1916*(London: Allen & Unwin, 1986), pp. 20-24를 볼 것.

3. 리델 하트와 간접접근전략의 형성

리델 하트의 저술은 당대에도 주목을 받았으나, 특히 오늘날 각국의 전쟁방식에 대한 연구가 부각되면서 해양전략(maritime strategy)과 유럽 대륙에의 직접개입(continental commitment)이라는 논쟁의 출발점을 제공했다. 그는 유럽 대륙 패권국가들의 도전을 격파하기 위해 역사적으로 영국의 지도자들이 추구했던 전략을 사례로 들면서 영국의 전략적 이해관계는 근본적으로 상업 및 해양에 있다는 점을 설명했다. 나폴레옹 전쟁과 관련해서도 근본적으로 영국은 해군을 이용한 지연전에서 승리했고, 심지어 웰링턴이 수행한 지상전 역시 "영국 해군력의 확장"에 불과한 것으로 해석했다. 전통적인 해양전략을 잘 유지해오던 영국이 제1차 세계대전 동안에 이로부터 벗어나 "대규모 병력을 유럽 대륙의 주전장에 투입"하는 실책을 자행한 것으로 비판했다.[16]

이어서 리델 하트는 영국은 대규모 병력을 투입하지 않고서도 이른바 '간접접근'을 통해 승리를 얻을 수 있었다고 주장한다. 그리고 그 핵심 수단으로 제1차 세계대전 시기까지는 우월한 해군력을 이용한 해상봉쇄를, 그리고 양차 대전 기간에는 전차와 항공기를 근간으로 한 기계화 부대의 기습공격을 꼽았다. 물론 두 방법 모두 본질적으로는 유럽 대륙에 "대규모 인원의 파병을 회피한다."는 원칙을 공통분모로 두고 있었다.

그렇다면 당대 다른 누구보다 전쟁사에 해박했던 리델 하트가 파시스트의 위협이 가시화되는 시기에조차 간접접근 개념을 제기한 이유는 무엇일까? 다른 무엇보다 이는 그의 젊은 시절 인생 경험과 밀접한 관련

---

16) B. H. Liddell Hart, *The British Way in Warfare*(new edn.)(London, 1942), p. 29; 로렌스 손드하우스, 이내주 역, 『전략문화와 세계 각국의 전쟁수행방식』(서울: 황금알, 2007), 34-35쪽.

을 갖고 있었다. 1895년 10월 프랑스 파리에서 영국 성직자 집안의 장남으로 태어난 리델 하트는 19살에 케임브리지 대학교에 입학했다.[17] 그가 유년시절에 전쟁사에 흥미를 보인 점은 분명하나 군사 분야에 비상한 취미나 재능을 갖고 있던 것은 아니었다.[18] 그의 군사사상 형성에 결정적인 영향을 끼친 것은 제1차 세계대전의 발발이었다. 대전 초기 자원입대한 그는 요크셔 경보병대의 초급장교로 서부전선에 배치되어 특히 1916년 솜 전투에서 가공할 살육전을 체험했다.[19] 이처럼 전투를 직접 겪으면서 그는 전쟁이라는 것이 결코 낭만적이거나 숭고한 과업이 아니고 단순한 살육행위임을 절감하게 됐다. 특히 솜 전투에서 영국군 및 독일군 수뇌부가 보여준 창의성이 결여된 단조로운 작전과 전술, 그리고 이로 인한 엄청난 인명손실을 목도한 그는 클라우제비츠가 제시한 섬멸전을 지향하는 '절대전쟁' 개념의 타당성에 대해 의문을 갖게 됐다.[20]

종전 후 본격적으로 군사 관련 글들을 집필하기 시작한 리델 하트는 때마침 만난 선배 군사전략가 풀러(J. F. C. Fuller)와의 지적 교류를 통해 군사사상의 깊이를 더할 수 있었다.[21] 이후 1924년에 대위로 군문을 떠

---

17) Liddell Hart, *Memoirs*, Vol. 1(New York: G. P. Putnam's Sons, ·1965), pp. 6-10; Alex Danchev, "Chapter One On the Border," in *Alchemist of War: The Life of Basil Liddell Hart*(London: Phoenix, 1998), pp. 17-41.

18) LH 11/1931/27 Note by Liddell Hart on His Early Years.

19) Liddell Hart, op. cit.(1965). 1, pp. 11-18. 당시 그는 21세로 중위 계급장을 달고 있었다.

20) LH 11/1928/18 Talks with L.S. Amery on 1st November 1928; Liddell Hart, *Strategy*, pp. 377-378.

21) 리델 하트가 풀러와 그의 전차이론을 처음으로 접한 것은 1920년 왕립군사문제연구소의 저널에 게재된 후자의 글을 통해서였다. 이 글을 읽은 후 리델 하트는 풀러에게 자신을 소개하는 편지를 보냈고, 이렇게 맺어진 두 사람의 친분관계는 1966년 풀러가 사망할 때까지 지속됐다. 군사사상가로서 두 사람의 관계에 대해서는 Brian H. Reid, "Chapter 10 Fuller and Liddell Hart: A Comparison," in *Studies in British Military Thought: Debates with Fuller and Liddell Hart*(Univ. of Nebraska Press, 1998), pp. 168-182

나 민간언론사인《데일리 텔레그래프(*Daily Telegraph*)》(1935년 이후에는《더 타임스》)로 자리를 옮긴 리델 하트는 왕성한 저술작업을 통해 국내외적으로 명성을 얻었다. 특히 1920년대 후반기 이래 전쟁사에 깊은 관심을 기울인 그는 자신의 제1차 세계대전 참전 중 살육전 경험과 더불어 과거 몽골제국 칭기즈 칸의 기병전술, 그리고 남북전쟁 시 북군 셔먼 장군의 돌파 및 종심확대 전술을 집중적으로 연구하여 '간접접근' 개념을 제기하고, 그 실행수단으로 기계화의 중요성을 역설했다.[22] 이어서 『영국의 전쟁방식』에서 '유한책임(limited liability)' 개념을 제시하면서 향후 유럽 대륙에서 전쟁이 벌어질 경우, 영국은 제1차 세계대전 때처럼 대규모 지상군을 파병하지 말고 전통적으로 우월한 해군력(이제는 공군력까지 포함)으로 대응해야 한다고 주장했다.

리델 하트가 제시한 신개념들은 근본적으로 클라우제비츠의 전쟁개념과 배치되는 것이었다. 제1차 세계대전에 대한 깊은 성찰을 통해 그는 전쟁이 참호전과 섬멸전으로 변한 주요인을 클라우제비츠의 절대전쟁개념과 이를 맹종한 당시 군 최고지휘관들에게서 찾았다. 그의 가르침에 집착한 양측 군 수뇌들이 전쟁양상을 잘못 인식하는 바람에 제1차 세계대전은 인류역사상 유례없는 살육의 현장으로 변했다는 것이다.[23] 이러한 그의 생각은 자칫하면 차기 전쟁에서 영국군 수뇌부가 제1차 세

를 참고할 것.

22) 리델 하트는 1929년에 미국 남북전쟁 중 활약한 북군 장군 셔먼의 작전술을 고찰한 *Sherman: Soldier, Realist, American*을, 그리고 이듬해인 1930년에는 제1차 세계대전에 대한 개인적 경험을 바탕으로 *The Real War 1914-1918*을 발간했다.

23) LH 11/1932/42 Note by Liddell Hart on Discussion with David Lloyd George, on British Generals in World War One. 물론 제1차 세계대전이 살육전 또는 소모전으로 변화한 요인을 당시 군 고위 지휘관들의 낡은 사고방식에만 국한할 수는 없다. 군사과학기술의 발달, 전쟁 이전 유럽의 지적 분위기, 그리고 전장의 특성 등 다양한 요인들이 복합적으로 작용한 결과였다.

계대전에서 범한 무능을 재연할지도 모른다는 불안감으로 인해 강한 사명감으로 각인됐다. 또한 1920년대 초반 자신이 제기한 전격전 이론에 대한 영국군 수뇌부의 부정적 반응에 대해 알고 있었기에[24] 유럽 대륙에서 전쟁이 재발할 경우 이는 분명히 제1차 세계대전의 재판(再版), 즉 참호전이 될 것으로 판단하고 이를 피할 수 있는 방안을 모색했던 것이다.[25]

영국군이 불가피하게 유럽 대륙에서 지상전을 수행해야 한다면, 가능한 한 적군과의 직접적 교전을 줄이면서 승리할 수 있는 방법을 강구해야만 했다. 그는 전쟁에서의 주요 목표는 상대방의 아킬레스건, 즉 최고의 취약점을 간파해서 이를 신속하고 결정적으로 강타함으로써 적국의 저항의지를 분쇄하고 빠르게 승리를 쟁취하는 것이었다. 이를 위해 필요한 것이 바로 독립적인 기갑부대(기계화 부대)의 활용 및 경우에 따라 공군력으로 적군의 후방에 있는 아킬레스건을 신속하게 격파하는 이른바 '전격전'으로 인식했던 것이다.[26] 이처럼 그는 간접접근 개념을 기존처럼 우세한 해군력이 아니라 군사과학기술의 발달로 새롭게 대두한 전

---

24) General Sir Frederick Pile, "Chapter 8 Liddell Hart and the British Army, 1919-39," in M. Howard(ed.), *The Theory and Practice of War: Essays presented to Captain B. H. Liddell Hart on His 70th Birthday*(NY: Frederick A. Praeger, 1966), pp. 170-171. 리델 하트의 '기계화전(armoured warfare)' 주창과는 대조적으로 영국군 참모본부는 여전히 기병대의 돌격에 집착하고 있었다.

25) John J. Mearsheimer, *Liddell Hart and the Weight of History*(London: Brassey's Defence Publishers, 1988), p. 54.

26) 20세기 이전까지 지상전에서 신속하고 효과적인 간접접근의 수단은 기병대였으나, 이제 제1차 세계대전과 더불어 기병대의 시대는 사라지고 전차 및 항공기와 같은 신무기가 그 역할을 대신하리라는 생각을 리델 하트는 이미 1920년대 중반 이래 체계적으로 피력해오고 있었다.(LH 11/1926/6 The Value of Cavalry and Infantry, as organized today, in Modern War; LH 11/1927/3-4 Notes and Diagrams by Liddell Hart on the Governing Principles of Strategy and Tactics)

격전 이론과 연계시키는 창의성을 발휘했다.[27] 물론 전쟁수단이 어떠하든지 그가 항시적으로 지향한 원칙은 "소규모 인원의 투입으로 승리를 달성한다."는 점이었다.

간접접근 이론, 즉 유럽 대륙에 대한 영국 지상군 개입의 회피라는 그의 주장은 파시스트의 침략 야욕이 노골화되기 시작한 1930년대 중반 이후에는 어떻게 됐을까? 심지어 1939년 9월 초에 제2차 세계대전이 발발할 때까지 그는 줄기차게 간접접근을 내세우면서 영국 지상군의 유럽 대륙 파병을 반대했다. 히틀러의 독일군에 대항해 대규모 병력을 유럽 대륙에 파견해야 하는지에 대한 논의에서 그는 1937년경 당시 육군장관 호어벨리샤(L. Hore-Belisha)에게 "영국군을 무장시키지 말라."고 조언한 바 있었다. 그의 제언은 네빌 체임벌린(Neville Chamberlain) 정부의 국방정책 결정에도 영향을 끼쳤다.[28]

그러나 제2차 세계대전 개전 초기에 독일군이 전격전을 통해 대승리를 거두면서 리델 하트는 국내에서 신랄한 비난에 직면하게 됐다. 결과적으로 양차 대전 기간에 얻은 그의 명성은 물론이고 국방정책 결정에 대한 조언자로서의 영향력도 급속하게 약화됐다.[29] 학문적으로 리델 하트의 '간접접근' 테제를 심도 있게 비판한 인물은 군사사가 하워드였다. 그는 1972년에 발간한 『유럽 대륙에의 개입: 양차 대전기 영국 국방정책의 딜레마』에서 영국의 제1차 세계대전 개입 불가피성을 주장했다. 그에 의하면 근대 초부터 20세기에 이르기까지 영국은 강력하고 잠재적인 적대국가에 의한 유럽 저지대 지방의 장악을 막으려고 하였다. 이를 추구

27) Liddell Hart, op. cit.(1965), pp. 161-168.
28) J. J. Mearsheimer, op. cit., p. 4.
29) 물론 1950년대에 접어들어 그는 군사전략가로서 예전의 명성을 회복하고 1970년 사망할 시에는 20세기 최고의 전략가들 중 한 명으로 평가받았다.

하는 과정에서 유럽의 강대국들과 교대로 동맹관계를 맺었고 필요시 원정군을 파병했다. 이러한 측면에서 볼 때, 영국의 제1차 세계대전 직접개입도 전통적인 전쟁수행 방식에서 이탈한 것이 아니라 오히려 이전 세기에 또는 그 이후인 제2차 세계대전 시에 영국이 추구한 전쟁방식과 거의 유사했다. 따라서 유럽 대륙에의 직접개입은 영국에 선택의 문제가 아니라 생존과 직결되는 전략이었다고 하워드는 주장했다.[30]

이후 이 주제에 대한 관심은 프렌치에게 이어졌다. 그 역시 제1차 세계대전 직전 영국이 취한 전략을 분석하면서 하워드와 같은 입장을 취하고 있다.[31] 그에 의하면, 1880~1890년대에 점증하는 국제경쟁에 직면하여 영국은 해군력을 강화하는 방향으로 나아갔다. 하지만 보어전쟁시 이미 기존 정책의 한계가 드러났고, 제1차 세계대전 발발과 함께 서부전선에 대규모 지상군을 파병하면서 종곡을 고하게 됐다는 것이다.

4. 영국 전략문화 형성의 토대

영국은 왜 역사적으로 이러한 전쟁방식을 택하게 됐을까? 이에 대한 답을 찾기 위해서는 영국의 '전략문화'를 심도 있게 고찰할 필요가 있다. 전략문화라는 개념이 본격적으로 회자되기 시작한 것은 1980년대이지만 영국의 경우 그동안 정식으로 규정되지 않았을 뿐, 유사한 특질이 세계의 강대국으로 부상하게 되는 18세기경부터 형성되어왔다. 영국 전략문화의 핵심은 한마디로 '효율적인 재정운용'인데, 이는 가능한 한 군사

---

30) M. Howard, *The Continental Commitment*(1989), p. 8 & "The British Way in Warfare: A Reappraisal," in *The Causes of War and Other Essays*(London: Temple Smith, 1983), p. 180.
31) D. French, op. cit.(1990)

비 지출을 최소화하는 방향으로 군사전략이 수립될 것임을 암시했다. 그리고 이를 달성하기 위한 외교적 원리가 바로 '세력균형'이었다. 예컨 대 유럽 내에서 한 국가가 패권을 장악할 징후가 보이면 영국은 그 인접 국가에 외교적 및 재정적 지원을 제공하여 해당 국가의 세력확대를 견 제했다. 이것이 도저히 불가능하다고 판단될 경우에야 비로소 직접적인 군사행동으로 나섰다. 그것도 처음에는 직접개입이 아니라 해군력을 이 용한 기습이나 해안봉쇄와 같은 간접적인 방식으로 추진했고, 불가피한 경우에 한해서 어느 정도 규모를 갖춘 지상군을 파병했다.

그렇다면 영국에서는 어떻게 이러한 전략문화가 형성됐을까? 다시 말해 이러한 전략문화를 배태한 영국문화의 저류는 무엇일까? 이를 이 해하려면 유럽 대륙의 국가들과 비교하여 영국이 갖고 있는 근본적인 특징을 살펴볼 필요가 있다.[32] 우선적으로 섬나라라는 본원적 특징을 꼽을 수 있다. 잘 알려져 있듯이 영국은 브리튼섬과 다수의 대소 도서로 이루어져 있다. 유럽 대륙과는 도버 해협과 북해라는 일종의 천연장애 물로 격리되어 있다. 이로 인해 대륙국가가 대규모 지상군을 동원하여 영국을 침공하는 것이 가볍게 시도할 모험이 아니었음을 역사적 사례들 이 보여주고 있다. 반대로 이러한 지정학적 조건으로 인해 영국은 역사 적으로 인접 국가와의 군비경쟁이나 전쟁에 자국의 의지와 무관하게 개 입하지 않아도 무방했다. 또한 서로 국경선을 맞대고 있는 대륙의 국가

---

32) 국내에서 발간된 영국사에 대한 책들―케네스 O. 모건, 영국사학회 역, 『옥스퍼드 영 국사』(서울: 한울, 1997); 박지향, 『영국사: 보수와 개혁의 드라마』(서울: 까치, 1997); W. A. 스펙, 이내주 역, 『진보와 보수의 영국사』(서울: 개마고원, 2002); 나종일 · 송규범, 『영국의 역사, 상 · 하』(서울: 한울, 2005) 등―중 영국의 제반 특징을 이해하기 위해서 는 제1부에서 이 점을 잘 정리하고 있는 박지향의 책이 유용하며, 원서로는 R. Colls and P. Dodd(eds.), *Englishness, Politics and Culture 1880-1920*(London: Routledge, 1986)을 참고할 것.

에 비해 시간적 여유를 갖고서 적군의 침략이나 대륙에서 전개되는 상황에 대응할 수 있었다. 독일 및 프랑스와 같은 대륙국가에 전쟁이란 국가 존망의 위험부담을 각오하고 즉각적으로 대응해야만 하는 국가적 과업이었던 데 비해, 영국은 섬나라라는 지리적 이점과 광대한 해외식민지 보유 덕분에 대륙에서 벌어진 충돌에 휩쓸릴 여지가 훨씬 적었던 것이다.

따라서 프랑스와 달리 대규모 상비군을 유지할 필요가 없었고, 그 덕분에 과세 부담도 상대적으로 낮았다. 한 예로 유럽 대륙에서 루이 14세가 벌인 잦은 전쟁으로 인해 프랑스인들이 감내해야만 했던 막중한 과세의 고통이 영국인들에게는 덜했던 것이다. 물론 18세기의 '재정-군사국가' 논의에서 언급되듯이 이 시기에 영국도 거듭되는 전쟁으로 인한 가파른 국채 증가로 국민들의 조세부담이 가중되어 정부가 해결책을 찾기에 골몰했다. 하지만 상대적으로 당대에 다른 대륙국가들의 처지보다는 나았다.[33] 해외교역을 장악하고 있던 상황에서 영국에서는 자연스럽게 육군보다는 해군을 중심으로 군사력이 발전하게 됐다. 선박 건조비용 역시 만만치 않았으나 대규모 지상군을 유지하는 비용에 비하면 상대적으로 부담이 약했다. 의회의 입장에서도 해군의 경우 국왕이 왕권을 행사할 목적으로 직접 동원할 수 없었기에 해군력 증강에 호의적이었다. 이처럼 영국은 대륙과 분리되어 있다는 이점으로 인해 유럽 열강의 공격으로부터 높은 안전성을 얻었으나, 동일한 이유로 대륙에서 벌어진 제반 사건에 무턱대고 개입하지도 않았다.

다음으로, 영국은 의회민주주의가 가장 먼저 발달한 나라였다. 13세

---

[33] 이 시기 영국 국가의 특징으로 거론되는 '재정-군사국가'에 대한 상세한 이해를 위해서는 박상섭, 『근대국가와 전쟁: 근대국가의 군사적 기초, 1500-1900』(서울: 나남, 1996)의 '제5장 영국'을 볼 것.

기에 벌어진 '대헌장 사건' 이래로 영국에서는 국왕의 권력이 제한을 받아왔다. 이것이 17세기 동안에 정치적 소용돌이를 겪으면서 의회가 입법권 및 과세권을 장악하고 이를 통해 왕권을 견제하는 통치체제로 발전했다. 국왕은 자신의 의지를 전국적으로 강제하기 위해 왕명을 발동하거나 군사력을 동원할 기회가 드물었다. 더구나 크롬웰의 통치를 경험한 영국 의회는 상비군의 증강에 민감한 반응을 보였다. 그러다 보니 국왕은 비용이 과다하게 소요되는 상비군 육성이나 타국과의 전쟁을 자의적으로 추구할 수 없었다. 대규모 상비군을 전제 왕권의 상징으로 보는 공감대가 확산되면서 지상군 육성의 입지는 더욱 좁아졌다. 특히 유럽 대륙으로 원정군을 파견하기 위해서는 막대한 자금이 필요했기 때문에 이를 위해 의회의 동의를 얻기가 여간 힘든 일이 아니었다. 따라서 간혹 대륙국가와 갈등이 생기게 되면 가능한 한 외교교섭을 통해서 해결코자 했다. 그렇지 않을 경우에는 직접적인 개입보다 해군을 동원하여 동맹군에 군수물자를 공급하거나 적국의 해안을 봉쇄하는 등 일종의 간접적인 군사행동으로 대응했다.[34]

세 번째로, 영국은 18세기 중엽 7년전쟁 승리를 계기로 세계 최대의 식민지 보유국이 됐다는 점을 꼽을 수 있다. 식민지는 본국 경제발전에 필수불가결한 요소였다. 근대 이래로 식민지는 영국 생산품의 판로를 제공했을 뿐만 아니라 설탕·담배·캘리코와 같은 값진 상품에서부터 해군 군수품에 이르기까지 풍부한 원자재를 공급하기도 했다. 따라서 세계 곳곳에 흩어진 식민지들을 비교적 저렴한 비용으로 방위하기 위해서는 무엇보다 강력한 해군력이 필요하게 됐고, 군사정책도 자연스럽게

---

34) 이영석, 「제2장 18세기 영국의 국가체제와 제국 경영」(51-80), 조용욱, 「제3장 제국의 유지와 방어: 영국의 군사력과 군사정책, 1880-1945」(81-103), 『세계화의 역사와 패권 경쟁』(서울대학교 미국학연구소 편)(서울대출판부, 2007)을 참고할 것.

해군 중심으로 확립되기에 이르렀다.[35] 17세기 대서양 무역권의 확립과 더불어 대서양의 입구라는 지정학적 이점을 바탕으로 승승장구하여 18세기 중엽 프랑스와 치른 7년전쟁의 승리로 해외 팽창의 절정기를 구가했다. 이후 19세기 중엽, 특히 세포이 반란(1857) 이후 인도를 직접 통치하기 시작하면서 본국에서 인도까지의 해로를 보호하는 것이 국익보호의 최우선적 목표로 설정됐다. 이로 인해 해군의 위상은 더욱 높아져 폴 케네디의 평가처럼 유럽 대륙의 세력균형을 조절하면서 그 외 지역에서는 해상지배를 더욱 강화하는 전략을 별다른 어려움 없이 추진할 수 있었다.[36]

한마디로 당시 영국의 지배층에서는 '무역, 식민지, 그리고 해군'이라는 일종의 전략적 삼각구도가 형성되어 작동하고 있었다. 그리고 이러한 전략 축의 핵심은 바로 영국의 우월한 해군력이었다.[37] 특히 19세기 후반 이전까지는 영국 해군과 동일한 수의 함정을 건조하고 이를 운용할 수 있는 인력을 유지하는 일은 다른 열강들로서는 불가능했다. 설사 그러한 능력이 있다고 하더라도 이들에게는 적절한 해군기지가 부족했고, 산업능력 면에서도 선도적 산업국가인 영국에 크게 미치지 못했다. 더구나 이 시기에 유럽의 다른 열강들은 영국의 해양 지배력에 도전하기 위해 개별적으로든 집단적으로든 주목할 만한 노력을 기울이지 않았다. 그래서 영국은 20세기 이전에는 강력한 해군력, 선진된 공업력, 그리고 재정지원금을 미끼로 유럽 대륙 내 동맹국 군대의 동원을 통해 적절

35) Norman Gibbs, "Chapter 9 British Strategic Doctrine 1918-1939," in M. Howard, op. cit. (1966), pp. 188-189.

36) Paul M. Kennedy, *The Rise and Fall of the Great Powers: Economic Change and Military Conflict from 1500 to 2000*(New York: Vintage Books, 1989), p. 98.

37) 폴 M. 케네디, 앞의 책, 298-299쪽.

한 규모의 지상군 파견만으로도 유럽 대륙에서 벌어진 충돌에 대응할 수 있었다. 하지만 이러한 경향은 19세기 말에 이르러 대륙국가 독일이 해군력 증강에 돌입하면서 변하기 시작했다.

마지막으로 직접적이고 실질적인 요인으로 '효율적 재정운영을 통한 국방력 추구'를 들 수 있다. 이는 가깝게는 리델 하트가 '영국적 전쟁방식'의 이론을 구상하고 구체화할 때 그에게 영향을 끼친 1920년대의 이른바 '10년 규제(Ten-Year Rule)'[38])에서부터 멀게는 18세기에 영국이 지향한 '재정-군사국가'에 이르기까지 일관된 원리로 작용했다. 근대 이후로 대륙에서 벌어진 전쟁에 대해 영국인들이 보여준 태도의 근저에는 자국 안보에 직접적으로 관련이 없는 전쟁에는 개입하지 않으면서 필요시 최소한의 재정지출로 의도한 목적을 달성하려는 지극히 이해타산적인 상인의 논리가 깔려 있었다. 여기에는 인적 및 물적 자원이 상대적으로 부족한 섬나라 영국의 국익은 근본적으로 군사력이 아니라 산업 및 무역의 진흥을 통한 경제력에 있다는 영국 지배계급의 인식이 스며들어 있었다.[39])

국가의 경제적 기반을 보호하기 위해 군사력이 필요했으나 과도한 군사비 지출은 경제 발전의 토대를 위협할 수도 있다는 경계심이 상존했

---

38) 원래 이는 종전 직후인 1919년 여름 로이드 조지 연립정부에서 정부 각 부서에 향후 10년 간 영국은 대륙에서 벌어지는 대규모 전쟁에 개입하지 않을 것이기에 이를 위한 원정군이 요구되지 않을 것이라는 전제하에 해당 부서의 업무계획을 수립하라고 지시한 데서 연유됐다. 그러나 이러한 일종의 '평화 가설(peace hypothesis)'은 이후에도 계속해 재확인되면서 1930년대 중반까지 군비 삭감으로 이어졌다.

39) 정치경제학적인 측면에서 영국의 이러한 독특성에 대한 자세한 이해를 위해서는 D. Winch, "Introduction," in D. Winch and Patrick O'Brien(eds.), *The Political Economy of British Historical Experience, 1688-1914*(Oxford: Oxford Univ. Press, 2002), pp. 1-28을 볼 것.

다.[40] 특히 육군의 증강은 정치적으로 허용될 수 없을 정도로 고율의 세금을 초래할지도 모른다는 우려를 자아냈다. 애덤 스미스의 경제이론에서 제시된 것처럼 평화 시에 육군은 비생산적이고 불필요한 존재로 간주되었기 때문이다. 이러한 이유로 인해 19세기 동안 육군에 대한 영국인들의 냉담한 태도는 세기의 끝에 벌어진 보어전쟁으로 심각한 타격을 받을 때까지 지속됐다.

5. 해양과 대륙 사이에서

영국적 전쟁방식을 둘러싼 논의는 어제 오늘에 시작된 주제는 아니었다. 엘리자베스 1세 시대에 월터 롤리(Walter Raleigh)는 "누구든지 바다를 지배하는 자가 교역을 지배하고 세계의 부를 차지하며 궁극적으로는 세계 자체를 지배한다."라고 역설한 바 있었다. 또한 당대의 또 다른 저명인사였던 크롤리 경(Sir F. Crawley)은 영국이 마땅히 감수해야 할 위험을 회피할 경우 유럽의 저지대 지방을 장악할 수 없다고 여왕에게 조언했다.[41] 이후 19세기 말에 이르러서 지리학자 매킨더와 해양 역사가 마한이 육지 대(對) 바다라는 영국의 전략문화를 특징짓는 논의를 더욱 발전시켰다. 하지만 이 주제를 논쟁의 전면으로 끌어올린 인물은 리델 하트였고, 그 이면에는 제1차 세계대전에 대한 그의 생생한 경험이 녹아져

---

40) 제1차 세계대전 이전의 전쟁과 경제 사이의 상호관계에 대해서는 David French, "Chapter 1 Nineteenth-Century Political Economy and the Problem of War," in *British Economic and Strategic Planning, 1905-1915*(London: George Allen & Unwin, 1982), pp. 7-21의 내용이 유용함.

41) M. Howard, "The British Way in Warfare" in *The Causes of War*(London: Unwin, 1984), p. 193.

있었다. 영국이 당한 엄청난 인적 및 물적 피해, 그럼에도 불구하고 전후 처리 과정에서 미국의 위세에 밀려서 제 역할을 수행하지 못한 데 대한 아쉬움, 그리고 무엇보다 유럽 대륙에서 이러한 참사가 재발해서는 안 되며 설사 벌어진다고 해도 영국은 깊이 개입하지 말아야 한다는 염원이 그의 주장 이면에 스며들어 있었다.

이러한 리델 하트의 주장은 나름대로 시대적 당위성을 갖고 있었다. 어떠한 대가를 지불하더라도 제1차 세계대전과 같은 전쟁의 재발을 피해야 한다는 명제에 집착하다 보니 1920년대 및 1930년대에 영국군은 군 자체의 이해관계와 무관하게 '방어적인 원칙'을 채택하게 됐다. 노동당은 물론이고 보수당의 상당수 정치가들 역시 유럽 대륙에서 또 다른 전쟁의 발발을 피하길 원했기에 자신들의 견해를 옹호하는 이론적 수단으로 리델 하트의 주장을 활용했다. 이러한 측면에서 1930년대에 정부나 군의 외교 및 군사정책결정에 영향을 미칠 만한 공식적 위치에 있지도 않았던 리델 하트에게 제2차 세계대전을 막지 못한 책임을 묻는다는 것 자체가 부당한 처사라는 지적은 일견 타당성이 있다.

그러나 앞에서 살펴본 바와 같이 이후의 연구자들은 제1차 세계대전 개입에 관한 한 그 불가피성을 강조하면서 그 뿌리를 18세기 이후 영국의 대(對)유럽 전쟁사에서 찾고 있다. 근대 이래로 영국은 1660~1800년에 벌어진 충돌에서는 주로 해상에서의 군사행동을 통해 승리한 데 비해 19세기 초반 이래로 필요에 따라 '해양전략'과 '대륙전략'을 번갈아 적용해왔음을 알 수 있다.[42] 나폴레옹의 침략전쟁과 같은 심각한 비상상황이 발생할 경우 영국은 상당한 규모의 원정군을 유럽 대륙에 파병하는 것 외에 다른 방도가 없었다. 특히 19세기 중엽 이래로 영국의 국익과 직

---

42) 폴 M. 케네디, 앞의 책, 281쪽.

결되는 문제였던 유럽의 세력균형 및 베네룩스 3국의 안전보장 유지는 해군력만으로는 달성될 수 없었다. 이러한 맥락에서 영국은 1914년 8월 초 독일의 중립국 벨기에 침략을 명분으로 삼아서 제1차 세계대전에 참전했던 것이다.

실제적 차원에서 대전 시 해군이 행한 독일에 대한 해상봉쇄도 육군에 의한 일종의 '지상봉쇄'와 병행해 추구될 경우 진정한 위력을 발휘할 수 있었다. 즉 해양전략은 대륙전략과의 관계에서 상보적(相補的)이거나 연장선상에 있었고, 양자택일할 수 있는 문제가 아니었다.[43] 대부분 동맹국에 자금을 지원하여 일종의 대리전쟁을 수행하게 했으나 필요 시에는 유럽 본토에 대규모 병력을 파병해야만 했다. 이는 바로 1970년대 이후 하워드나 프렌치와 같은 군사사가들이 제기한 주장이기도 하다.

영국의 전쟁방식에 대한 오늘날의 설명방식이 이렇다고 하더라도 일찍이 이 주제를 정리하고 제기한 리델 하트의 공헌을 과소평가할 수 없다. 20세기 이후에는 유럽 대륙에 대한 영국의 직접개입이 불가피한 듯이 보이나 그 이전 시기에 관한 한 리델 하트의 주장이 상당한 타당성을 갖고 있음을 앞에서 살펴본 영국 전략문화가 입증해주고 있기 때문이다. 이러한 측면에서 "해양전략과 유럽 대륙 직접개입 사이에 놓여 있는 일종의 변증법적 전개"를 영국 전략문화의 본질로 꼽고 있는 맥밀런(A. Macmillan)의 주장은 설득력이 있다.[44] 근본적으로 이는 아메리카 대륙과 유럽 대륙 사이에 위치한 섬나라라는 영국의 지리적 특성상 불가피한 대응방식이었고, 내심 리델 하트도 이 점에 대한 깊은 고민 끝에 간접접근전략 개념을 창안하는 데까지 나아간 것은 아닐까 생각한다.

---

43) 브라이언 본드, 주은식 역, 『리델 하트 군사사상 연구』(서울: 진명문화사, 1994), 83쪽.

44) A. Macmillan, "Strategic Culture and National Ways in Warfare: The British Case," Journal of the Royal United Services Institution, 140(1995), p. 35.

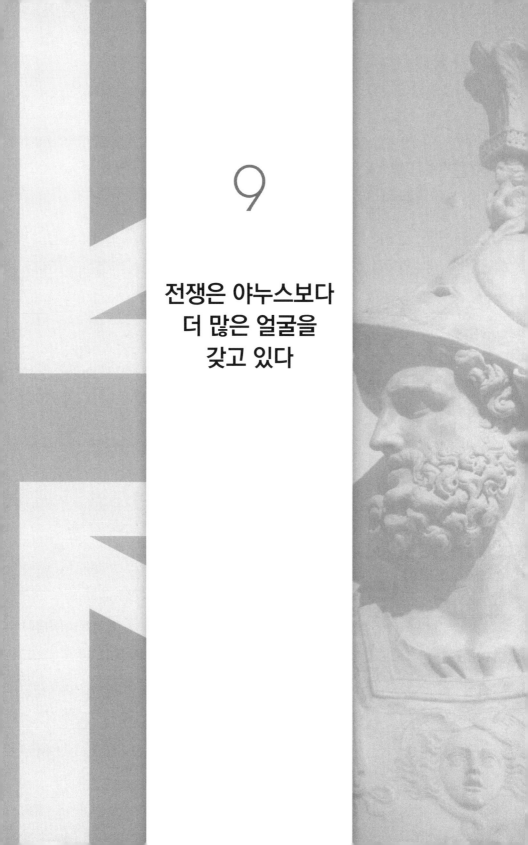

9

전쟁은 야누스보다
더 많은 얼굴을
갖고 있다

인류의 역사는 전쟁으로 점철된 혈투의 역사였다. 이는 오랜 옛날 수렵으로 연명하던 인류가 농경으로 전환해 일정한 공간에 정착하면서부터 가시화되기 시작됐다. 인구가 빠르게 늘어나면서 제한된 자원을 둘러싸고 사회구성원들 간에 갈등이 생기고 이것이 심화되어 무력충돌로 화했던 것이다. 거듭된 투쟁 과정에서 승리한 종족이나 국가는 생존과 번영을 누린 반면, 패전한 상대방은 굴종의 삶을 살거나 역사의 무대에서 사라질 수밖에 없었다. 전쟁은 해당 사회가 가용한 모든 역량을 동원하여 수행해야만 하는 사건이었기에 그 결과가 해당 사회에 미친 영향역시 심대할 수밖에 없었다. 따라서 인류역사의 전개 과정에서 시대를 막론하고 전쟁만큼 중요한 일은 없었다고 단언할 수 있다.

전쟁은 역사적으로 그 성격을 달리해왔다. 넓게 보아 19세기 이전까지의 전쟁은 어느 면에서는 전 국민의 관심사라기보다 절대군주나 특정 지배집단의 이익을 관철시키기 위한 수단이었다. 전쟁에 동원되는 인원들도 돈을 벌기 위해 싸우는 용병들이 상당한 비중을 차지했다. 하지만

18세기 말에 벌어진 프랑스 혁명으로 국민군이 탄생하고 때마침 경제 면에서 일어난 산업혁명으로 점차 대량생산이 보편화되면서 전쟁의 성격과 규모가 변하게 됐다. 전쟁승리를 위해 국가의 전 역량이 동원되는 이른바 '총력전'의 그림자가 어른거리기 시작한 것이다. 1860년대에 아메리카 대륙에서 벌어진 미국 남북전쟁을 총력전의 효시로 보는 시각도 있으나, 진정한 의미의 총력전은 바로 제1차 세계대전이었다. 이제 전쟁은 최전선에서 단지 군인들끼리만 벌이는 과업이 아니었다. 전체 국민들과 해당 국가의 전 분야가 개입 및 동원될 수밖에 없는 국가의 흥망과 직결되는 중대사였다. 섬나라라는 지리적 이점을 은연중 과시해온 영국도 예외가 아니었다.

앞에서 총 8개 국면에 걸쳐서 영국의 전쟁수행과 그 영향으로 벌어진 일들에 대해 살펴보았다. 제1장에서는, 제1차 세계대전은 왜 수많은 군인들이 흡사 말 못하는 짐승들처럼 죽어간 살육의 장(場)이 됐을까 하는 의문을 통해 대전의 성격을 고찰했다. 전장환경과 무엇보다 화약무기의 발달에 따른 새로운 무기체계의 도래를 제대로 인식하지 못한 채 19세기적인 전쟁방식에 집착했던 군 수뇌부에 그 책임의 상당한 몫이 있음을 알 수 있었다. 제2장에서는 대전 발발과 그 원인을 둘러싸고 1920년대부터 오늘날까지 진행되어온 논쟁의 흐름을 1960년대 초반 등장한 이른바 '피셔논쟁'을 전후(前後) 기점으로 하여 살펴보았다. 독일, 프랑스, 러시아, 오스트리아가 대전 발발의 주책임을 갖고 있으나, 그렇다고 하여 영국의 책임이 결코 면제되는 것은 아님을 알게 됐다. 무엇보다 이른바 '7월 위기'의 와중에 영국이 유럽 대륙에서 벌어질 전쟁에 대해 개입여부를 분명하게 밝히지 않은 탓에 결과적으로 독일 수뇌부의 오판을 초래했던 것이다.

제3장에서는 영국의 전쟁전략에 대해 살펴보았다. 독일을 철저하게

파괴하지 않고 우월한 해군력을 축으로 전쟁을 수행하려던 영국은 대전 발발 후 얼마 지나지 않아서 국가의 전체 역량을 총동원해야만 하는 소모전의 수렁으로 빠져들고 말았다. 또한 산업사회에서 벌어지는 전쟁의 경우, 직접 전쟁을 수행하는 전투부대의 소모전은 해당 사회구성원들의 도덕적 및 사회적 소모전과 분리될 수 없다는 사실을 깨닫게 됐다. 이처럼 전쟁의 규모가 엄청나게 커지다 보니 이제 전쟁은 장군들만의 임무가 아니었다. 로이드 조지로 대표되는 정부 내 민간인 정치가들도 전선의 상황전개에 깊은 관심을 기울이면서 군인들의 전쟁수행에 관여하기 시작했던 것이다. 양자 간에 전략목표의 차원과 강조점이 다르다 보니 간혹 민군 지도부 사이에 갈등이 벌어지기도 했다. 이것이 바로 제4장에서 고찰한 내용이다.

제5장에서는 영국군의 전쟁수행에 대해 살펴보았다. 제3장에서 고찰한 전쟁전략이 정치와 군사까지 포괄하는 고차원의 탐구였다면, 여기에서는 주로 군사적 측면을 집중적으로 분석했다. 대전 초반부터 주전장인 서부전선에서 벌어진 참호전 탓에 엄청난 인적 및 물적 손실을 강요받으면서, 그리고 1915년 봄 이래 야심적으로 시도한 갈리폴리반도를 겨냥한 원정작전에서 오스만튀르크군에 참패하는 수모를 겪으면서도 어떻게 영국군이 최종 승자가 될 수 있었는가를 분석했다. 대전 중 협상과 동맹이라는 양 진영 간의 힘겨루기가 비단 유럽의 최전선에서만 벌어졌던 것은 아니었다. 정도의 차이는 있을지언정, 영국 국내에서도 조직화를 통해 전열을 정비한 자본과 노동이라는 두 집단 간에 갈등과 타협이라는 이중주가 지속적으로 이뤄지고 있었다. 이는 전쟁이 총력전으로 전개됨에 따라 군수물자 생산에 민간산업 분야가 대거 동원되면서 불가피하게 벌어진 현상이었다. 바로 제6장에서 이 점에 대해 고찰했다.

제7장에서는 전쟁이 사회개혁에 미친 영향을 정시제학교 설립 논의를

중심으로 살펴보았다. 보어전쟁 이래로 제기되어온 중등과정 미진학 청소년에 대한 교육기회 제공 문제가 정시제 학급이라는 명칭으로 제1차 세계대전 중에 신임 교육부장관 피셔에 의해 적극 추진됐다. 하지만 전쟁 중에는 그런대로 성과를 낼 듯 보였던 정부의 시도는 종전과 더불어 특히 재정 문제가 걸림돌이 되면서 거의 무산되다시피 했다. 전쟁이 가져다준 개혁 달성의 호기를 영국은 놓치고 말았던 것이다. 영국의 전략문화를 다룬 제8장도 기존에 뿌리내린 사회문화적 전통을 바꾸기가 전쟁이라는 극한 상황에 처해서도 매우 힘들다는 점을 보여주고 있다. 영국은 18세기 이래 유지해온 해군력을 이용한 유럽 전쟁에의 간접개입이라는 전통을 제1차 세계대전 동안에 지상군의 대규모 개입으로 변경했으나, 그 과정이 결코 순탄치만은 않았음을 엿볼 수 있었다. 더구나 종전 후에는 재차 전통적 방식인 간접접근전략으로 회귀했음을 볼 때, 영국과 같은 '확립된' 사회의 경우 전쟁이 미치는 영향력이 제한적임을 짐작할 수 있다. 어찌 보면 섬나라 영국은 '해양과 대륙 사이에서' 끊임없이 고민할 수밖에 없는 태생적 운명을 안고 있었던 것이다.

이 책은 영국사의 특정한 논쟁적 주제를 좁고 깊게 탐색한 것이 아니라, 영국의 경우를 사례로 총력전의 다양한 모습을 드러낼 목적으로 선보였다. 그러다 보니 자칫하면 세부 주제들 간의 긴밀성이 떨어지고 내용이 다소 평이하다는 느낌을 줄 소지가 있다. 글쓴이로서 이는 충분히 타당한 지적이라고 생각한다. 하지만 이 책은 서두에서 밝혔듯이, 애초부터 국내 전쟁사 분야에서 미진한 전쟁의 다양한 측면에 대한 관심과 연구의 필요성을 제고할 목적으로 시도됐다. 또한 이 책은 전쟁이 사회변화에 끼친 영향을 심도 있게 분석하는 면에서도 미흡한 느낌을 준다. 많은 연구자들의 지적처럼 전쟁이 사회변화의 '촉진제(catalyst)'임은 분명하다. 하지만 과연 전쟁 전후로 해당 사회가 어느 정도나 변했는가 하는 문제는 판단하기가 생각만큼 만만치 않다. 전쟁 이전 사회와의 관계를 단절로 보는 입장과 연속으로 보는 관점이 극명한 편차를 보이고 있기에 해당 사회의 각 분야를 양 극단의 어느 지점에 위치시켜야 하는지 판단하기가 어렵기 때문이다.[1]

영국의 경우에도 개인적 차원에서 대(大)전쟁의 경험으로부터 자유로운 사람은 아무도 없었다. 영국민들은 남편이든, 자식이든, 친구이든, 아니면 적어도 한 동네 사람이든 누군가의 죽음이나 부상으로부터 파생된 쓰라린 고통을 공감했다. 그렇다고 하여 이러한 각자의 경험이 영국 사회의 기저에 깊숙이 박혀 있는 전통을 탈바꿈시키는 데는 분명한 한계가 있음을 종전 후 전시 중에 의욕적으로 추진됐던 정부개혁의 강도가 빠르게 약화되는 모습을 통해 엿볼 수 있다. 따라서 전쟁과 사회변화의 관계는 단일한 잣대로 구분하기가 어렵고, 단절과 연속이라는 양극단 사이에 해당 분야에 따라 다양한 스펙트럼이 있음을 영국의 경우를 통해 이해할 수 있다.

더욱 본질적인 측면에서, 왜 우리는 급변하는 21세기에 살면서 과거 인간들의 충돌인 전쟁의 역사에 대해 관심을 기울여야만 할까? 넓은 의미에서 이는 왜 역사를 배워야만 하는가라는 질문과 상통한다. 역사란 과거를 현재의 관점에서 재구성하여 일반대중 앞에 드러내놓는 것을 말한다. 일반적으로 과거의 기록물 자체를 역사라고 말하지는 않는다. 이 기록물을 근거로 하여 현재의 입장에서 재구성했을 때 마침내 역사로 다가오는 것이다. 그러기에 역사가나 역사에 관심을 갖는 사람들은 자

---

1) 전쟁과 영국사회의 관계를 다룬 대표적인 연구로는 Arthur Marwick, *The Deluge: British Society and the First World War*(London: Macmillan, 1965)를 꼽을 수 있다. 좀 더 간략한 이해를 위해서는 Rex Pope, *War and Society in Britain 1899-1948*(London: Longman, 1991)이 유용하다.

기 시대를 예리하게 통찰하면서 역사적 사실을 바라보는 지혜를 갖고 있어야 한다. 자기 시대를 민감하게 보지 못하면 과거의 역사를 제대로 보기가 어렵다. 반대로 과거에 눈을 감아버리면 미래는 물론이고 현재조차 제대로 파악할 수 없다.

전쟁사는 역사학의 일부이다.[2] 따라서 역사학의 일반적인 속성에서 예외일 수 없다. 그럼에도 불구하고, 예나 지금이나 전쟁만큼 중차대한 사건도 없다. 그 결과에 따라 한 개인의 목숨은 물론이고 한 국가의 운명도 결정될 수 있는 일이기 때문이다. 사실상 역사적으로 전쟁사만큼 인기의 등락(騰落)을 경험한 분야도 드물다. 제1차 세계대전 이전에는 전쟁사가 일부 역사철학을 제외하곤 역사학 전체를 대표하는 학문 분야로 높은 관심을 끌었다. 전쟁을 승리로 이끈 위대한 장군이나 국가의 중흥을 촉진한 결전(決戰)에서의 승리 등은 역사가들이 주목한 단골 메뉴였다.

그러다가 제1차 세계대전 이후로 역사학의 다른 분야들이 새롭게 주목을 받으면서 전쟁사는 역사학 연구목록에서 빠르게 뒤편으로 밀려나기 시작했다. 급기야 제2차 세계대전 이후에는, 비록 역사 관련 대중도서의 출판이 붐을 이룬 덕분에 일반대중에게는 나름대로 인기를 얻었으나, 전문 역사가들 사이에서는 일종의 기피 분야로 인식됐다. 전쟁사는

---

2) 독자들의 이해를 돕기 위해 전쟁사에서 흔히 사용되는 몇 가지 중요 용어를 설명하고자 한다. War는 전쟁과 관련된 모든 것(정치, 경제, 사회, 문화 등)을 포괄하여 정의할 때, Warfare는 이 중에서 실제 전쟁수행과 직접적으로 관련되는 것들을 중심으로 규정할 때에 사용한다. Campaign(전역, 戰役)은 태평양 전역이나 북아프리카 전역처럼 일정한 공간적 범위 안에서 일정한 시간대 안에 벌어지는 서로 연관된 일련의 전투들을 포괄적으로 정의하는 용어인 데 비해, Battle은 말 그대로 개별 전투를 지칭한다. 이러한 용어를 굳이 병력 및 무기의 운용이라는 측면에서 본다면, War 또는 Warfare는 전략(strategy), Campaign은 작전술(operational art), 그리고 Battle은 전술(tactics)과 연결된다고 볼 수 있다.

위대한 장군의 영웅담이나 전투의 연대기를 나열하기만 할 뿐 역사학의 다른 분야에 비해 논리적 분석 수준이나 창의성이 미흡한 분야로 평가됐던 것이다.

다행히 1980년대에 접어들면서 전쟁사의 위상은 점차 향상되어왔다.[3] 1970년대 중반에 새롭게 소개된 전쟁과 사회의 관계에 대한 연구가 일반 역사가들의 관심을 끌었고, 급기야 1980년대에 이르러서는 이른바 '군사혁명론' 논쟁을 촉발하면서 서구 역사학계를 뜨겁게 달구었다.[4] 이어서 1990년대에 냉전 종식 후 문화에 대한 관심이 높아지면서 전쟁사에서도 '전쟁과 문화'의 관계를 비교사적 관점에서 고찰하려는 연구가 활발하게 전개됐다.[5] 첨단 군사기술이나 무기 등 하드웨어적 요소들뿐만

---

3) 상세한 내용을 알기 위해서는 다음 네 권의 책이 유용하다: David A. Charters, M. Milner and J. Brent Wilson(eds.), *Military History and the Military Profession*(Westport: Praeger, 1992); Jeremy Black, *Rethinking Military History*(London: Routledge, 2004); Stephen Morillo and Michael F. Pavkovic, *What is Military History?*(Cambridge: Polity Press, 2006); Donald A. Yerxa, *Recent Themes in Military History: Historians in Conversation*(Columbia: Univ. of South Carolina Press, 2008). 전쟁사 관련 국내외 학술지로는 《군사》, 《군사연구》, 《한국군사학논집》, *Journal of Military History, War in History, War and Society, Armed Forces & Society* 등이 있다.

4) 전자와 관련해서는 존 키건(John Keegan)의 저술(*The Face of Battle: A Study of Agincourt, Waterloo and the Somme*(London, 1976))이, 그리고 후자의 경우에는 조프리 파커(Geoffrey Parker)의 연구(*The Military Revolution, Military Innovation and the Rise of the West, 1500-1800*(Cambridge Univ. Press, 1988))가 일종의 촉매제 역할을 했다.

5) 전쟁사의 지평 확대 필요성은 이미 1980년대 이전부터 일부 선구자적 연구자들에 의해 제기되어왔다. 이 분야의 개척자 격에 해당하는 마이클 하워드(Michael Howard)와 윌리엄 맥닐(William H. McNeill)이 바로 그들이다. 1960년대부터 전쟁사 연구에 집중해온 하워드는 전쟁사 연구 시의 유의점으로 "폭넓게, 깊이 있게, 그리고 전후관계를 고려하면서(width, depth, context)"를 제시한 바 있다.(M. Howard, "The Use and Abuse of Military History," in *The Causes of Wars and Other Essays*(Harvard Univ. Press, 1984), pp. 195-197. 이 글이 처음 소개된 것은 1962년) 맥닐은 세계사적 관점에서 전쟁을 조망하면서 군사기술의 발전과 군 및 사회변화의 관계를 총체적으로 분석한 바 있다.(W. H. McNeill, *The Pursuit of Power: Technology, Armed Forces, and Society since A.D. 1000*(Chicago: Univ. of Chicago Press,

아니라 전쟁에 대한 사람들의 인식 및 태도와 같은 소프트웨어적 요소들도 전쟁 승패에 영향을 끼친다고 생각한 것이다. 존 린(John A. Lynn)은 신문화사 및 여성사 분야 연구 성과의 적극적 수용을,[6] 그리고 존 밀러(John J. Miller)는 단순한 전투사 위주의 연구경향에서 탈피하여 전쟁과 군사조직의 문화적 측면으로 시야를 확장해야 한다고 주장했다.[7]

전쟁에 대한 호불호를 불문하고 인류역사 전체를 통해서 전쟁이 부재했던 시기는 없었다. 인권과 평화가 강조되는 오늘날에도 지구상에서 무력충돌은 지겹게 이어지고 있다. 어떻게 하면 인간세계를 옥죄고 있는 파괴적 본성이라는 '족쇄'를 끊어버릴 수 있을까? 바로 그 해결의 비밀이 전쟁사에 담겨 있지 않을까 생각한다. 어렴풋하게나마 미래를 예측할 수 있는 최선의 방법은 지금껏 우리가 걸어온 길을 뒤돌아보는 것이기 때문이다. 더구나 "평화를 원하거든 전쟁을 이해하라."는 하트의 금언(金言)처럼, 전쟁에 대한 연구는 바로 평화에 대한 탐구이기에 평화를 유지하기 위해서라도 과거 전쟁에 대한 다각적인 접근은 필수불가결한 과업이 아닐까 한다.

근본적으로 전쟁사는 전쟁과 관련된 주제를 연구한다. 왜 연구할까? 물론 과거에 무력충돌이 일어난 원인과 과정 등을 밝히는 목적도 있으나, 동시에 과거의 경험을 오늘에 되살려서 인류역사를 통해 지속되는 무고한 대량살상의 사슬을 끊는 데 조금이나마 기여하기 위함이다. 혹자는 전쟁사 연구자가 전쟁을 긍정함은 물론 심지어 이를 영광스러운

1982); 신미원 역, 『전쟁의 세계사』(이산, 2005))

6) John A. Lynn, "The Embattled Future of Academic Military History," *Journal of Military History*, Vol. 61(October 1997), pp. 777-789.

7) John J. Miller, "Why Military History is Being Retired," *National Review Online*, www.nationalreview.com(Fall 2006).

행위로 보려 한다고 생각할지 모르나 이는 심한 오해이다. 오히려 전쟁에 대한 이해 없이 인류역사를 서술하려는 시도에는 분명한 한계가 있다. 맥스 부트(Max Boot)가 주장한 바와 같이, 오늘날 지식인 사회에서 전쟁 문제가 여전히 평가절하되고 있는 듯 보이나 역사상 중요한 전투의 결과는 실제로 역사의 흐름을 변화시켜왔기 때문이다.[8] 이러한 측면에서 앞으로 전쟁사에 대한 관심과 연구가 더욱 활성화되고 다각화될 필요가 있으며, 동시에 그렇게 되리라 기대해본다.

---

8) Max Boot, *War Made New: Technology, Warfare, and the Course of History, 1500 to Today*(New York: Gotham Books, 2006); 이 책은 『전쟁이 만든 신세계: 전쟁, 테크놀로지 그리고 역사의 진로』(송대범·한태영 역)(플래닛미디어, 2007)라는 제목으로 번역되어 있다.

참고문헌[*]

김정섭, 『낙엽이 지기 전에: 1차 세계대전 그리고 한반도의 미래』(엠아이디, 2017).

로렌스 손드하우스(이내주 역), 『전략문화와 세계 각국의 전쟁수행방식』(황금알, 2007).

박상섭, 『1차 세계대전의 기원: 패권경쟁의 격화와 제국체제의 해체』(아카넷, 2014).

조용욱, 「제3장 제국의 유지와 방어: 영국의 군사력과 군사정책, 1880-1945」, 『세계화의 역사와 패권경쟁』(서울대학교 미국학연구소 편)(서울대출판부, 2007), 81-103쪽.

폴 케네디(김주식 역), 『영국 해군 지배력의 역사』(한국해양전략연구소, 2010).

Adams, R. J. Q., *Arms and Wizard: Lloyd George and the Ministry of Munitions 1915-1916*(College Station: Texas A&M Univ. Press, 1978).

Adams, R. J. Q. & P. F. Poirier, *The Conscription Controversy in Great Britain, 1900-1918*(Columbus, Ohio: Ohio State Univ. Press, 1987).

Afflerbach, Holger. and Stevenson David(eds.), *An Improbable War: The Outbreak of World War I and European Political Culture before 1914*(New York: Berghahn Books, 2007).

Alter, P., *The Reluctant Patron: Science and the State in Britain 1850-1920*(London: Routledge, 1987).

Barnett, C., *The Audit of War: The Illusion and Reality of Britain as a Great*

---

[*] 참고문헌은 본서 작성과 관련하여 비중 있게 참조한 2차 문헌 위주로 작성했음을 밝힌다.

Nation(London: Macmillan, 1986).

Beckett, Ian F. W., et al.(eds.), *A Nation in Arms: A Social History of the British Army in the First World War*(Manchester: Manchester Univ. Press, 1985).

Bidwell, S. & D. Graham, *Firepower: British Army Weapons and Theories of War 1904-45*(London: Routledge, 1982).

Black, Jeremy, *Rethinking Military History*(London: Routledge, 2004).

Black, Jeremy, *War and the Cultural Turn*(Cambridge: Polity, 2012).

Blake, R., *The Private Papers of Sir Douglas Haig 1914-1919*(London: Eyre & Spottiswoode, 1952).

Board of Education, *Scheme for the Organization and Development of Scientific and Industrial Research*, Cmd. 8005(1915).

Bond, Brian, *War and Society in Europe, 1870-1970*(London: Fontana Press, 1984).

Bond, Brian(ed.), *The First World War and British Military History*(Oxford: Oxford Univ. Press, 1991).

Bond, Brian & N. Cave,(eds.), *Haig: A Reappraisal Seventy Years On*(Barnsley: Pen & Sword, 1999).

Bond, Brian, *The Unquiet Western Front: British Role in Literature and History*(Cambridge: Cambridge Univ. Press, 2002).

Bourne, J. M., *Britain and the Great War, 1914-1918*(London: Edward Arnold, 1989).

Bourne, J. M., "British Generals in the First World War," in G. Sheffield(ed.), *Leadership and Command: the Anglo-American Experience since 1861*(London: Edward Arnold, 1997).

Braybon, G.,(ed.), *Evidence, History and the Great War: Historians and the Impact of 1914-18*(Oxford: Oxford Univ. Press, 2004).

Burk, K.(ed.), *War and the State: The Transformation of British Government 1914-19*(London: Routledge, 1982).

Cassar, G. H., *Kitchener: Architect of Victory*(London: William Kimber, 1977).

Cassar, G. H., *Asquith as War Leader*(London: Hambledon, 1994).

Churchill, Winston S., *The World Crisis*(New York: Charles Scribner's Sons, 1949).

Clark, C., *The Sleepwalkers: How Europe Went to War in 1914*(London: Penguin Books, 2013).

Constantine, S., et al.(eds.), *The First World War in British History*(London: Edward Arnold, 1995).

Danchev, A., *Alchemist of War: The Life of Sir Basil Liddell Hart*(London: Weidenfeld & Nicolson, 1998).

David, E.(ed.), *Inside Asquith's Cabinet: From the Diaries of Charles Hobhouse*(London: John Murray, 1977).

De Groot, G., *Douglas Haig 1861-1928*(London: Unwin Hyman, 1988).

De Groot, G., *Blighty: British Society in the Era of the Great War*(London: Longman, 1996).

Edgerton, D., *Warfare State: Britain, 1920-1970*(Cambridge: Cambridge Univ. Press, 2006).

Edgerton, G., "The Lloyd George War Memoirs: A Study in the Politics of Memory," *Journal of Modern History 60*(March, 1988).

Engelbrecht, H. C. and Hanighen, F. C., *Merchants of Death: A Study of the International Armament Industry*(New York: Dodd Mead & Co., 1934).

Fisher, Fritz, *Germany's Aims in the First World War*(New York: Norton, 1967).

Fisher, Fritz, *War of Illusions: German Policies from 1911 to 1914*(New York: Norton, 1975).

Freeman, L., et al.(eds.), *War, Strategy and International Politics*(Oxford: Oxford Univ. Press, 1992).

French, David, *British Economic and Strategic Planning 1905-1915*(London: Allen & Unwin, 1982).

French, David, "Sir Douglas Haig's Reputation: A Note," *Historical Journal 28*(1985): 953-960.

French, David, "A One-man Show?: Civil-Military Relations in Britain during the

First World War," in Smith, P.(ed.), *Government and the Armed Forces in Britain, 1856-1990*(London: Hambledon, 1996).

French, David, *The British Way in Warfare 1688-2000*(London: Unwin Hyman, 2002).

French, David and Brian Hoden Reid(eds.), *The British General Staff: Reform and Innovation, 1890-1939*(London: Routledge, 2014).

Fuller, J. G., *Troop Morale and Popular Culture in the British and Dominion Armies 1914-18*(Oxford: Oxford Univ. Press, 1990).

Gooch, John, *The Plans of War: The General Staff and British Military Strategy c. 1900-1916*(London: Routledge, 1974).

Greaslay, D. & L. Oxley, "Discontinuities in Competitiveness: the Impact of the First World War on British Industry," *Economic History Review 49*(1996): 82-100.

Greenhalgh, E., "Why the British were on the Somme in 1916," *War in History 6*(1999): 147-173.

Gregory, Adrian, *The Last Great War: British Society and the First World War*(Cambridge: Cambridge Univ. Press, 2008).

Griffith, P.(ed.), *British Fighting Methods: the Great War*(London: Frank Cass, 1996).

Grieves, Keith, *The Politics of Manpower, 1914-18*(Manchester: Manchester Univ. Press, 1988).

Haldane, R. B., *Before the War*(London: Eyre & Spottiswoode, 1920).

Hamilton, R. and Holger Herwig(eds.), *The Origins of the First World War*(Cambridge: Cambridge Univ. Press, 2003).

Hamilton, R. and Holger Herwig, *The Decisions for War 1914*(Cambridge: Cambridge Univ. Press, 2004).

Hamilton, R., *War Planning 1914*(Cambridge: Cambridge Univ. Press, 2010).

Harris, P. J., *Men, Ideas and Tanks: British Military Thought and Armed Forces, 1903-19*(Manchester: Manchester Univ. Press, 1995).

Harris, P. J., *Douglas Haig and the First World War*(Cambridge: Cambridge Univ. Press, 2008).

Hartcup, G., *The War of Invention: Scientific Development 1914-18*(London, 1988).

Herrmann, David, *The Arming of Europe and the Making of the First World War*(Princeton, N. J.: Princeton Univ. Press, 1996).

Hinsley, F. H.(ed.), *British Foreign Policy under Sir Edward Grey*(Cambridge: Cambridge Univ. Press, 1977).

Horne, J.(ed.), *State, Society and Mobilization in Europe during the First World War*(Cambridge: Cambridge Univ. Press, 1997).

Holmes, R., *The Little Field Marshall: Sir John French*(London: Cape, 1981).

Holmes, R., *Tommy: The British Soldier on the Western Front, 1914-18*(London: Edward Arnold, 2004).

Howard, M., *Soldiers and Governments: Nine Studies in Civil-Military Relations*(London: Eyre & Spottiswoode, 1957).

Howard, M., *The Continental Commitment: The Dilemma of British Defence Policy in the Era of Two World Wars*(Harmondsworth: Pelican Books, 1972).

Howard, M., "3. British Grand Strategy in World War I," in Paul M. Kennedy(ed.), *Grand Strategies in War and Peace*(New Heaven: Yale Univ. Press, 1991): 31-41.

Johnson, A. I., "Thinking about Strategic Culture," *International Security*, Vol. 19(4) (1995): 32-64.

Joll, J. and G. Martel, *The Origins of the First World War*, 3rd edn.(London: Routledge, 2013).

Keegan, J., *The Face of Battle: A Study of Agincourt, Waterloo and the Somme*(London: Penguin, 1976).

Keegan, J., *An Illustrated History of the First World War*(Oxford: Oxford Univ. Press, 2001).

Kennedy, Paul M., "Mahan versus Mackinder: Two Interpretations of British Sea Power," *Militargeschichtliche Mitteilungen*, Vol. 16(1974): 39-66.

Kennedy, Paul M., *The Rise of the Anglo-German Antagonism 1860-1914*(London: Ashfield, 1980).

Kennedy, Paul M., "Strategy versus Finance in Twentieth-Century Great Britain," *The International History Review*, Vol. 3(1)(Jan. 1981): 44-61.

Kennedy, Paul M.(ed.), *The War Plans of the Great Powers 1880-1914*(London: Allen & Unwin, 1985).

Koch, H. W.(ed.), *The Origins of the First World War: Great Power Rivalry and German War Aims*, 2nd edn.(London: Routledge, 1984).

Levy, Jack S. and John A. Vasquez(eds.), *The Outbreak of the First World War: Structure, Politics, and Decision-Making*(Cambridge: Cambridge Univ. Press, 2014).

Liddell Hart, B. H., *A History of the First World War*(London, 1930).

Liddell Hart, B. H., *The British Way in Warfare*(London: Faber & Faber Ltd., 1932).

Liddell Hart, B. H., *The Liddell Hart Memoirs*, 2 Vols.(New York: Putnam, 1965).

Liddell Hart, B. H., *Strategy: The Indirect Approach*(London: Praeger, 1967).

Liddle, P. H.(ed.), *Home Fires and Foreign Fields: British Social and Military Experience in the First World War*(London: Brassey's Defence Publishers, 1985).

Lloyd George, David., *War Memoirs of David Lloyd George*, Vol. 1 & 2(London: Oldhams Press, 1938).

Lynn, J. A., *Battle: A History of Combat and Culture from Ancient Greece to Modern America*(Boulder, CO: Westview Press, 2003).

MacLeod, J.,(ed.), *Uncovered Fields: Perspectives in the First World War Studies*(London, 2004).

MacLeod, J., *Reconsidering Gallipoli*(Leicester: Leicester Univ. Press, 2004).

Macmillan, A., "Strategic Culture and National Ways in Warfare: the British Case," *RUSI Journal*, Vol. 140(5)(1995): 33-38.

Marwick, Arthur, *The Deluge: British Society and the First World War*(London: Macmillan, 1965).

Mason, R. A., "Sir Basil Liddell Hart and the Strategy of the Indirect Approach," *Journal of the Royal United Services Institution*, Vol. 115(June, 1970): 37-41.

McNeill, William H, *The Pursuit of Power: Technology, Armed Force, and Society since A.D. 1000*(Chicago: Univ. of Chicago Press, 1982).

Middlemas, R. Keith., *Politics in Industrial Society: The Experience of the British System since 1911*(London: A. Deutsch, 1979).

Miller, S. E., Sean M. Lynn-Jones and Stephen Van Evara(eds.), *Military Strategy and the Origins of the First World War*(Princeton, N. J.: Princeton Univ. Press, 1991).

Mombauer, Annika, *Helmuth von Moltke and the Origins of the First World War*(Cambridge: Cambridge Univ. Press, 2001).

Mombauer, Annika, *The Origins of the First World War: Controversies and Consensus*(London: Routledge, 2002).

Mombauer, Annika, "The First World War: Inevitable, Avoidable, Improbable, or Desirable?: Recent Interpretations on War Guilt and the War's Origins," *German History*, Vol. 25(1)(2007): 78-95.

Mombauer, Annika, *The Origins of the First World War: Diplomatic and Military Documents*(Manchester: Manchester Univ. Press, 2013).

Mombauer, Annika and Wilhelm Deist(eds.), *The Kaiser: New Research on Wilhelm II's Role in Imperial Germany*(Cambridge: Cambridge Univ. Press, 2003).

Mulligan, William, *The Origins of the First World War*(Cambridge: Cambridge Univ. Press, 2010).

Narizny, K., "The Political Economy of Alignment: Great Britain's Commitments to Europe, 1906-39," *International Security*, Vol. 27(4)(Spring, 2003): 184-219.

Neiberg, Michael S., *Dance of Furies: Europe and the Outbreak of World War I*(Harvard Univ. Press, 2011).

Neilson, K., "Kitchener: A Reputation Refurbished," *Canadian Journal of History* 15(1980): 207-227.

Neilson, K. & G. Kennedy(eds.), *The British Way in Warfare: Power and the International System, 1856-1956*(Essays in Honour of David French)(Farnham: Ashgate, 2010).

Palazzo, A., *Seeking Victory on the Western Front: The British Army and Chemical Warfare in World War I*(Lincoln, Nebraska: Nebraska Univ. Press, 2000).

Paris, M., *Warrior Nation: Images of War in British Popular Culture, 1850-2000*(London: Reaktion, 2000).

Parker, G., *The Military Revolution, Military Innovation and the Rise of the West, 1500-1800*(Cambridge: Cambridge Univ. Press, 1988).

Pattison, M., "Scientists, Inventors and the Military in Britain 1915-19: the Munitions Inventions Department," *Social Studies of Science 13*(1983): 521-568.

Philpott, W. J., *Anglo-French Relations and Strategy on the Western Front, 1914-1918*(Basingstoke: Palgrave, 1996).

Pope, Rex, *War and Society in Britain 1899-1948*(London: Longman, 1991).

Robb, George, *British Culture and the First World War*(Basingstoke: Palgrave, 2002).

Rohl, John, *The Kaiser and His Court: Wilhelm II and the Government of Germany*(Cambridge: Cambridge Univ. Press, 1994).

Saunders, N. J., *Matters of Conflict: Material Culture, Memory and the First World War*(London: Routledge, 2004).

Sheffield, G., *Leadership in the Trenches: Officer-Man Relations, Morale and Discipline in the British Army in the Era of the First World War*(Basingstoke: Palgrave, 1999).

Sheffield, G. & D. Todman(eds.), *Command and Control on the Western Front: the British Experience, 1914-18*(Staplehurst: Spellmount, 2004).

Sherington G. E., *English Education, Social Change and War, 1911-20*(Manchester: Manchester Univ. Press, 1981).

Simkins, P., *Kitchener's Army: the Raising of the New Armies 1914-16*(Manchester: Manchester Univ. Press, 1988).

Simmonds, Alan G. V., *Britain and World War One*(London: Routledge, 2012).

Sondhaus, R., *Strategic Culture and Ways of War*(London: Routledge, 2006).

Steiner, Zara S., *Britain and the Origins of the First World War*, 2nd edn.(Basingstoke:

Palgrave Macmillan, 2003).

Stevenson, D., *The First World War and International Politics*(Oxford: Oxford Univ. Press, 1988).

Stevenson, D., *Armaments and the Coming of War: Europe 1904-14*(Oxford: Clarendon P., 1998).

Stevenson, D., *Cataclysm: the First World War as Political Tragedy*(New York: Basic Books, 2004).

Strachan, H., "The British Way in Warfare Revisited," *Historical Journal*, Vol. 26(1983): 447-461.

Strachan, H., "The British Way in Warfare," in D. Chandler and I. Beckett(eds.), *The Oxford Illustrated History of the British Army*(Oxford: Oxford Univ. Press, 1994): 417-434.

Strachan, H., "The Battle of the Somme and British Strategy," *Journal of Strategic Studies 21*(1998).

Strachan, H., "5. The British Army, Its General Staff, and the Continental Commitment," in D. French & Brian. H. Reid(eds.), *The British General Staff: Reform and Innovation, 1890-1939*(London: Routledge, 2002): 75-94.

Strachan, H., *The First World War*(London: Routledge, 2004).

Todman, D., *The Great War: Myth and Memory*(London: Hambledon & London, 2005).

Tooley, H., *The Western Front: Battle Front and Home Front in the Great War*(Basingstoke: Palgrave Macmillan, 2003).

Travers, T., *The Killing Ground: The British Army, the Western Front and the Emergence of Modern Warfare, 1900-1918*(Barnsley: Pen & Sword, 2003).

Travers, T., *How the War was Won: Command and Technology in the British Army on the Western Front, 1917-18*(London: Routledge, 1992).

Turner, J.(ed.), *Britain and the First World War*(London: Unwin Hyman, 1988).

Williamson, Jr., Samuel R., *The Politics of Grand Strategy: Britain and France*

Prepare for War, 1904-1914(London: Ashfield, 1969).

Williamson, Jr., Samuel R., *Austria-Hungary and the Origins of the First World War*(Basingstoke: Palgrave, 1991).

Wilson, T., *The Myriad Faces of War: Britain and the Great War, 1914-18*(Cambridge: Cambridge Univ. Press, 1986).

Winter, J., et al(eds.), *The Great War and the Twentieth Century*(Cambridge: Cambridge Univ. Press, 2000).

Winter, Jay and A. Prost, *The Great War in History: Debates and Controversies, 1914 to the Present*(Cambridge: Cambridge Univ. Press, 2005).

Winter, J. M., "Catastrophe and Culture: Recent Trends in the Historiography of the First World War," *Journal of Modern History 64*(1992): 525-532.

Winter, J. M., *Remembering War: the Great War between Memory and History in the 20C*(New Heaven: Yale Univ. Press, 2006).

Woodward, D., *Lloyd George and the Generals*(Newark: Univ. of Delaware Press, 1983).

Woodward, D., *Field Marshal Sir W. Robertson*(Westport, CT: Praeger, 1998).

Wrigley, C., *Lloyd George and the British Labour Movement: Peace and War*(Brighton: Gregg, 1976).

찾아보기

이내주

1980년 육군사관학교를 졸업한 후 서강대학교 대학원에서 석사(1984), 영국 서식스 대학교에서 영국 근현대사로 역사학 석사(1989) 및 박사 학위(1993)를 받았다. 2018년 1월 정년퇴임 때까지 육군사관학교 군사사학과 교수로 재직했고, 현재 명예교수로 있다. 미국 뉴욕 대학교(NYU)와 영국 런던 대학교(King's College London)에서 방문교수로 연구한 바 있다. 저서로는 『서양무기의 역사』(2006), 『영국 과학기술교육과 산업발전, 1850~1950』(2009), 『흐름으로 읽는 근현대 세계사』(2016), 『전쟁과 무기의 세계사』(2017), 『전쟁과 문명』(공저, 2017) 등이 있다. 번역서로는 『군수산업과 경제발전』(2002), 『배틀: 전쟁의 문화사』(2006), 『전략문화와 세계 각국의 전쟁수행방식』(2008) 등이 있다.

군신軍神의 다양한 얼굴
제1차 세계대전과 영국

대우학술총서 619

1판 1쇄 찍음 | 2018년 4월 20일
1판 1쇄 펴냄 | 2018년 5월 4일

지은이 | 이내주
펴낸이 | 김정호
펴낸곳 | 아카넷

출판등록 | 2000년 1월 24일(제406-2000-000012호)
주소 | 10881 경기도 파주시 회동길 445-3
전화 | 031-955-9510 (편집) · 031-955-9514 (주문)
팩시밀리 | 031-955-9519
책임편집 | 이하심
www.acanet.co.kr

© 이내주, 2018

Printed in Seoul, Korea.

ISBN 978-89-5733-592-5 94920
ISBN 978-89-89103-00-4 (세트)

이 도서의 국립중앙도서관 출판예정도서목록(CIP)은
서지정보유통지원시스템 홈페이지(http://seoji.nl.go.kr)와
국가자료공동목록시스템(http://www.nl.go.kr/kolisnet)에서 이용하실 수 있습니다.
(CIP제어번호: CIP2018010179)